중국 현대시와 시인

류성준 지음

신아사

머리말

꿈과 현실은 엄연히 다른 것을 그 누가 모르겠습니까. 그러나 우리는 그것들이 같으면 좋겠다는 바람을 가질 때가 적지 않습니다. 저도 예외는 아닙니다. 지금까지 오랜 세월을 살아오면서 저는 그 누구 못지않게 실현성이 없는 희망을 가지고 있었습니다. 그것은 일종의 허망한 일인 줄 압니다. 그럼에도 저는 그 가능성을 기대하면서 살려고 한 것입니다. 그것이 저를 이나마도 지탱해온 바탕이라 할까 하고 구실을 붙여봅니다. 저는 평생을 학교에서만 살아온 터이지만 그 속에서 많은 일을 겪으면서 정신적 · 육체적, 그리고 물질적으로도 갈등과 기복이 상당히 있었다고 말할 수 있습니다.

정신적으로는 격정적인 성격의 소유자이므로 매사에 분개를 품고 표현하는 습관이 생겼으며 지나친 功名心으로 傲慢과 獨善마저 가지게 된 것입니다. 그래서 인간관계와 사회생활에 항상 불평과 불만으로 관계성을 갖는 처신으로 원만치 못한 일의 매듭이 잦았습니다. 그리고 육체적으로는 약을 복용하는 것이 일상화될 만큼 병약한 체질을 가지고 있어서 하루라도 건강한 의식을 가지지 못한 상태였습니다. 19살에 급성맹장 수술을 하고 50이 넘어서는 급성담석수술을 하여 쓸개를 제거하여 기사회생을 하기도 하였으며 평생 소화제를 입에 달고 살아온 신세이니 그 생활 자세는 전혀 남에게 본이 될 리 없었습니다. 한편 물질적이라면 돈 문제인데 이 또한 항상 풍족하지 못한 상태에서 지내 온 터입니다. 물려받은 유산이 별로 없는 저로서는 선비신세를 유지하는데 남만큼 살아 보겠다고 집도 늘려보고 책도 많이 구입하고 기독교인으로서 교회봉사도 하다 보니 물질관리가 정갈한 편이 못 된 것입니다. 이러한 모범적이지 못한 인생살이 속에서 저는 自責하고 自愧하는 의식에서 벗어날 수 없었습니다.

그러니 기도하는 시간에는 단지 하나님께 용서하여 달라는 말밖에 나오질 않는 것입니다. 저 스스로 생각해 보아도 한심할 따름입니다. 그래서 저는 언제나 꿈과 현실의 사이에서 방황하며 나름대로 自慰하는 의식세계를 추구한 것이 아닌가 하고 변명해 봅니다. 어쩌면 저의 이 고백이 어리석은 일인 줄 알면서도 저는 꺼릴 것 없이 있는 그대로 말하기로 한 것입니다. 이것을 독자들은 널리 이해하여 주기 바라며 무엇이든지 벌거벗듯 이제라도 저의 마음을 다 표현할 수 있게 된 것을 감사합니다.

그런데 저의 꿈은 오직 하나로 귀결되어 왔으니 그것은 글쓰기입니다. 적게 보고 많이 쓸 수 있다면 좋을 터인데 중국문학연구란 타학문에 비해서 더 많은 상상력을 필요로 하나 봅니다. 왜냐 하면 작품의 문장이 난해한 편이기 때문입니다. 고전문학 작품의 경우에 소위 漢文인데 文理가 트이지 않으면 이해가 안 됩니다. 讀書百篇義自現이란 말이 사실입니다. 달리 방법이 없습니다. 오직 지구력과 상상력이 필요할 뿐입니다. 계통과 질서가 부족한 학문분야로서의 중국문학이니 수학처럼 체계적인 절차를 밟으며 실력을 배양하고 이어서 작품독해를 하면 좋으련만 학문성격상 그렇지 않으니 더욱 의식도 깔끔하지 못한 상태에서 교수생활하면서 살아 온 것이 저의 인생입니다. 글 쓰지 않으면 교수로서의 명분을 유지하기 어려운 우리의 현실이므로 그것도 하나의 삶의 수단이기도 합니다. 전적으로 그런 의식으로 살아온 것은 아니지만 어떻던 그런 것도 사실이 아닌가 합니다. 최소한 저의 입장에서는 그렇다는 말입니다. 그러다 보니 잡다한 책도 백 권 이상 내고 별 가치 없는 논문도 이백 편 이상 쓰게 된 것입니다. 그렇게 살아 온 저 스스로를 창피하고 치사하게 보고 죄송합니다. 그런데도 우리 사회는 평가의 잣대를 분량에 맞추어 재곤 하여 저에게 여러 가지 학술상을 주었으니 이 또한 창피한 일이라고 생각합니다.

이 모든 것이 다 지나간 일이니 이 책을 내면서 이제부터라도 정말 온전하고 떳떳하게 살다가 세상 하직해야 한다고 명심하면서 이렇게 푸념을 늘어놓습니다. 저의 무례와 방자함에 대해서 독자 제위의 이해와 용서를 바라는 바입니다.

이 책은 저의 본래의 전공영역이 아니지만, 제가 시를 연구하는 사람이니까 그런 의미에서 수용해주기 바랍니다. 그러므로 내용이 참신하고 깊지 못한 점도 인정합니다. 작년에 ≪中國現當代詩歌論≫이란 책을 냈는데 이번에 대학생과 일반 독자를 위해서 다시 수정 보완하고 재편집하여 적은 분량으로 꾸민 것으로 이해하기 바랍니다. 이 책에서 리잉(李瑛)과 하이즈(海子) 외에는 모두 중국현대시사(中國現代詩史)의 초기 작가들이어서 그 대상이 신선하지는 않지만, 제외시킬 수 없는 매우 중요한 작가들이기에 포함시켰고 타이완(臺灣) 시단의 주목되는 5인의 시인들을 거론한 점을 참고하기 바랍니다. 한글로만 쓰고 한자는 괄호로 처리하고 작품은 주석에 넣은 것도 쉽게 보도록 배려한 것입니다.

별로 내용과 가치가 없는 책이지만 독자제위는 상식선에서 읽어주시기를 바라며 신아사 정현걸 사장께 다시 신세를 지게 된 점이 미안하고 학술도서 시장이 많이 어려운 상황에서도 선듯 출간해 주어서 고맙습니다. 출판사의 무궁한 발전을 축원하며 부족한 점들을 많이 바로 가르쳐 주시기를 부탁드립니다.

2007년 늦여름

지은이 씀

목 차

원이두어(聞一多)의 생애와 시집(詩集)들의 문학사상

쭈샹(朱湘)의 신시와 회화예술미

아이칭(艾靑) 옥중시의 현실고발과 자유갈구

리잉(李瑛) 시의 순수성과 생동감

아이칭(艾靑) 만년시의 함축과 간결미

하이즈(海子)의 사망갈등과 시의 유토피아 의식

타이완(臺灣) 시단의 5인방과 그 시의 독자성

원이두어(聞一多)의 생애와 시집(詩集)들의 문학사상

중국 신문학 시기의 시는 몇몇 작가에 의해서 문체의 백화화(白話化)와 사조의 서양화 추세를 추구하면서 사명감을 가지고 바람직한 수준에 도달하는 작품을 창조해 내지는 못하였지만 나름대로 초기문학의 신풍조를 일으킬만한 역할을 하는 작가군이 형성되어가고 있었다. 그 중에 신시의 정착을 추구하는 서양문물을 익힌 작가 중의 하나가 원이두어(1899－1946)인데, 그의 역량과 위치는 자못 주시의 대상이었으며 도외시할 수 없는 비중을 지니고 있었다. 그의 시는 활화산처럼 저절로 터져 나오는 주체할 수 없는 당위적인 창작열에 의해 만들어진 것이니, 그 자신이 말하기를

> 시인은 가슴속에 있는 감촉이 비록 발효할 때라 할지라도 가벼이 방출되지 않으니 반드시 뜨겁게 팽창하고 절로 폭발하여 흐르는 불이 돌에 솟고 돌을 일구고 비를 내리어 마치 화산 같아야 한다.[1)]

라고 한 바 그의 시는 폭발적인 창작력을 바탕으로 낭만과 상징, 유미와 현실을 조화시키는데 심혈을 기울인 것을 보게 된다. 역사는 증명하고 증명은 불멸의 가치를 낳는 것을 상기하면 원이두어는 분명히 범상하지 않으면서 결코 지울 수 없는 작가로 인각되어 있음을 알게 된다. 그래서 장삐라이(張畢來)는 ≪신문학사강(新文學史綱)≫에서 이르기를,

> 원이두어는 5・4시기에 정치감정상 열렬한 애국주의자이며 예술사상적으로는 극단적인 유미주의자였다. － 유미주의는 예술을 위한 예술의 유파의 하나이다.[2)]

---

1) 詩人胸中底感觸, 雖則醱酵底時候, 也不可輕易放出, 必使他烈度膨脹, 自己暴裂, 流火噴石, 興石致雨, 如同火山一樣. (≪清華週刊≫「評本學年週刊裡的新詩」1921年 6月)

라고 한 평가는 매우 적절한 표현이라 할 것이다. 신문학은 높은 이상과 원대한 실천력을 지닌 그 당시의 선험적 작가군에 의해 설정이 가능하고 태동이 있었다는 것은 중국문학 자체의 시대적 조류를 조화롭게 유도했음을 의미한다.

Ⅰ. 원이두어의 생애

원이두어의 원명은 가화(家驊)이고, 자는 우삼(友三)으로서, 호북(湖北)성 희수하파하진(浠水下巴河鎭) 진가령(陳家嶺)인이다. 청말 광서(光緖) 25년 11월(1899)에 태어나서 1946년 7월 15일 국민당에 의해 곤명(昆明)에서 47세를 일기로 암살당하였다. 그의 부친 문정정(聞廷政)은 만청의 수재이었고 조부인 문자감(聞子淦)은 장서가로서 서방 면갈헌(綿葛軒)을 열어 손자교육을 맡기어서 원이두어는 어려서 이미 한서(漢書) 등을 배우면서 문학적 소양을 배양한 것이다. 희수 지역의 전설에 의하면 문가(聞家)는 남송 문천상(文天祥)의 후대로 알려져 있다.

1912년 가을 원이두어 13세에 무창민국공교(武昌民國公校)에서 북경청화학교(北京淸華學校)에 합격하니 이는 청화대학(淸華大學) 전신으로 미국 유학 예비학교격이었다. 그는 여기서 1922년까지 10년 간 학습생활을 하며 재능과 학식을 배양하고 문예에 대한 조예도 깊이 갖추게 된다. 첫째 그는 탁월한 편집재능을 갖추었으니 청화에 머무는 동안 청화주간(淸華週刊)의 중문편집(1914), 청화학

2) 聞一多五四時期在政治感情上是一個熱烈的愛國主義者, 在藝術思想上, 是一個極端的唯美主義者.－唯美主義是爲『藝術而藝術』的流派之一. (≪新文學史綱≫ p.79 北京作家出版社 1955)

보(淸華學報)의 학생부 편집(1919-1920) 등을 맡아서 문예활동을 주도하였다. 둘째로 그는 탁월한 희극예술재능을 갖추었으니 재학 중 유예사(遊藝社)를 설립하고(1916), 1919년에는 유예사를 신극사(新劇社)로 개명하여 연출책임을 맡기도 하였고, 셋째로 그는 탁월한 연설과 변론의 재능을 갖추어서 각종 변론반의 주석을 맡아서 활동하였다. 그리고 넷째로는 회화적 예술재능을 지니고 있었으니 1919년 가을에 미술사(美術社)를 창립하여 회화능력을 기르면서 청화주간(192기)에 「예술전문 동업자를 구하는 호소(徵求藝術專門同業者的呼聲)」(1920년 10월) 등 다양한 글을 발표하기도 하였다. 1922년 8월 원이두어는 쉬카고 미술학원으로 유학을 가서 이듬해에는 콜로라도대학 미술과로 전학하고 1924년에는 뉴욕미술학생연합회로 다시 전학하였다가 1925년 여름 귀국하게 된다. 이 3년간 그는 미술학습을 하면서 시창작에 몰두하면서 특히 중국고시와 영국근대시를 연찬하게 된다. 두보와 이백, 육유(陸游), 셀리, 키츠 등 시인은 그에게 직접적인 영향을 준다. 1923년 9월 상해에서 그의 시집 ≪紅燭≫을 출판하는데 거기에 1920년부터 3년간의 작품을 수록하고 있다. 그의 시 <園內>는 그의 청화시절을 회고하고 활기찬 학원의 생기를 노래하고 있다.

> 일찍 일어난 소년이 가석산 위에 바로 서면,
> 붉은 연꽃이 그의 발아래 펼쳐지고,
> 빛나는 해는 찬란히 그의 머리 위에 있는데,
> 일찍 일어난 소년이 갓 나온 태양을 대하고서,
> 장자와 굴원의 큰 글을 외우고,
> 쉐익스피어의 큰 작품을 외우고, …
> 그의 생명의 교과서를 외우고 있다.[3)]

그의 미국유학은 그에게 애국사상을 더욱 깊이 심어주었고 그것은 그의 시의 주요사상이 한 것이다.

1925년 귀국 후에 북경예술전과학교(北京藝術專科學校)의 교무장으로 부임하여 신시의 창작에 몰두하여 일련의 반제반봉건정신을 담은 시를 발표하게 된다. 그리하여 1928년 시집 ≪사수(死水)≫를 출판하게 되니 여기에는 자유체시 보다는 격율에 시와 역시, 그리고 전기식의 산문 두보(杜甫)를 발표하고 있다. 그 해 가을 남경을 떠나서 무한(武漢)으로 가서 무한대학 문학원장겸 중문계 주임을 맡게 되면서 중국고전문학 연구에 전념하는 전환점을 맡게 된다. 2년 후(1930)에는 다시 청도(靑島)대학 문학원장 겸 국문계 주임으로 갔다가 다시 2년 후(1932)에 북경 청화(淸華)대학 중문계 교수로 부임하여 1937년 소위 칠칠(七.七)사변까지 지내게 된다. 이런 10년 간의 학술연구기간에 괄목할만한 성취를 하게 된다. 여기서 그는 ≪두소릉연보회전(杜少陵年譜會箋)≫, ≪잠가주계년고증(岑嘉州系年考證)≫, ≪광재설시(匡齋說詩)≫, ≪천문석처(天問釋天)≫, ≪신시대홍자서설(新詩臺鴻字說)≫, ≪이소해고(離騷解沽)≫ 등 일련의 중요 저작을 발표하여 학술적 지위를 얻게 된 것이다.

1937년 칠칠사변으로 항일전쟁이 발발하자 청화, 북경, 남개(南開) 등 대학들이 이듬해 곤명(昆明)에서 서남연합대학(西南聯合大學)이란 이름으로 임시대학을 운영하니 원이두어는 여기서 그의 일생중 가장 왕성한 연구업적을 남기게 되니, 주요업적으로는 ≪초

---

3) 早起的少年危立在假石山上, 紅荷招展在他脚底. 旭日燦爛在他頭上, 早起的少年對著新生的太陽, 如同對著他的嚴師, 背誦莊周, 屈子底鴻文, 背誦沙翁, 彌氏的巨制, … 背誦著他的生命底課本.(≪聞一多全集≫Ⅰ p.198 湖北人民出版社 1993)

사교보(楚辭校補)≫, ≪악부시전(樂府詩箋)≫, ≪장자내편교석(莊子內篇校釋)≫, ≪종인수사신도용여도등(從人首蛇身到龍與圖騰)≫, ≪당시잡론(唐詩雜論)≫ 등이 있다. 그는 고적(古籍)을 위시하여 당시(唐詩), 초사(楚辭), 장자(莊子), 시경(詩經), 주역(周易), 신화(神話)는 물론, 금석갑골문(金石甲骨文)까지 넓고 깊게 연구하였으니, 구어모뤄(郭沫若)는 ≪문일다전집(聞一多全集)≫ 서문에서 「그의 안광의 예리함과 고찰의 해박함, 입설의 신선하고 박실함은 전에 고인에게도 없으며 아마도 후에도 올 자가 없을 것이다.」[4]라고 언급한 바가 있다.

1945년 8월 일본이 항복하고 국민당 정부는 날로 부패하니, 원이두어는 내전을 그치고 인민을 구하기 위해서는 민주주의를 주창하는 운동이 전개되는데 앞장을 서고 이로 인해 국민당정부는 마침내 1945년 12월 1일 총격으로 곤명학생을 참살하는 사건을 일으키게 된다. 원이두어는 분노하여, 인민이 죽음을 두려워 아니 한데 어찌 죽기로 두려워하리오 하면서 만사(輓辭)를 써서 희생된 4명의 학생에게 바치고 아울러 「121운동시말기(運動始末記)」를 써서 장엄한 선언을 한다. 즉 「죽지 않은 전사로 네 열사의 피의 흔적을 밟도록 하고 거대한 피의 흐름을 거두어서 그 면전에서 한 멍한 사람도 정신 차리고 한 나약한 사람도 용감히 일어나며, 한 지친 사람도 떨쳐 일어나며 한 반동자도 떨며 넘어지게 하리라!」[5]

---

4) 他那眼光的犀利, 考索的賅博, 立說的新穎而翔實, 不僅是前無古人, 恐怕還是後無來者的.

5) 始末記의 일부 : 「就讓未死的戰士們踏著四烈士的血跡, 再繼續前進, 並且不惜匯成更巨大的血流, 直至在它面前, 每一個糊塗的人都清醒起來, 每一個怯懦的人都勇敢起來, 每一個疲乏的人都振作起來, 而每一個反動者都戰慄地倒下去!」

라고 외친 것이다. 1946년 7월 15일 오후 5시 곤명에서 강연하고 귀가 도중에 국민당 특무암살자에 의해 저격을 당하여 희생되고 그 아들 원리허(聞立鶴)은 중상을 입은 것이다.

Ⅱ. 시집 ≪진아집(眞我集)≫의 사상

원이두어는 첫시집 ≪진아집(眞我集)≫6)을 내면서 1920년과 1921년 사이에 지은 시 15수를 담고 있다. 그리고 1923년 9월에 출판한 ≪홍촉(紅燭)≫에는 103수를 담았고, 1928년 1월에 출판한 ≪사수(死水)≫에는 28수를 담았다. 그리고 ≪집외시(集外詩)≫라고 하여 후에 발견된 시 33수7)를 모아서 별도로 시집으로 삼으나 중요 시집이라면 위의 3종의 시집을 거론하게 된다. 그러므로 위의 3종 시집을 중심으로 그 주제사상을 살피려 한다.

1920년부터 1921년 사이에 지은 시 15수를 수록한 시집으로서 사회의 암흑과 냉혹을 토로하고 있다. 시인은 상징적 수법과 함축적인 필조로 자연계의 암흑을 묘사하여 구세계의 암흑을 기탁한

---

6) 시집의 15수 시제는 다음과 같다. 雨夜(1920. 1. 14), 月亮和人(1920. 11. 14), 讀沈尹默小妹想起我的妹來了(1020. 11. 16), 雪片(1921. 5. 14), 率眞(1921. 5. 14), 朝日(1921. 5. 12), 雪(1921. 5. 14), 忠告(1921. 5. 14), 志願(1921. 5. 17), 傷心(1921. 5. 17), 一個小囚犯(1921. 5. 15), 黃昏(1921. 5. 22), 所見(1921. 7), 南山詩(1921. 7), 晩露見月(1921. 7)

7) 시 33수의 제목은 다음과 같다. 漁陽曲(1925), 長城下之哀歌(1925), 我是中國人(1925), 醒呀(1925), 七子之歌(1925), 愛國心(1925), 秦始皇帝(1925), 抱怨(1925), 欺負著了(1926), 鳥語(1926), 比較(1926), 唁詞－ 紀念三月十八日的慘劇(1926), 答辯(1928), 回來(1928), 園內(1923), 南海之神(中山先生頌)(1925), 教授頌(1948년 발표), 政治家(1948년 발표), 徵志(1919), 愛底風波(1921), 蜜日著律詩底研究稿脫賦感(1922), 進貢者(1922), 晩秋(1922), 笑(1923), 閨中曲(1925), 故鄉(1925), 回來了(1925), 叫賣歌(1925), 相遇已成過去(1925), 大暑(1924), 貢獻(1927), 奇蹟(1931)

다. 그 내용을 보면, 첫째로 사회의 기만과 간교를 지적한다. 사람과 일의 진실성을 노래하며 허위에 물들지 않은 인간의 영혼을 경모한다. 「달과 사람(月亮和人)」의 일단을 보면,

등불이 꺼졌다,
달 선녀가 은물결을 창문에 들이밀어,
잠자는 사람의 양 보조개에 비친다.
그 얼굴의 감정의 표상을 모두 깨끗이 쓸고
단지 그 고요한 환상의 천진함만을 지니고,
그 이목구비도 분명치 않은 흰 얼굴을 감싸고 있다.[8)]

여기서 진실한 영혼의 철리성이 드러나 보인다. 그리고 암흑의 현실에 대해서는 다음 그의 「충고(忠告)」의 일단을 본다.

남이 말한다 : 「달아, 너는 둥글기가 탄환 같고 이질어지기가 활의 줄 같다 ; 둥글 때는 아름답지만 이질어지면 보기 어렵다!」

내가 말한다 : 「달아, 둥글고 이질어지는 것은 너의 일상의 일이니, 너는 곱고 미운 관념에 있지 마라! 너는 이질어져 반원이 되든 이질어져 고운 눈섶이 되든 나는 여전히 너의 그 맑은 빛의 찬란함을 사랑한다.」[9)]

위에서 강조한 점은 眞자에 있다. 곧 진솔한 점이다. 여기서의 眞은 참된 자아뿐 아니라 사회에 대한 반항과 압박에 대한 반발, 그리고 기만에 대한 비판적인 민주의식의 발로인 것이다.

---

8) 燈光滅了, 月娥把銀潮放進窗子裡, 射到睡覺的人的雙靨上. 把他臉上的感情的表象都掃淨了, 只有那寂靜靈幻的天眞, 籠 罩在那連耳目口鼻也分不淸的素面上.

9) 人說 : 「月兒, 你圓似彈丸, 缺似弓弦 ; 圓時雖美, 缺的難看!」 我說 : 「月兒, 圓缺是你的常事, 你別存美醜底觀念! 你缺到半規, 缺到娥眉, 我還是愛那淸光燦爛.」

둘째로는 해방추구의 외침을 들 수 있다. 「한 명의 작은 죄수(一個小囚犯)」는 시인의 반봉건적이며 해방을 요구하는 강렬한 사상 감정을 표현한다. 이 시는 가장의 의해 방에 갇혀서 나오기를 바라는 아이를 통하여 작가의 이러한 심경을 표현한다. 다음에 그 시의 일단을 보면,

> 나를 풀어다오,
> 이 기약 없는 구금, 내가 어찌 받아들일 수 있을까?
> 나를 풀어다오, 그 썩은 잔재들을 일시에 쓸어버리오.
> 한 밝은 별, 길이 너의 어둔 밤의 긴 길의 길잡이가 되어,
> 나를 풀어주지 않고, 내가 뜸들어, 더 취해 혼몽해지길 기다리니,
> 내가 감옥을 쳐부수고 이 세상에 동서로 나자빠져도 이상타 말라!
> 나를 풀어다오![10]

이 시는 1921년 5월 五四운동 이후, 국내외정세가 급박하게 변화하고 새로운 사조가 밀려들어오는 상황에서 작자는 시대의 요구에 따라 개성의 해방과 교육제도의 모순점을 지적하는 의미에서 지은 것이다. 그래서 감옥을 부수고 잔재를 제거하자고 시에서 호소하는 것이다. 시인은 이어서 쓰고 있다.

> 이후부터는 나는 매일 창가에 서서 외친다 :
> 노래하는 사람, 우리는 함께 나오라!
> 노래할 줄 모르는 사람은 듣지 못한다.[11]

---

10) 放我出來, 這無期的幽禁, 我怎能受得了? 放我出來, 把那腐朽渣滓, 一齊刮掉, 還是一顆明星, 永做你黑夜長途底嚮導, 不放我出來, 待我鬱發了酵, 更醉得昏頭昏腦, 莫怪我撞破了監牢, 鬧得這個世界東顚西倒! 放我出來!

11) 從此以後, 我便天天站在窓口喊 : 唱歌的人兒, 我們倆一塊兒出來罷! 不曉得唱歌的人兒聽見沒有.

여기서 노래하는 사람이란 五四운동의 반제반봉건(反帝反封建)적인 혁명가를 지칭한다. 매일 창가에서 외치는 소리는 시인의 절박한 사회개선의 긍적적인 요구인 것이며 새로운 세계를 추구하는 희망의 노래인 것이다.

셋째는 중국사회를 개조하려는 결심의 표현이다. 원이두어는 경물을 빌려서 감정을 서술하고 나아가서 낡은 사회를 개조하려는 심정을 지닌 것이다. 눈을 읊은 雪은 세 가지 면으로 분석할 수 있으니, 첫째는 세상은 차고 어두운데 푸른 연기가 눈에 눌린 지붕을 뚫는 것을 묘사하는데 푸른 연기는 시인의 위로 향하는 영혼을 의미한다. 그것은 자신의 육신을 극복하고 개인의 생명을 포기하여 곧장 천당으로 향한다. 이 천당은 하늘에 있지 않고 지하에 있다. 둘째는 수풀 속에서 전투하는 중생이 갖은 풍상을 이기는 것을 묘사한다. 그리고 셋째는 인애의 봄을 통해 광명을 받아들인 것을 묘사한다.

> 아! 자연의 인애의 결정체!
> 그의 발자취가 닿는 곳은 바로 광명이다.
> 세계의 모든 악이 그의 목욕제계를 거쳐서,
> 모두 하늘의 해를 다시 볼 수 있고, 다시 생명을 창조할 수 있다![12]

시인은 위로 향한 한 줄기 푸른 연기로 화해서 춥고 어두운 사회를 쳐부수고 세상에 봄을 가져오고 겨울은 백기를 들고 투항하게 한다. 이것은 五四운동 이후 청년들이 제국주의와 봉건주의의

---

12) 啊! 自然底仁愛底結晶! 他底足跡所到, 就是光明. 世界底百惡, 一經他底齋戒沐浴, 都可以重見天日, 再造生命!

울타리를 부수고 중국사회를 개조하려는 의지를 보인 것이다. 이러한 혁명적 결심은 인민에게 향하여 외치고 있다. 「아침해(朝日)」 시에서 아침의 태양을 묘사한다.

몰래 각 창문 앞으로 가서
그 잠자는 교만한 아이를 일으켜 일하게 한다.
아! 이러한 고요한 환상적인 잠자는 모습,
그는 어찌 감히 놀라 일어날까?
그는 감히 놀라 일어나지 못하고 단지 그가 웃는 것을 바라볼 뿐이다.
그러나 그의 웃음은 뜨거운 빛을 흩어낸다……[13)]

시 중의 사상은 풍부하고 열렬하다. 아침태양이 일하는 사람에 대해 사랑과 존경을 보내고 포옹한다. 시는 시인의 아침 태양 같은 마음을 그려내고 일하는 사람을 동정하는 감정을 서술한다.

Ⅲ. 시집 ≪홍촉(紅燭)≫의 주제

청화에서 수학하던 원이두어의 창작활동은 문학사적으로 부정적인 평가를 하고 있는데 이러한 점은 객관성을 인정받기 어려울 것이다. 그것은 이 시집이 이 시기에 지어진 시로 꾸며진 관계로 더욱 문제시된다. 먼저 한 현대문학사의 기록을 보기로 한다.

원이두어가 받은 것은 자산계급의 교육이므로 유미주의적인 영향을 받은 것이다. 그래서 청화에서의 독서기간의 대부분 시들은 모두 정도가 다른 불건전한 정조를 드러낸다.[14)]

---

13) 偸偸地走到各個窗子前來, 喊他的睡覺的驕兒起來做工. 啊! 這樣的寂靈幻的睡容, 他那裡敢驚動呢? 他不敢驚動, 只望著他笑, 但他的笑散出熱炙的光芒 …

이러한 부정적 견해는 객관성이 부족하다. 사실상 이 시기는 원이두어로서는 혁명적 민주주의사상과 인민을 위한 헌신적 정신이 충만했던 만큼 ≪紅燭≫의 주제사상도 건강하고 선진적인 경향을 지닌 것으로 평가하면서 그 주제를 보고자한다.

첫째는 생명청춘에 대한 애정과 광명전도에 대한 추구인 것이다. 그 사상의 내용을 다음 4가지 면으로 본다. 이 시집을 읽으면 흔히 삶의 고동을 느낀다. 그는 인도 시성 타골의 시가 인생과 생활을 이탈하고 있다고 비판하면서, 「타골의 문예의 최대 결점은 현실을 포착하지 못한다는 것이다. 문학은 생명의 표현이며 형이상적인 시도 예외는 아니다. 보편성은 문학의 바탕이며 생활 속의 경험은 가장 보편적인 것이다. 그래서 문학의 궁전은 반드시 생명의 기초 위에 세워져야 한다.」[15]라고 하였다. 그리고 이어서 「인생은 타골의 문예의 대상이 아니라 단지 그의 종교의 상징이다.」[16] 라고 하여 타골과 달리 시를 생명과 생활의 기초 위에 세워서 인생을 논하고 있는 것이 이 시집의 주된 의미이다. 그래서 그 서시(序詩)에서 「붉은 촛불아! 흘러라! 너는 어째서 흐르지 않니? 바라건대 너의 기름을 쉬지 않고 인간을 향해서 위로의 꽃을 배출하여, 쾌락의 과실을 맺어다오!」[17] 라고 여 강렬한 진취심과 생명의 찬

---

14) 由聞一多接受的是資産階級的敎育, 在藝術思想上又受到唯美主義的影響, 所以也在清華讀書期間的大部分詩作都程度不同地流露出不健康的情調.(江蘇人民出版社刊≪中國現代文學史≫ p.148, 1979)

15) 泰戈爾底文藝底最大的缺憾是沒有把捉到現實. 文學是生命底表現, 便是形而上的詩也不外此例. 普遍性是文學底要質而生活中的經驗是最普遍的東西, 所以文學底宮殿必須建在生命底基石上.(湖北版≪聞一多全集≫ p.126)≫

16) 人生也不是泰戈爾底文藝底對象, 只是他的宗敎底象徵.(상동 p.127)

17) 紅燭! 流吧! 你怎麽不流呢? 請將你的脂膏, 不息地流向人間, 培出慰藉底花兒, 結成快樂的果子!(상동 1집 p.9)

미, 그리고 혁신적 목적을 시에서 찾으려 하였다. 그의 「태평양 배에서 밝은 별을 본다(太平洋舟中見一明星)」에는 그가 삶의 진정한 가치를 어디에 두고 있는지를 알게 한다.

생활아! 아득한 생활아!
그리고 파도가 험한 큰 바다야!
정든 자의 눈물의 파도이며,
장사의 혈액의 파도이다.
붉고 고운 별, 광명의 결정!
너도 나의 큰 꿈을 불러 깨웠다—
꿈 밖에서 한 층의 꿈을 안는다!
생활아! 아득한 생활아!
그리고 파도가 험한 큰 바다야!
정든 자의 눈물의 파도이며,
장사의 혈액의 파도이다.
생명의 바다 속의 등대!
나를 비추어라! 나를 비추어라!
나로 좌초에 부딪게 말라!
나로 항해선을 넘게 말라 ;
나는 스스로 나의 한 주걱의 더운 눈물을 가하여,
이 눈물의 바다를 더욱 짜게 하라 ;
나는 스스로 한 가닥의 뜨거운 피를 기우려,
이 피의 파도로 더욱 붉게 하라![18)]

18) 生活呀! 滄茫的生活呀! 也是波濤險阻的大海喲! 是情人底眼淚底波濤, 是壯士底血淚底波濤. 鮮艶的星, 光明底結晶啊! 你又喚醒了我的大夢－夢外包著的一層夢! 生活呀! 滄茫的生活呀! 也是波濤險阻的大海喲! 是情人底眼淚底波濤, 是壯士底血淚底波濤. 生命之海中底燈塔! 照著我罷! 照著我罷! 不要讓我碰了礁灘! 不要許我越了航線 ; 我自要加進我的一 勺溫淚, 敎這淚海更鹹 ; 我自要傾出的一腔熱血, 敎這血濤更鮮!

광명한 미래를 향한 즐거운 인생에 대한 확신이 시구 속에 우미하고 감동적으로 표현된다. 마치 밤하늘의 혜성이 대해에 추락하듯이 의상이 기험하고 사상이 준일하다. 시인은 생활목표를 정하여 생활이란 험한 대해에 투신한다. 그리고 둘째는 암흑사회에 대한 저주와 구식사회에 대한 비판을 가하고 있다. 여기서 더욱 그의 광명에 대한 열애와 추구를 표명한다. 현실사회로부터 사회제도와 문화에 이르기까지 총체적으로 구식사회에 대해서 부정적 태도를 취한다. 1922년 7월 원이두어는 미국 유학을 간다. 그는 거기서 미국의 물질문명을 부러워하기보다는 자본주의에 비평을 가하고 그의 순진성과 직감으로 오히려 생명과 미래에 대해 강한 집착을 한다. 그의 다음 「홍두편(紅豆篇) 35」은 그것을 노래한다.

> 밤 솔개가 외치며 짖는다.
> 북풍이 문 테두리 때리고,
> 창호지를 당기고,
> 담벽을 치고,
> 집기와를 들고,
> 비집고 들어가지 않으면 안 된다.
> 붉은 촛불은 오직 쉬지 않고 피눈물을 흘러내어,
> 큰 언덕의 적색 석종유에 엉겨있다.
> 애인아! 너는 어디 있느냐?
> 빨리 그 검은 구름 같은 촛불 꽃을 잘라내고
> 빨리 너의 흰 손을 보듬어서
> 이 떨리는 촛불 꽃을 막아주리!
> 애인아! 너는 어디에 있느냐?[19)]

19) 夜鷹號啕地叫著；北風拍著門環, 撕著窗紙, 撞著墻壁, 掀著屋瓦, 非闖進來不可. 紅燭只不息地淌著血淚, 凝成大堆赤色的石鐘乳. 愛人啊! 你在那裡? 快來剪去那

시인은 또 말한다 ; 「우리 약자는 물고기 살로서 …… 예교의 탑 앞에 놓여 있다.」(홍두편 25)라고 하니 이것은 구사회의 수많은 청년은 암흑사회에 불만이고 그리고 광명한 혁명의 길을 찾지 못하고 오직 개인의 세계에서 헤매이고 있다는 말이다. 그래서 시인은 그 더러운 데서 벗어나 오염되지 않은 정신세계를 노래하려 한다. 그러면서 우국애민의 고뇌를 떨치지 못하고 헤매인다. 시인은 그러한 갈등 속에서 저항하고 비판한다. 셋째는 조국에 대한 열애와 고향에 대한 그리움이 시집에 담겨 있다. 이 시집의 일부는 미국에서 쓴 것이다. 리광티엔(李廣田)은 ≪원이두어선집(聞一多選集)≫ 서(序)에서 이르기를 「그는 친구에 보낸 서신 중에서 말하기를, 『현실의 생활은 시시각각 나를 시의 경지로부터 먼지, 즉 속된 경지로 잡아끈다.』라고 하였으니 당시에 소위 시경(詩境)과 진경(塵境)은 조화롭지 못한 것이며 극히 모순적인 것이다. 이 소위 현실생활 속의 진경에 가장 중요한 것은 민족에 대한 갈등이며 여기서 민족주의적 정서가 격동하고 자라서 그는 애국주의자로 변한 것이다.」라고 하였다. 그가 이렇게 된 이유라면 오랜 중국문화와 고난의 중국대지를 그는 항상 그리워하였고 원초적 본능으로 동방의 색채를 그리워하고 거기서 절대미와 운율미를 찾고자 한 것이다. 그의 사랑은 중국 조국과 문화에 집중되어서 노래한다. 그의 「국화를 생각하며(憶菊)」는 동방의 꽃이며 중국의 꽃으로 승화시킨다. 겉으론 국화이지만 실제론 국화 같은 아름다운 조국과 그 역사와 풍속을 찬미한다. 그 시를 보기로 한다.

烏雲似的燭花, 快窩著你的素手 遮護著這抖顫的燭焰! 愛人啊! 你在那裡?

너는 여기의 뜨거운 장미 같지 않고,
그 미천한 쯔루어난초는 너보다 훨씬 못하다.
너는 역사가 있고 풍속이 있는 꽃이다.
아! 4천 년의 귀족자제의 명화!
너는 고초한 역사가 있고, 너는 우아한 풍속이 있지!
아! 시인의 꽃아! 나는 너를 생각한다.
나의 마음도 경각의 꽃을 펴서,
찬란하게 너와 똑같이 ;
나는 너를 나의 고향같이 생각한다.
우리의 장엄하고 찬란한 조국,
나의 희망의 꽃도 너처럼 핀다.
솔솔 부는 가을바람아! 불고, 불어라!
나는 나의 조국의 꽃을 찬미하련다!
나는 나의 꽃과 같은 조국을 찬미하련다![20]

우리의 조국은 얼마나 아름다운가! 시구 하나 하나가 수정같이 빛나서 장엄하고 찬란한 조국의 형상이 광채가 나고 애국심이 넘쳐난다. 넷째는 애정에 대한 심복(心服)과 봉건예교에 대한 반항이다. 시인의 이러한 의식은 54시대의 반봉건적 정신을 반영한 것이다. 시인은 1911년 초 청화유미(清華留美)예비학교에 입학하자 그의 이부(姨父) 고지(高志)가 그의 딸 고진(高眞)을 배필로 맺어주어 1922년 봄 혼인을 한다. 사청(史淸)은 ≪원이두어의 길(聞一多的道路)≫(생활서점 1947)에서 이르기를, 「두 사람은 일찍이 직접적인

20) 你不像這裡的熱欲的薔薇, 那微賤的紫羅蘭更比不上你. 你是有歷史, 有風俗的花. 啊! 四千年的華冑底名花呀! 你有高超的歷史, 你有逸雅的風俗! 啊! 詩人底花呀! 我想起你, 我的心也開成頃刻之花, 燦爛得如同你的一樣；我想起你同我的家鄉, 我們的莊嚴燦爛的祖國, 我的希望之花又開得同你一樣. 習習的秋風啊! 吹著, 吹著! 我要讚美我祖國底花! 我要讚美我如花的祖國!

왕래가 없었지만 서로의 열애는 전통적인 격리에 저지 받지 않았다. 그들 두 사람은 모두 위대의 혼인에 대해서 만족하고 있었다. 54 이후의 표준으로 말하면 이러한 혼인은 다소간 도박적 의미를 지니지만 원선생은 자신의 시대를 이해한 것이다. 그는 진심으로 한 사람을 열애하고 남의 열애를 받았다.」라고 하였다. 시인은 결혼 다섯 달 만에 유학을 떠난 것이다. 「홍두편(紅豆篇)」 42수 애정시는 그녀를 사랑하는 감정을 기초로 해서 쓴 것이다. 홍두편 제7수를 본다.

> 나의 마음은 방패가 없는 빈 성이니,
> 한 밤에 문득 그리움으로 습격 받아서,
> 나의 마음의 깃발은
> 단지 한 조각 넘어져 내린다 ;
> 나는 오직 바란다—
> 그는 멋대로 한 바탕 태워 죽이고 갔다 ;
> 누가 그가 결국 영원히 점거하고,
> 궁궐의 담을 건설해낼 줄 알았겠는가?[21]

시인의 예술적 구사가 교묘하다. 애정의 영구성이 생동하게 체현되어 있다. 애정을 위해서 일체를 버리고 애정을 생명처럼 여기는 시인의 시심이 다음에 보인다.

> 두 모양의 물건이 있는데,
> 나는 항상 쳐서 열고 싶고,
> 또 항상 버리지 못한다 :
> 나의 생명,
> 사랑하는 사람의 그리움과 같다.[22]

---

21) 我的心是個沒設防的空城, 半夜裡忽被相思襲擊了, 我的心旌 只是一片倒降 ; 我只盼望一 他恣情屠燒一回就去了 ; 誰知他竟永遠佔據著, 建設宮牆來了呢?

생명과 애정은 하나로 결합되어 있다. 애정이란 애인의 영화로운 이별을 고한다고 해서 진정 이별할 수 없으며 초췌한 얼굴이라고 해서 그 초췌한 면만을 영상화시킬 수도 없다. 애정은 항상 양면성을 지닌다. 애증이 공존하고 이합이 동시에 가능하다. 애정은 무한한 가능성과 좌절감이 동시에 충동된다. 애정은 항상 두 개가 상반적으로 평행한다. 원이두어는 애정시를 묘사함에 있어서 도덕성을 강조하고 건전성을 중시한다. 그는 「冬夜評論」에서 「엄격히 말하자면, 남녀연애의 정감은 가장 뜨거운 정감이어서 가장 높고 참된 정감이라고 하겠다.」라고 하였다.

Ⅳ. 시집 ≪사수(死水)≫의 주제

사수(1928년 1월)의 사상내용은 건강하고 선진적이다. 그러나 홍두에 비하면 분명히 복잡하다. 이 시집은 새로운 시율격을 제시한 것이다. 시에 있어 예술적인 면과 감성적인 면 모두 격조를 높힌 시집이라 할 것이다. 이 시집의 중요한 주제사상에서 첫째로 조국인민의 고난을 호소한 점과 그에 대한 동정심을 들 수 있다. 시인은 그의 <문예와 애국－3월 18일을 기념하여(文藝與愛國－紀念三月十八日)>에서 「위대한 동정심은 예술의 참된 샘이다.」라고 하고 인민의 고난을 보고 냉담한 태도를 비판하였다. 이 시집은 이러한 시적 감정을 가득 담아 놓았다. 시인은 1926년 겨울 큰딸을 잃었다. 의약이 부족한 농촌에서 제대로 치료도 받지 못하고 요절한 것이다. 시인은 그 슬픔을 방성대곡하며 「그녀를 잊다(忘掉她)」라

---

22) 有兩様東西, 我總想撇開, 卻又總捨不得 : 我的生命, 同爲了愛人兒的相思. (紅豆篇 8)

는 제목으로 다음과 같이 쓰고 있다.

그녀를 잊어버린다, 한 떨기 잊어버린 꽃처럼－
그 아침노을이 서리 낀 꽃받침 위에 있고,
그 꽃 속의 한 올의 향기－
그녀를 잊어버린다, 한 떨기 잊어버린 꽃처럼!

그녀를 잊어버린다, 한 떨기 잊은 꽃처럼!
봄바람 속의 한 꿈처럼,
꿈속의 한 종소리처럼,
그녀를 잊어버린다, 한 떨기 잊어버린 꽃처럼!

그녀를 잊어버린다, 한 떨기 잊어버린 꽃처럼!
귀뚜라미의 고운 노래를 들으며,
무덤의 풀이 높게 자란 걸 본다 ;
그녀를 잊어버린다, 한 떨기 잊어버린 꽃처럼!

그녀를 잊어버린다, 한 떨기 잊어버린 꽃처럼!
그녀는 벌써 너를 잊었고,
그녀는 아무 것도 기억하지 못한다 ;
그녀를 잊어버린다, 한 떨기 잊어버린 꽃처럼!

그녀를 잊어버린다, 한 떨기 잊어버린 꽃처럼!
그 친구 나이가 참 좋고,
그는 내년에 너에게 늙는다 일러줄 거다 ;

이 시는 개인의 불행한 애가만이 아니라, 조국인민의 고난에 대한 호소의 일부분이다. 사랑하는 딸의 요절은 전통적인 남아중시의 악습과 구가정의 무지, 그리고 농촌의 빈궁과 낙후 때문에 생긴 일이므로 시인은 정신적으로 커다란 충격을 받은 것이다.

그리고 시집의 두 번째 중요한 주제사상은 암흑사회에 대한 저주와 군벌매국노에 대한 반항을 들어야 한다. 그의 시 「구공(口供)」(죄를 기록한 서류의 뜻)을 들어본다.

> 나는 너를 속인다, 나는 무슨 시인이 아니다,
> 비록 내가 사랑하는 것이 흰 돌의 견고함이지만,
> 푸른 소나무와 큰 바다, 까마귀 등에 석양을 태우고,
> 황혼 속에 박쥐의 날개를 채운다.
> 너는 내가 영웅을 사랑하고 높은 산을 사랑하는 줄 알고,
> 나는 한 폭의 국기가 바람에 펼쳐지는 것을 사랑하고,
> 노란색에서 고동색까지의 국화꽃을 사랑한다.
> 나의 양식이 한 잔의 쓴 차라고 기억한다!
>
> 그러나 하나의 내가 있으니, 너 두렵니?－
> 파리 같은 사상, 쓰레기통에서 기어간다.[23)]

시인은 암흑사회를 부정하고 자신의 어두운 사상을 해부하여서 자신의 모순된 감정을 드러낸다. 조국에 대한 사랑이 충만하지만, 절망 중에 고통과 절망을 같이 한다. 이 시는 그 의식을 토로한 것이다. 이 시는 내심의 감정을 물질적으로 보여주면서 추상적으로는 함축적 의미를 보여준다. 푸른 소나무와 석양 그리고 파리와 쓰레기통 등은 구체적 형상인데 그것을 통하여 어두운 일면을 상징하려 한다. 주어진 사회에 대한 부정적 표현인 동시에 자기모순적 갈등이 어려 있다. 그 다음의 주제사상은 열렬한 애국사상인 것이

---

23) 我不騙你, 我不是甚麽詩人, 縱然我愛的是白石的堅貞, 靑松和大海, 鴉背駄著夕陽, 黃昏裡織滿了蝙蝠的翅膀. 你知道我愛英雄, 還愛高山, 我愛一幅國旗在風中抬展, 自從鵝黃到古銅色的菊花. 記著我的糧食是一壺苦茶! 可是還有一個我, 你怕不怕?－ 蒼蠅似的思想, 垃圾桶裡爬.

다. 이것은 둘째 사상과 연결된다. 민족에 대한 연정을 다음 「기도(祈禱)」에서 보기로 한다.

누가 중국인인지 나에게 말해주오
나에게 계시하오, 어떻게 기억을 지니고 있는가 ;
나에게 이 민족의 위대함을 말해주오,
가벼이 나에게 말해주오, 떠들지 말아요!

나에게 누가 중국인인지 말해주오,
누구의 마음에 요순의 마음이 있고,
누구의 피가 형가와 섭정의 피이며,
누가 신농과 황제의 후손인가요?

나에게 그 지혜가 기특하다고 말해주오,
하마가 바치는 예물이라고 말하오 ;
그리고 나에게 이 노래 소리의 절주를 말해주오,
원래 아홉 번 싼 봉황의 전수인 것을.

누가 나에게 고비의 침묵,
그리고 오악의 장엄을 말해주오?
태산의 돌 물방울이 인내에 젖어들고,
큰 강 황하도 조화롭게 흐르는지 말해주오?

다시 나에게 말해주오, 저 한 방울의 맑은 눈물은
공자가 죽은 기린을 애도하는 슬픔인가요?
저 미친 웃음도 나에게 말해줘야 되어요,—
장주와 순우곤, 동방삭의 웃음.
나에게 누가 중국인인지 말해주오,
나에게 계시하오, 어떻게 기억을 지니고 있는가 ;
나에게 이 민족의 위대함을 말해주오,
가벼이 나에게 말해주오, 떠들지 말아요![24]

이 시에서 시인이 제기한 방식과 시의 형식은 애국주의적인 표준을 노래하고 있는데 그는 요순과 신농, 그리고 황제와 같은 애민적 심상을 강조하고, 아울러 형가 같은 폭정에 반항하는 정신도 강조하면서 중국의 유구한 역사를 사랑하는 의식을 상징하려 하였다. 그러니까 이 시는 중국의 역사와 영토를 지켜야 한다는 점을 제시한 것이다. 시인은 항상 기틀을 중국인이라는데 두고 그 안에서 모든 것을 영위해야 한다는 철저한 민족의식을 지니고 있는 것이다. 그래서 시인은 하나의 중국인이 되는 것은 하나의 문예가가 되는 것보다 더 중요하다고 주장하곤 한다.[25)]

---

24) 請告訴我誰是中國人, 啓示我, 如何把記憶抱緊；請告訴我這民族的偉大, 輕輕地告訴我, 不要喧嘩! 請告訴我誰是中國人, 誰的心裏有堯舜的心, 誰的血是荊軻, 聶政的血, 誰是神農黃帝的遺孽? 告訴我那智慧來得離奇, 說是河馬獻來的饋禮；還告訴我這歌聲的節奏, 原是九苞鳳凰的傳授. 誰告訴我戈壁的沈默, 和五岳的莊嚴? 又告訴我泰山的石霤還滴著忍耐, 大江黃河又流著和諧? 再告訴我, 那一滴淸淚是孔子弔唁死麟的傷悲? 那狂笑也得告訴我才好,－ 莊周, 淳于髡, 東方朔的笑. 請告訴我誰是中國人, 啓示我, 如何把記憶抱緊；請告訴我這民族的偉大, 輕輕地告訴我, 不要喧嘩!

25) 聞一多 「論文藝的民主問題」:「做一個中國人比做一個文藝家更重要.」(≪聞一多全集≫ 3 開明版)

쭈샹(朱湘)의 신시와 회화예술미

굴원(屈原, 343－277? BC)을 추앙하고 타협할 줄 몰랐던 강직한 짧은 삶을 1933년 12월 5일 아침 6시경 상해에서 남경으로 가는 길화윤선(吉和輪船)에서 몸을 던져 의연히 마감하고만 쭈샹(朱湘, 1904－1933 자는 子沅)을 가지고 그의 시문학을 살펴보려니, 필자의 삶 자체가 먼저 허무한 듯 내력이 절로 부끄러워짐을 금할 수 없다. 한 요절한 시인으로서는 태연자약하기까지 보이니, 그 토로되지 못한 한을 어찌 다 이해할 수 있겠는가. 필자는 현대시에 대한 적지 않은 흥취 때문에 간간히 체계는 없다 하여도 문집을 숙독하곤 한다. 이런 중에 초기현대시단에 섬광처럼 나타나서 시계의 과도기적인 시중유화(詩中有畵)적 시를 창출하다가 간 시인을 발견하고는 두 눈이 환히 트이는 것을 느꼈다. 이가 곧 쭈샹인 것이다. 비록 여기에서는 그의 문학에 대한 심도 있는 고찰은 못한다 해도 그에 대한 언급이라도 하지 않을 수 없는 강한 열망을 떨칠 수 없기에 부족하나마 이제 그에 대한 것을 개관해 보고자 한다. 필자는 여름의 열기 속에서 며칠이고 쭈샹의 맑고 순수한, 그리고 섬세하며 그림 같은 시들에 깊이 심취되어 있었고, 더구나 그 격조가 살아있는 음악과 같은 시의 선율에 깊이 젖어들곤 한다. 따라서 서두에 밝혀 두는 바이지만, 이 글은 쭈샹에 대한 필자의 주관적인 작품감상 형식이 될 수도 있을 것이다. 무엇보다도 감동적인 것은 그의 벗이자, 특히 속문학(曲・彈鼓・詞 등) 연구에 큰 공을 세운 짜오징선(趙景深)에 의해 쭈샹이 투신자살한지 일주일도 안된 같은 해 12월 11일에 쓰여 진 수기를 읽으면서 필자는 너무도 인간적인 면에서 진실한 글이라고 생각하면서 감동을 이길 수가 없었다. 이제 그 일단을 보고자 한다.[1)]

> 이 회사의 이층에 이르니 주부인은 마침 의자에 앉아서 통곡하고 있었으며 옆에는 그녀의 동료라든가 봉재를 같이 배우던 이들이 그녀를 위로하고 있었다. 그녀는 너무도 구슬프게 울고 있었다 ; 「자원! 당신은 늑대 같은 마음! 자원, 당신은 늑대 같은 마음! 우리는 두 아이가 있잖아요!」 촛불만도 못한 전등도 너무 처량한 듯 어두운 빛을 번득이고 있었다. …… 「저는 그가 이같이 추운 날 홑옷을 입고 있는 걸 보고 마음이 실로 견딜 수 없었어요. 그래, 서둘러 속적삼 두벌을 만들어 아직 단추도 달지 않았는데 뉘 알았나요. 그가 죽은 줄을!」라 말하고는 목 놓아 울기 시작하였다. 「그는 직장을 그만 둔지 일 년 반이나 되어서 그가 어디 있든 어려우리라는 것을 알고서 늘상 우편으로 솜옷, 가죽옷을 보내드리면 그걸 가져다가 전당잡힌 거였어요. 이제는 백금룡 담배를 하루에 50개피나 피우셨으니. 좀 줄이라고 권했지만 피지 않으면 글을 쓸 수 없다는 거였어요. ……
>
> 이번에 이 달 4일 남경에 가시는데 곧 돌아오신다고 하시며 삼일 내에 편지하신다고 하시더니, 과연, 오늘 배 회계실의 편지가 왔군요. 전에 들어서 못 알아들었는데 이제 생각해보니 모든 게 분명해요! 생각할수록 마음이 아파요! 그는 이미 자살하려는 마음이 있었지요! 조선생님, 사모님, 시체도 못 찾았나요?」그녀는 또 울었다.[2]

짜오찡선의 이 글은 70여 년 전에 쓰여 졌지만, 보는 이로 하여금 생생하게 절감되어오는 실화인 것이다. 쭈샹의 투신은 가난과

---

1) 이 글은 趙景深의 「朱湘」이란 散文에서 실린 것으로 朱湘이 죽은 직후인 1933년 12월 11일에 쓰여졌음. (中國新文學續編 6)

2) 到了這公司的樓上, 朱夫人正坐在椅子上痛哭, 旁邊站了幾個她的女同事或同是學習縫紉者在那裏勸他. 她悽慘的哭着 ; 「子沅, 作好狼的心哪! 子沅, 你好狼的心哪! 我們還有兩個孫子呀! 一盞燭光不大的電燈也好像甚爲悽凉, 閃出幽暗的光. ……」 「我看他這樣冷的天, 還穿夾抱子, 心裏實在難過, 所以我替他看做了兩件襯衫還, 沒有釘上鈕釦, 誰知他已死了!」說着她嗚咽起來 ; 「他失業了一年半, 我知道他處境爲難, 時常從郵局裏寄棉袍子, 皮袍子給他, 他掌到手就當了. 現在他還要吸白金龍香煙, 一天吸五十技. 我勸他節省一點, 他就說不吸就做不出文章. …… 這一次, 本月四號, 他說要到南京去, 說是不久回來, 三天以內就有信來, 果然, 今天輪船賬房的信是在三天以內來的. 而以前我所聽不懂的話, 現在一想,全都明白了! 我愈想, 心裏愈痛! 唉, 他早有自殺的心了! 趙先生, 趙師母, 屍首找不找得了呢? 說時她又哭了.

좌절, 그리고 삶에 대한 염세의식이 계획적으로 죽음을 자행하게 만든 것임을 알 수 있다. 짜오찡선은 이 글 끝머리에서 그의 죽음은 당시의 상황에서 그의 성격상 불가피했음을 자인하고 있다.

> 내가 알고 있는 쭈샹은 한 성정이 고고한 시인이요, 순수한 시인이라는 것이다. 그는 「태어나길 미쁘게 보일 상이 아니길래」, 이에서 용납할 수 없었으며 맑은 강가에 나아가 물에 빠져 죽고 만 것이다. ……[3)]

쭈샹의 이 같은 인생과 그의 시에 깃들어 있는 사상에 어떠한 상관성이 있을까하는 상정도 할 수 있을 것이다. 이제 이 글을 위해 그의 ≪석문집(石門集)≫(上海商務, 1934), ≪여름(夏天)≫(상동, 1925), ≪초망집(草莽集)≫(上海開明, 1927), ≪영언집(永言集)≫(上海時代, 1936), ≪중서집(中書集)≫(上海生活書店, 1934), ≪교우학한담(交友學閑談)≫(上海北新, 1943) 등에서 시 220수와 산문시 3수, 그리고 시극 1편을 살펴보고 ≪朱湘≫(中國現代作家選集) (孫玉石編, 香港三聯書店, 1983)에 실린 쭈샹의 친우 뤄니엔성(羅念生)의 서(1982)와 선충원(沈從文), 쑤쉐린(蘇雪林), 쑨위스(孫玉石) 등의 평문들이 많은 도움을 주는 것이다.

---

3) 我所認識的朱湘是一個性情孤高的詩人, 一個純粹的詩人, 他「生無媚骨」, 不能容於斯世, 他奔赴清流, 他投江自殺. ……

Ⅰ. 쭈샹과 시의 창작 연대

쭈샹의 출생 시기는 1904년으로 낳기는 호남(湖南) 원릉현(沅陵縣)에서이지만 조부 때 호북(湖北)에서 안휘(安徽) 태호(太湖)로 이사한 후 아버지 쭈옌시(朱延熙)가 청대 한림학사로 강서학대(江西學臺)를 세우므로 해서 쭈샹의 출생지도 원릉(沅陵)이 된 것이다.[4] 3세까지 부모를 모두 잃고 11남매의 막내로서 고아처럼 성장하였으나 6세에 「용무편영(龍文鞭影)」(「我的童年」에 기술)부터 시작하여 8·9세에는 사서와 좌전을 이미 독파하고 시경의 처량한 정조에 눈물까지 흘렸을 만큼 감정이 풍부한 소년기를 보냈다. 특히 15세 이후로는 두보시의 내용, 음조에 깊이 몰두하였다. 15세에 청화학교(淸華學校)에 입학하여 형수 시에치잉(薛琪瑛)이 학비를 부담하면서 쭈샹의 시심은 17세부터 트인다. 18세에 ≪소설월보(小說月報)≫에 처녀작 「폐원(廢園)」이 발표되고 문학연구회에 가입하였다. 성정이 괴팍한 쭈샹은 퇴학과 재입학을 반복하면서 23세(1927)에야 청화학교을 졸업하면서 제2시집인 ≪초망집(草莽集)≫을 출판하며, 그 해 8월 류우왕(柳無忘)과 같이 도미하여 위스콘신주 로렌스 대학에서 서양문학을 공부하다가 불어책에 중국인을 「猴子」(졸개)라 부른 것을 보고 분개하여 이듬해(1928) 시카코대학으로 옮겨 독일과 희랍문학을 연구하면서 외국시를 번역하고 또 중국시를 영역하기도 하였다. 이 사이에 리우니쥔(劉霓君)과 결혼하고(1925), 같은 해 첫 시집 ≪여름(夏天)≫을 내놓으며 그의 장편 서사

4) 朱湘의 年表는 孫玉石이 三聯書店香港分店 人民文學出版社에서 발생한 中國現代作家選集 「朱湘」(284쪽 이하)에 첨부했음. 父 朱延熙가 翰林職으로 江西學臺로 간 시기는 淸代 光緖丙戌(1886)이다.

시 「왕교(王嬌)」를 ≪소설월보≫에 발표하기도 한다(1926).

1929년(25세)에 원이두어(聞一多)의 요청으로 귀국하여 안휘대학 영문과 주임교수로 부임하고 아울러 번역집인 ≪영국근대소설집≫을 출판한다. 28세에 안휘대학과 불화로 인해 사직하고 뇌충혈병에 걸리면서 심신의 고통과 생활의 빈곤으로 염세하기 시작하여 29세인 1933년 12월 5일 남경가는 배에서 투신자살하고 말았다. 죽은 후 시신도 찾지 못한 것이다.

쭈샹은 성품이 조급하고 외지며 오만하면서 고집이 강하여 외모는 차가우면서도 내심은 불덩이 같았으며, 생활태도는 진실하고 충후하면서 과묵한 편이었다. 그의 이런 성격과 그의 삶이 문학과는 불가분의 관계가 있음을 유추할 수 있다.5) 그의 괴벽 때문에 교우관계도 한정되어 있었으니, 청화학교 시절의 소위 「청화사자(清華四子)」들 즉 쑨따위(孫大雨) · 라오멍칸(饒孟侃) · 양스언(楊世恩) 등과 절친하였고 리우우왕(柳無忘) · 루오아이란(羅皚嵐) · 루오니엔생(羅念生) · 쩡전두어(鄭振鐸) · 선충원(沈從文) · 쉬위엔두(徐元度) · 짜오징선(趙景深) · 스저춘(施蟄存) 등과 죽을 때까지 좋은 사이였다. 단지 신월파(新月派)에 가입하여 활동하는 중에 스승인

---

5) 朱湘의 성격에 관해서 기록된 자료료서 羅念生은 ≪朱湘≫序(1982, 北京)에서 「朱湘性情孤僻, 傲慢, 暴烈, 倔强, 表面上冷若永想, 內心裏却是一團火. 他對知心的朋友很熱誠, 直爽, 忠厚, 從來沒有對無忌, 皚嵐和我流露出不豫之色.……他對生活非常認眞, 做人純潔二又善良. 他的弱點是個人奮鬪, 孤軍作戰必然歸於失敗.」라 하고, 朱湘 자신도 「說自我」에서 「這一個孱弱, 矛盾的自我, 客觀的看來, 它是多麼渺小, 短促, 無價値 ; 不過, 主觀的看來, 它却便是一個永恒只一個寶貝, 一個納有須彌的芥子了.」라 한 것과 「設說話」에도 「我是一個口齒極鈍的人, 連普通的應酬我都不能够對付……」라 自評하였으며, 趙景深도 「朱湘」에서 그에 대해 말하기를 「他給我的印象仍是'不苟'二字他說話很文靜, 每每要略加思索方才說出來. 說話的聲音很低, 擧動很緩慢, 帶着十足的虔敬……」라 자세히 설명하고 있어, 쭈샹의 성격을 이해하는 데 도움이 된다.

원이두어(聞一多)와 쉬즈모(徐志摩)에 모욕을 준 일로 관계가 소원해지면서 탈퇴하던 일이며 말년에 안휘대학과의 관계에서 「영문 문학계」를 동의 없이 「영문학계」로 고친 것으로 해서 실업상태에서 유랑하다가 자존심으로 인해 자살을 하는 결과까지 간 것은 모두 쭈샹 자신의 타협하지 않는 성격과 관계가 깊다. 이제 그의 10년간의 창작활동을 특성에 따라 시기를 분류해 보고자 한다.

제1기(1922－1925)는 시작의 시험기라 하겠다. 이 시기는 ≪여름(夏天)≫(1925)에 담긴 26수의 시를 통하여 볼 때, 인생과 자연을 관찰하는 시심이 청정하며 기교는 부족하지만 화해어린 음율을 활용하고 있다. 이들은 개인적이며 내향적인 소재를 다루고 있으면서도 신선한 표현을 느끼게 한다. 쭈샹은 이 시집의 서에서도 기술하기를,

> 쭈샹의 유랑하는 생활은 이미 끝나고 분투의 생활이 시작되었다. 이에 2년 반 동안 쓴 시를 골라서 반 수 가량인 26수를 가지고 하나의 소책자를 찍어 「夏天」이라 이름 붙였다. 청춘은 이미 지나고 성인기에 든 의미를 취한 것이다. 나의 시, 그대들 가 보세! 자연의 풍우에 머물러 버티면 그대는 살지만, 서있지 못하면 죽어버린다.[6)]

라고 하여 그 시기가 학습기인 것을 자처하고 있다. 그러나 이 시기는 중국신시의 초기에 해당하는 만큼, 소박한 묘사와 단순한 의상의 관점에서 볼 때 상당한 성취이며[7)] 고시사의 운율을 바탕으

---

6) 朱湘優遊的生活旣終, 奮鬪的生活開始, 乃檢兩年半來所作的詩, 選之, 存可半數, 得二十六首, 印一小冊子, 命名夏天, 取靑春已過, 入了成人期的意思, 我的詩, 你們去罷! 站得住自然的風雨, 你們就生存, 站不住, 死了也罷.

7) 沈從文은 「論朱湘的詩」에서 「使詩的要求, 是樸實的描寫, 單純的想, 天眞的唱, 爲第一期中國新詩所能開拓的土境……」라 함.

로 한 시체의 구성은 독특한 맛을 준다. 예를 들면, 처녀작인 <버려진 뜰(廢院)>을 보면,

> 바람 불 때 백양나무는 쓸쓸히 떨고 있고,
> 바람 없을 때 백양나무는 쓸쓸히 떨고 있다;
> 쓸쓸히 떨고 있는 외엔 더 아무 것도 들리지 않다;
> 들꽃이 쓸쓸히 피었다가,
> 들꽃이 쓸쓸히 지는데
> 쓸쓸한 외엔 뜰엔 아무 것도 없다.[8)]

이 시는 단조로운 의상 속에 쓸쓸한 폐허화된 뜰의 정경을 적절히 생동하게 묘사하면서도 전래의 모의적인 구성이 엿보이며, <폭죽(爆竹)>을 보면

> 높은 구름 위에 뛰어 올라서
> 놀라게 하는 외마디 울음;
> 죽은 뼈마디 떨어뜨리곤
> 영혼은 날개 돋아 올랐어라.[9)]

이 시는 4언체의 고시라 할 만큼 구식이 정제하고 율격이 갖추어져 있으며 운이 상통한다. 다음 제2기(1925-1926)는 창작의 성숙기에 해당하는데, 1924년 말부터 1926년 4월까지의 작품을 모은 ≪초망집(草莽集)≫에 실린 작품을 두고 분류한 것이다. 이 시기는 쭈샹에게는 신시사상 가장 가치 있는 수확을 제시한 작품들이라

8) 有風時白揚蕭蕭着, 無風時白揚蕭蕭着；蕭蕭外更不聽到什麽；野花悄悄的發了, 野花悄悄的謝了；悄悄外園裏更沒什麽.
9) 跳上高雲, 驚人的一鳴；落下屍骨, 羽化了靈魂.

고 평가받는다. 선충원(沈從文)은 <쭈샹의 시를 논함(論朱湘的詩)>에서 극찬하기를,

> 초망집은 1927년에 나왔는데 이 시집은 대단히 불행하게도 당시의 주의를 끌었던 초국은의 「야곡」이나 갱우의 ≪새벽빛 앞≫에는 미치지 못하였다. ≪초망집≫은 작자의 신시 방면에서의 성공을 대표할 수 있는 것으로 외형적인 완정함과 음조의 유화함에 있어 일반시인이 따를 수 없는 높은 위치에 도달한 것이다. 시의 최고의 힘이 그 형식과 음절을 조금도 소홀히 할 수 없는 것이라면 쭈샹은≪초망집≫의 시들에서 그 모든 시험을 거쳐 이미 대단한 성공을 이루었다고 할 수 있다.[10)]

라 하니, 선씨의 이 말은 적절한 평이다. 신시단에서 전통중국시의 율격을 가장 엄격히 지켜서 신시에 삽입시키려고 한 노고를 인정하고 있다. 선씨는 이어서 같은 글에서 말하기를,

> 궈모러의 어느 한 부분의 시가를 말하자면 중국 옛 시의 공허한 과장과 호방을 지니고 있는데, 쭈샹의 시는 중국 옛 사의 운율과 절주의 혼을 지니고 있으면서 사의 고정적인 조직을 타파하면서도 그 조직의 미를 완전히 배제하지 않고 있으니 ≪초망집≫의 시를 읽을 때면 유화적인 율조가 귀에 익어서 기이하다거나 생소한 점이 없는 것이다.[11)]

라고 그 가치를 높이 평가하였다. 사실상 ≪초망집≫에는 <비오는 경치(雨景)>시 외에는 전부가 격율시로 모아져 있는 것이다. 그의

---

10) 「草莽集」出於一九二七年, 這集子幸得很, 在當時, 使人注意處, 尙不及焦菊隱的「夜哭」同于賡虞的「晨曦之前」. 「草莽集」才能代表作者在新詩一方面成就, 於外形的完整與言調的柔和上, 達到一個爲一般詩人所不及的高點. 詩的最高力, 若果是不能完全疏忽了那形式同音節, 則朱湘在「草莽集」各詩上, 所有的試驗, 是已經得到了非常成功的.

11) 若說郭沫若某一部分的詩歌, 保留的是中國舊詩空泛的誇張與豪放, 則朱湘的時, 保留的是「中國舊詞音律節奏的靈魂」, 破壞了詞的固定組織, 却幷不完全放置那組織的美, 所以「草莽集」的詩, 讀及時皆以柔和的調子入耳, 無眩奇處, 無生澁處.

<나를 장례 치르고(葬我)>는 3절로 구성되어 있는데, 그 제2절을 보면,

나를 자귀나무 아래에 장사지내고
길이 향기론 꿈을 꾸었지.
나를 태산 꼭대기에 장사지내고
바람소리 슬피 울며 외론 솔 지나가지.

葬我在馬纓花下,
仄仄仄仄平平仄

永作着芬芳的夢
平仄仄平平仄平(冬韻)

葬我在泰山之巔,
仄仄仄仄平平平

風聲嗚咽過孤松
平平平仄仄平平(東韻)

이 시의 용운(用韻)이 당시 칠언절구의 수구불용운(首句不用韻)의 측기격경성운(仄起格平聲韻 : 첫 구에 운을 쓰지 않음)을 써서 2·4구의 '夢'과 '松'은 '東·冬'으로 통운(通韻)하고 있다. 제1·3구의 사측(四仄)은 삼명(三平)과 더불어 흔히 쓰이는 고절법(古絶法)이기도 하니 쭈상의 이 시가 주는 의미는 신시의 고시격율(古詩格律)의 적용을 강구하고자 한 데 있다. 또 <연꽃을 따며(採蓮曲)>의 일단을 보면(제1절),

쪽배야! 가벼이 날듯 달리고
버들아! 바람 속에 하늘대고
연꽃잎아! 푸른 덮개 내밀고
연꽃아! 사람처럼 교태롭구나
해는 지고,
찰랑대는 물결,
금실 번득이며 냇물을 스치네.
좌로 가고,
우로 튕기고,
연꽃쪽배 위에서 노랫소리 우러나네.[12)]

이 시의 「남향자(南鄕子)」의 사조를 빌리고 있으니, 「남향자」가 「5・7・7・2・7」의 쌍조(雙調)이지만, 이 시는 단조로서 48자, 즉 사의 소령조(小令調)에 맞추고 있다. 이 시가 「5・7・5・7・2・2・7・2・2・7」조로 되어 있음은 「남향자」의 조를 중첩하여 음운미의 효과를 높혔으며, 용운은 삼운환(三韻換)하여 「飄・搖・嬈」(下平簫韻)과 「落」(入聲藥韻), 「波, 河」(下平歌韻), 그리고 「行・撑・聲」(下平庚韻) 등과 같이 환운되어 시사의 용운을 신시에 정격으로 활용하고 있음을 알 수 있다.

그리고 제3기(1927－1933)라면 창작상 한 변환기라 할 수 있으니, 그의 사후에 나온 「石門集」(1934)과 「永言集」(1936)에서 그 면모를 찾을 수가 있을 것이다. 쭈샹이 미국에 유학하고 귀국한 후에는 구미의 시체와 사조를 그의 시에 도입하고 있음이 이 시기의 특징이 되고 있다. 서양시체의 2행, 4행, 삼첩영(三疊令), 회환조(迴

12) 少船呀輕飄, 揚柳呀風裏顚搖；荷葉呀翠蓋, 荷花呀人樣嬌嬈. 日落, 微波, 金絲閃動過小河 左行, 右撑 蓮舟上湘揚起歌聲.

環調), 발라드(Ballade), 론도(Rondeau), 이태리와 영국의 14행시 등 다양하다. 운각(韻脚)도 엄격히 운용하였으니, 중국신시의 서양시 체화를 시도한 최초의 사람이 된다. 거기에다 말년의 불우를 비감으로 표출한 정조는 더욱 시취를 일게 한다. 상세한 격식분석은 뒤에 서술하기로 하고 여기에서는 그의 <십사행의체 십오 동상(十四行意體；十五凍瘡)>한 편을 음미한다.

만나본 지 십여 년, 우리 다시 만났네,
이 끊을 수 없는 절친함 여전히 전과 같으니……
오로지 다른 것은, 지금 나는 그리움을 알고서
시든 속에 너의 품을 그리는 거네.
이 사이에 수다한 열정 벌써 높이 날라 갔고；
수다한 희망도 벌써 웃는 얼굴 가리었네……
나 하나 남아서 이 텅 빈 겨울에 있네.
내버린 반생을 생각노라면, 근심과 상심, 고뇌와 후회
봄날 나는 그것을 보지 않으려네；
그 따뜻한 바람이 나의 얼굴을 긁으며 낮은 소리로 놀려대면서,
말하기를, 청춘, 행복, 지금 거리에서
떠났다네 라고!
여전히 너는 다정하고 따뜻하고
또 처량하기도 하지.
나를 잊지 말게나. 쓸쓸히 내 곁에 와서,
잔잔히 불을 돋구어, 기억을 불붙여 주게나.[13)]

---

13) 不見十多年了, 我們又重會, 這切膚的親熱還一似當先；不同的是, 如今我知道留戀 在冷落中留戀着你的胸懷. 這期間, 有許多熱已經高飛；有許多希望已經遮起笑臉 …… 剩下我一人, 在這空的冬天. 相着拋去的半生, 憂傷, 懊悔. 春天我不要瞧見它：那暖風 會來搔我的臉皮, 低聲嘲弄. 說, 靑春, 幸福, 如今去了那裏! 還是你多情, 又溫暖, 又凄涼, 不忘記我, 悄然的來到身旁, 將沈滯排動了, 點燃起記憶.

Ⅱ. 쭈샹의 신시관

1920년대라면 후스(胡適)가 ≪상시집(嘗試集)≫(1920)을 발표한 직후인데, 쭈샹은 그 전후 10년을 창작하다가 요절하고만 기인의 자취를 남기고 있다. 그의 시작활동시기를 보아 그의 사후 70년이 지났는데도 아직 단편적인 평어 이외에[14] 시 자체에 대한 본격적인 연구가 미진한 것은 그의 시격의 온고(溫古)와 의구미적(擬歐美的) 경향이 짙은 반면, 시상(詩想)이 그에 미흡하지 않는가 하는 선입관이 들기도 한다. 그러나 자세히 살피면, 쭈샹 시에는 간과할 수 없는 시형 못지않은 시상의 특성이 들어 있음을 알게 된다. 이제 그의 신시에 대한 관점을 먼저 살펴보기로 한다.

쭈샹의 시에 대한 기본관점은 동서양의 양면성을 공유하고 있는 것이다. 그는 유년기에 시경을 벌을 받으면서 외우던 일이며 시경의 처량한 정조에 끌리던 일에서[15] 그의 시관 형성에 많은 영향을 받은 것을 알 수 있다. 그리고 굴원에 대한 애착이 강하여 그의 시에 소체(騷體)의 여음이 남아 있기도 하며 결국 종말을 같은 방법으로 마치기도 하였으니 고전문학의 근원에서부터 쭈샹의 시관이 연관되어 있다고 본다.[16]

---

14) 쭈샹 詩에 관한 글로서는 沈從文의 「論朱湘的詩」(文藝月刊 · 1931년 1월), 蘇雪林의 「論朱湘的詩」(靑年界 · 1934년 2월), 그리고 孫玉石의 「朱湘傳略及其作品」(1982년 3월) 등 개괄적인 범위를 넘지 않고 있다.

15) 朱湘은 散文 「我的童年」에서 「讀詩經的當口, 我不知道是那一頁書, 再也背不出來, 老師罰我, 非得要背出來, 才放我下學」라든가 또 「十幾年以後, 我每逢相起詩經這一部書的時候, 總是在心頭逗引起了一種凄涼的情調, 想必便是爲了這個緣故.」라 하였고, 旣說한 바이지만 4言體의 시로서 「爆竹」을 보면, 「跳上高雲, 驚人的一鳴 ; 落下屍骨, 羽化了靈魂」에서 그 연원을 시경체로 추리할 수 있다.

16) 羅念生은 朱湘選集의 序에서 「離騷」에 관한 論文(淸華學報)을 발표하였으며 그리고 「屈原是朱湘最喜愛的詩人之一, 騷體的黃鐘大呂在他的詩裏留下了餘音.」라 기술함.

그의 시는 그 후대의 도연명(陶淵明)과 왕유(王維), 두보(杜甫)에게서도 영향을 받았다.[17] 특히 왕유의 시중유화(詩中有畵)적인 풍격과 두시의 음조를 본받으려고 노력한 것을 볼 수 있다. 특히 두보에 대한 심취는 남달랐음을 그의 <나의 어린 시절(我的童年)>의 다음 일단에서 확인하게 된다.

> 두보의 시를 나는 애독한다. 그러나 본 대로 말하자면 그의 시를 나는 네 번 읽어보면서도 어디 한번 완독한 적이 없다. 첫 번째는 ≪당시별재집≫에서 골라 읽었고, 두 번째는 전집의 일부분을 숙독하였으며, 세 번째는 「두시」과목을 이수하였고, 네 번째는 전집의 반을 보았었다. 15세 이후에는 두보 시의 음조를 좋아하였고, 20세 전후에는 두보 시의 묘사를 모방하였으며, 30세 때에는 두보의 정조에 깊이 감흥을 받았다.[18]

이처럼 쭈샹은 신문학이 온고적 바탕 위에서 건설되어야 한다는 자세를 그의 문학의 근거에 두었다.[19] 그러면 쭈샹은 신시 발달에 장애적 요인을 무엇이라 지적하였겠는가? 그는 다음 <북해유기(北海遊記)> 글에서 두 가지 면을 명쾌하게 거론하고 있다.

---

17) 陶淵明에 대한 朱湘의 觀念은 「以後, 也曾經想作過 <桃花源記> 式的文章, 可是屢次都沒有寫成.」(我的童年)에서 알 수 있으며, 王維에게서 얻은 詩想의 예로서 朱湘의 <落日>에서 「蒼涼, 大漠的落日, 筆直的烟連着雲……」구는 王維의 「大漠孤烟直, 長河落日圓.」구 바로 그것이다.

18) 杜甫的詩我是愛讀的. 不過, 正式的說來, 他的詩我只讀過四次；幷且, 每次, 我都不曾讀完. 第一次是由「唐詩別裁集」裏讀的一個選輯, 第二次是讀了, 熟誦了全集的很少一部分, 第三次是上「杜詩」課, 第四次是看了全集的一大半. 十五歲以後, 喜歡杜詩的音調；二十歲左右, 揣摹杜詩描寫；三十歲的時侯, 深刻的受感於杜的情調.

19) 그는 「我的童年」에서 新舊文學의 관계를 다음과 같이 밝히고 있다. 「新文學與舊文學, 在當初看來, 雖然是勢不兩立, 在現在看來, 它們之間, 却也未嘗沒有一貫的道理. 新文學不過是我國文學的最後一個浪頭罷了.」

나는 생각하기를 주요 요인이 두 가지가 있다고 본다. 즉 옅은 맛의 경향과 서정에의 편중인 것이다. 내가 말하는 옅은 맛 가진 자로 본래가 종신토록 시에 전력하지 않고 단지 일시적인 기분에 따라 약간의 틈을 내어 시험 삼아 써보는 사람을 들 수 있다. 그들 중에는 전혀 시적인 재능, 소양, 견해, 의지 등이 있는 자가 없다고 말할 수는 없어도 좀 있다고 해도 깊은 맛이 없다. 좀 열심과 인내로 애쓰는가 하면 그들은 금새 소리도 없이 자취를 감추고 만다. 시란 다른 학문이나 예술처럼 하나의 종신사업이지 옅은 맛에 따라 감흥이나 불러일으키는 것이 결코 아닌 것이다. 가장 한심스러운 것은 이들 옅은 맛에 물든 자 중에는 조그마한 자각조차도 전혀 못하는 사람이 있다는 점인데 그들이야말로 황당한 주장을 고집하며 천박한 작품에 탐익하여 진정으로 막 싹터 오르는 신시에 대해 가혹한 매도와 냉소를 가하면서 더구나 신시를 쓰는 선배들 간판을 걸어놓고 대중을 몽매하고 있으니 이것이 신시 발달에 있어 커다란 한 장애인 것이다. 그리고 다른 하나의 장애는 후스의 천박하고도 가소로운 주장인 것이니, 그의 말로는 현대의 시는 응당히 서정적인 면에 편중해야 만이 나쁜 현대인의 요구에 적응할 수 있다고 하지만 이는 시의 장단과 그 요구시의 다과와는 조금도 비례해서 말할 수 없다는 사실은 전혀 모르고 하는 말이다. …… 상술한 두 가지 현상에서 서정적인 편중은 시의 다방면의 발전을 못하게 하며, 옅은 맛의 경향은 시의 깊고 풍부한 터를 다지게 할 수 없다는 점에서 신시가 발전하지 못하는 두 가지의 요인이라 하겠다.[20]

---

20) 我覺着主要的緣因另有兩個：淺嘗的傾向, 抒情的偏重. 我所說的淺嘗者, 便是那班本來不打算終身致力於詩, 不過因了一時的風氣而捨些工夫來此嘗試一下的人. 他們嘗中雖然不能說是竟無一人有詩的稟賦, 涵養, 見解, 毅力, 但是卽使有的時侯, 也不深, 等到這一點子熱心與能耐用完之後, 他們也就從此初聲匿適了. 詩, 興旁的學問旁的藝術一般, 是一種終身的事業, 并非搞了淺嘗可以興盛得起來的. 最可恨的便是這些淺嘗者之中有人居然一點自之知明都沒有, 他們居然堅執着他們的荒謬主張, 溺愛着他們的淺陋作品, 對於眞正的方在萌芽的新詩加以熱篤與冷嘲, 并且掛起他們的新詩老前輩的招牌來蒙弊大衆：這是新詩發達上的一個大阻梗還有一個阻梗便是胡適的一種淺薄可笑的主張, 他說, 現代的詩應當偏重抒情的一方面, 庶幾可以適應忙碌的現代人的需要. 殊不知詩之長短與其需時之多寡當中毫無比例可言.……上述的兩種現象, 抒情的偏重, 使詩不能作多方面的發展, 淺嘗的傾向, 使詩不能作到深宏與豊富的田地, 便是新詩之所以不興旺的兩個主因.(≪北海紀遊≫)

이 긴 글의 핵심은 신시 발달의 장애요인으로 의식의 천박과 신시에 대한 성실, 그리고 서정에 대한 편중이 작시상의 다양한 발전을 저해한다는 것이다. 그러면 쭈샹이 신시에 대한 나름의 견해를 어떻게 가지고 있었는지를 다음 그의 글에서 다시 유추할 수 있다.

> 시의 본질은 오래두고 새로이 바뀔 수 없는 것으로 곧 인생이라 하겠다. 시의 형태는 세대에 따라 그에 맞는 것이 있어서 어떤 형태의 장점이 발전하고 나면 또 다른 하나의 형태를 창조해 내어 대체해 나가곤 하는 것이다. 어떤 형태가 그 시대에 있어 나타난 장단점은 전적으로 이런 형태가 지닌 특성의 대소에 따라 정해진다는 것이다. 시의 본질은 내적 발전에 둔다면, 시의 형태는 외적 발전에 둔다고 하겠다.[21]

여기서 쭈샹은 시의 본질은 인생과 같아서 변하지 않지만, 시의 형식은 시대에 따라 발전되어야 함을 역설하고 있다. 시의 형식은 시대에 맞는 다양한 변화를 가해야 하며, 서양의 체재도 참고해야 한다는 것이다. 신시를 쓰는 긍지와 학문과 예능의 능력과 열성이 있을 때만 신시 나름의 독창성과 효용성이 인정되며 여기(餘技) 삼아 하는 소외적 의식도 불식할 수 있다는 것이 그의 신시를 쓰는 관념에 내재되어 있다.

---

21) 詩的本質是一成不變萬古長新的, 它便是人性. 詩的形體則是一代有一代的；一種形體的長處發展完了, 便應當另外創造一種形體來代替；一種形體的時代之長短完全由這種形體的含性之大小而定. 詩的本質是向內發展的；詩的形體是向外發展的.(≪北海紀遊≫)

Ⅲ. 신구시(新舊詩)의 조화 : 시어와 전고(典故)의 활용

앞에서 이미 서술하였지만, 쭈샹은 구시와 사의 체례를 중시하여 신시에 이동시키려 하였다. 그의 <지는 해(落日)>는 왕유의「큰 사막에 외로운 연기 곧게 오르고, 긴 강의 지는 해는 둥글다.(大漠孤烟直, 長河落日圓.)」과 한대 악부(樂府)의「용맹한 기병은 싸우다가 죽고, 노한 말은 배회하며 운다.(梟騎格鬪死, 怒馬徘徊鳴.)」그리고 잠삼(岑參)의「윤대의 구월의 바람은 밤에 소리치니, 냇물의 부서진 돌이 됫박처럼 큰데, 바람 따라 땅 가득히 돌이 어지러이 구른다.(輪台九月風夜吼, 一川碎石大如斗, 隨風滿地石亂走.)」구절에서 차입한 것이며, 그의 <열정(熱情)>에서 묘사한 것을 다음에 보면,

우리는 유성의 흰 깃 화살을 쏘아서
추한 두꺼비를 악한 개를 쏘아 죽인다.
우리는 혜성의 대비를 쥐고 청소하고
남녘 키를 가져다가 모든 더러움 쓸어가리.

우리는 아홉의 태양을 모두 걸어서
하나의 한가운데, 여덟 개는 팔방에 밝게 비추리 :
우리는 세상에 다시는 한냉함이 없게 하겠고,
우리는 모든 흑암에 빛을 다시 맞게 하리.
우리는 북두를 가져다가 은하수를 마시고,
우리 자신의 성공을 경하하리라.
강물에서 다 마시고 나면
견우와 직녀가 영원히 만나겠지.[22]

---

22) 我們發出流星的白羽箭 射死醜的蟾蜍, 惡的天拘. 我們揮慧星的篠帚掃除, 拿南箕撮去一切的污朽. 我們把九個太陽都掛起, 一個正中, 八個照亮八方；我們要世間不再有寒冷, 我們要一切節黑暗重光, 我們拿北斗酌天河的水, 來慶賀我們

라고 한 이 부분은 ≪초사(楚辭)≫ 구가(九歌)의 <동군(東君)>에 나오는 「푸른 구름 저고리와 흰 무지개 치마 입고서 긴 화살을 들고서 천낭을 쏘는도다. 나의 활을 잡고 서방으로 내려가니, 북두를 끌어다가 계주를 마시도다.」[23]구 등에서 시상을 차입한 것을 알 수 있다. 그리고 중당대의 노동(盧仝)의 <월식시(月蝕詩)>에서[24] 시취와 시어의 혼용을 또한 간과할 수 없는 것이다. 한편 <환향(還鄕)>의 줄거리는 완전히 시경풍의 <동산(東山)>에서 참용한 것이니, 비교해 보면, 어느 한 군인이 전쟁에서 돌아왔을 때 아버지는 죽고, 아내도 죽었으며, 어머니는 장님이 된 처참한 정경이 벌어진 상황을 노래한 것으로서, 먼저 쭈샹 시의 일단을 보면,

> 대문 밖의 하늘빛 참으로 몽롱한데,
> 대문 안의 사람도 참으로 잔잔하네.
> 툭탁, 툭탁, 네가 두드리는 많은 메아리 소리.
> 너의 음성은 허공만을 두드리는 것이려니.
> ……
> 아이냐? 네가 집 떠난 지 이십 여 년,
> 살아있는 사람 세상에 어디 또 있는지?
> 아! 알았다네, 이 어미 너무도 고생하다보니,
> 너에게 종이돈 태워줄 힘이 어디 있겠지?
>
> 아이야, 너 군대에 가서 타향에서 죽었다하여
> 너의 아버지, 처도 따라서 죽었다지.
> 아이야, 너희 셋이 날 버려 이 고생을 하다보니,

自己的成功. 在河水酌飮完了的時候, 牛郎同織女便永遠相逢. (≪草莽集≫)

23) 靑雲衣兮白霓裳, 擧長矢兮射天狼, 操余弧兮反淪降, 援北斗兮酌桂將木.

24) 盧仝의 「月飾詩」는 全唐詩 第六函 第七冊에 수록.

이 세상에 나 홀로 남아 슬픔에 젖어 왔지!
……
손들어 너 좀 만져보자꾸나
어째서 너의 얼굴 이리도 말랐더냐?
아이야, 너는 들었지, 밤바람 마른 풀을 스치는 것을,
아직 문에 들어와 거센 물결 식혀주지 않겠느냐?
사립문 밖의 날은 벌써 어두운 데
하늘에는 달이며 별이 보이지 않고
오로지 몽롱한 빛만이 어른거리고
보이나니 풀에 덮힌 두개의 거친 무덤이여.[25)]

위의 구들은 <東山>시의 다음과 의미가 상통함을 엿볼 수 있다.

동산에 끌려 나와
오래도록 돌아오지 못했는데
동에서 돌아올 때는
보슬비 내렸도다.
동에서 돌아갈 날 생각하며
서쪽 생각에 나는 슬퍼라.
저 평복으로 갈아입고서
다시는 군대에 종사하지 않겠노라.
……

25) 大門外的天光眞正朦朧；大門裏的人也眞正從容, 剝啄, 剝啄, 任你敲的多響. 你的聲音只算敲進虛空. …… 兒嗎? 爾出門了二十多年, 哪裏還有活人存在世間? 哦, 知道了, 但娘窮苦的很, 哪有力量給你多燒紙錢? 兒呀, 自你當兵死在他鄉, 你的父親妻子跟着身亡；兒呀, 爾們三個抛得我苦, 留我一人在這世上悲傷! …… 讓我拿起水來摸你一摸 爲何你的臉上庾了許多? 兒呀, 爾聽夜風吹過枯草, 還不走進門來歇下奔波? 紫門外的天氣已經昏沈, 天空裏面不見月與星亮, 只是在朦朧的光亮之內 瞧見草兒掩着雨開荒墳.(≪草莽集≫)

동쪽에서 돌아올 때는
보슬비 내렸도다.
개미 둑에선 황새가 울고
아내는 집에서 홀로 걱정하며
쓸고 닦아 집안 깨끗이 치우고
출정한 내가 돌아왔었지.
둥근 오이 씁쓸한 것이
장적 더미 위에 매달려 있네.
내가 보지 못한지
이제 삼 년이나 되도다.[26]

이상의 작품에서 전장에서의 귀환의 비애와 혐오를 짙게 풍겨주는데, 쭈샹은 그 착상에서부터 시화하는데 그 근거를 이 작품에 두고 있음을 본다.[27] 그리고 쭈샹에서 가장 전고의 시작화에 성공한 것은 장편시 <왕교(王嬌)>를 들 수 있다. 이 시의 통속소설의 하나인 ≪금고기관(今古奇觀)≫ 제35권 「왕교란의 백년의 긴 원한(王嬌鸞百年長恨)」의 내용을 바탕으로 하여 시작한 것이다. 이 소설의 줄거리는 왕교란이 주정장(周廷章)을 사랑하며 결혼을 약속하고 깊은 연정에 빠지지만, 「여자가 남자를 배신하면 벼락으로 죽고 남자가 여자를 배신하면 어지런 화살에 죽는다.(女若負男, 疾雷震死, 男若負女, 亂箭身亡.)」라는 굳은 서약을 어기고 주정장은 위씨녀(魏氏女)와 결혼하고 왕교란은 배신당한 후 절명시 32수, 장한가 1편을 남기고 목매달아 21세로 자살하고 만다. 주정장은 고발되어

---

26) 我徂東山 慆慆不歸 我來自東 零雨其濛 我東日歸 我心西悲 制彼裳衣 勿士行枚 …… 我來自東 零雨其濛 鸛鳴于垤 婦歎于室 洒掃穹室 我征聿至 有敦瓜苦 烝在栗薪 自我不見 于今三年.
27) 蘇雪林의 「論朱湘的詩」 참조.

죽판(竹板)으로 맞아 죽게 된다는 비극이다. 그런데 쭈상의 시에서는 모두 7장으로 나누어 왕교란의 고사를 절실하게 묘사하고 있다. 제1장에서는 상등절(上燈節)의 풍치를 그리면서 왕교란의 자태를 묘사하기를,

마침 그 앞에 서 있는
이가 사람인가? 신선인가?
한 묘령의 여인?
그녀의 얼굴 둥근 달이 중천에 걸린 듯.[28)]

라 하였으며, 제2장에서는 성년이 되었는데도 혼사가 없는데 대한 부모의 관심과 본인의 고뇌를 그리면서 노래한 대목을 보면,

딸도 야사의 시편들을 보았듯이
어디 박명한 젊은인들 못 만나리오 ;
아버지 늙으시고 너무도 외로우시니
나는 아버지 곁에 늘 있고 뿐이어요.[29)]

라고 토로하고 있는 것이다. 그리고 제3장에서는 왕교란이 한 남자를 만나서 정을 나누게 되는데 그 예구를 다음에 보면,

그녀는 서리의 모습을 보고서
불현듯 마음에 깜짝 놀랐네.
이 마침 정월대보름날 저녁에

28) 正站在他的面前 這是凡人呀還是神仙? 是一個妙齡女子 ; 她的臉像圓月掛中天.
29) 女兒也看過些野史詩篇, 無處不逢到薄命的紅顏 ; 何況爹老了, 又孤單的很, 我只要常跟在爹的身邊.

그녀를 구한 젊은이 :
그녀는 아련히 물었다 : 「존함은 무엇인지요?」
「나의 이름은 하문매요.」
「이 발음은 그 날 저녁과 정말 같네!」
그녀는 하인이 방밖을 나가는 걸 보고서는,
어느 새 뺨에 발그레한 홍조를 띄운다.30)

라고 하여 남녀의 연정을 느끼는 왕교의 환경적인 변화를 보여 주고 있으며 제4장에서는 남녀의 깊은 정분을 나누며 제5장에서 장래를 약속하는 경지에까지 들어간다.

*방 속엔 단지 그들 둘만이.
그녀는 머리 숙이고 몸은 창가에 기대었네.
그녀의 가슴은 거의 불어터질 듯
놀라움이 그녀의 마음을 채웠다네.

그는 정신을 차리고 사방을 둘러보니,
촛불에는 가물거리는 불빛이 남았을 뿐,
잠자는 신발이 의자 위에 놓였고,
드리워진 침상 커텐이 보인다네.
……
그는 창을 밀치고서, 쌍성이 하늘에
떠있는 모습 보고
문을 닫으니, 아름답고 수줍어하는
미인을 맞대하네.

30) 她瞧見書吏的模樣, 不覺心中暗吃一警, 這正是燈節的晚上 把她救了的少年人 : 她遲疑的問道 : 「尊姓大名?」「我的名字是何文邁.」「這口音與那晚正同!」她見僕人走出房外, 不覺腮中暈起微紅.

그녀는 다소곳 서서
움직이질 않네.
단지 그의 따스함을 느끼고 있을 뿐[31]
*여인은 추운 게 두려워, 그의 어깨에 비스듬히 기대니,
열기와 정분이 그녀의 가슴에 차네.
눈은 아련히 졸리운 듯
꿈같은 정다운 말 그의 귓전에 울리네.[32]

그러나 제6장에 이르러서 원작의 내용처럼 주생(周生)은 약속을 어기고 왕교를 버리고서 변심을 하며, 왕교는 깊은 사랑의 결과로 마음의 상처와 임신이라는 지울 수 없는 현실에 빠지고 만다. 기다려도 오지 않는 배신감과 삶의 허무를 제7장에서는 절명으로서 마감하고 나니, 이 시의 줄거리와 시의 의취가 위의 소설과 완전히 일치하고 있음을 알 수 있다. 그 예문을 보건대

아버지는 그녀가 애인이
있는 줄 모르신다.
그녀가 이미 수태한 것도 모르신다.
주공자를 기다리다 끝내 보이지 않으니,
어제 손호를 보내어 그를 찾도록 했으나
오늘 돌아올 수 있을지 모른다.
그가 핍박당하거나 변심했다면
그녀는 무슨 낯으로 아버지와 육친을 볼 것인가?[33]

31) 房中只剩他們兩個. 她垂下頭,身倚窓檽；她的胸膛幾乎漲破, 警慌充滿了她的心. 他定了神四下觀望, 瞧見蠟燭之剩殘輝, 瞧見睡鞋放在椅上, 瞧見垂下了的床帷. …… 他推窓, 見雙星在空；閉窓, 對嬌羞的美人. 她依然站着, 沒有動. 但是覺到他的微溫(이상 제4장의 일단)

32) 女郎怕冷, 斜靠着他的肩, 溫熱與情在她的胸內, 眼睛半開半閉的將睡, 如夢的情話響在他耳邊.(이상 제5장의 일단)

*「아내는 떠나가고 딸아이도 음부로 돌아갔도다.
내 이 세상에 이제부터 외로운 몸, 이렇게 살아서 무슨 재미있으랴?
기다리게! 그대들과 같이 가리라!」

그의 울음소리에 화답은 오직 처량할 뿐.
판막 위에 한 줄기 파문이 일면서
이어서 많은 낙엽이 창호지에 스친다.
나뭇가지 사이에 바람의 슬픈 신음이 인다.[34)]

이 시는 비극적인 장편서사시로서 전고를 바탕으로 한 쭈샹이 평소에 지니고 있던 비애적인 인생관을 엿보게 한다고 볼 수 있는 것이다.

Ⅳ. 쭈샹 시의 회화미

소동파는 왕유시를 두고「시 속에 그림이 있고 그림 속에 시가 있다(詩中有畵, 畵中有詩.)」(≪東坡志林≫)라고 평한 것은 시의 회화미를 예술적으로 승화시킨 특성을 단적으로 말는 명언으로서, 그 이후에 시의 예술성을 다루는 기본논리가 되고 있다. 그의 시는 왕유에게 그 회화적 기법을 본받은 것을 엿볼 수 있다.[35)] 쑨위스(孫玉石)은 쭈샹의 시를 두고서 평하기를,

33) 父親不知道她已有情人, 也不知道她已經懷了胎, 儘等周公子總是不見來, 昨天派孫虎去侯府找他, 不知道今天可能够回家. 萬一他被逼或是變了心, 她拿什麼見爹與六親?(이상 6장의 일단)

34) 妻子去了, 女兒也已歸陰. 我在人世上從此是孤零, 這樣生活着有什麽滋味? 等着罷, 等我與你們同行! 回答他哭聲的只有淒淸. 靈幃上搖顫過一線波紋, 接着許多落葉灑上窓紙, 樹枝間醒起了風的悲吟.(이상 7장의 일단)

35) 王摩詰全集箋注卷末附錄河嶽英靈集引文.

그는 원래 상아탑의 유미주의적인 시인이 아니었다. 그는 시종 지치지 않고 신시의 예술미를 추구하였다. 이러한 미는 당연히 각 방면에 나타났다. 작품구상의 기교, 의상의 참신, 서정적 의미의 심원함 등은 그 중에 드러난 특징이다.36)

라고 하여 쭈샹 시의 미적 표현의 특성을 간과하지 않고 있다. 사실, 그의 시를 회화의 선재(選材)적 기법에서 본다면, 시재(詩材)의 선정이 회화적인 측면과 연관하여 살펴볼 수 있다는 것이다. 명대의 동기창(董其昌)은 ≪화안(畵眼))≫에서 서술하기를,

깊이 살펴보면 저절로 정신이 통해진다. 정신이 통하는 것은 속마음이 겉으로 나타남이니 겉모습과 마음이 서로 어울려 망아의 지경에 드는 것이 정신에의 기탁인 것이다.37)

라고 하였는데 이러한 회화상의 관찰과 체회(體會)가 시에서도 표출된다는 면에서 그 시흥은 더욱 의미를 지닌다. 그 대표적인 예로서 왕유시를 먼저 보자면, 그는 시의 포착력과 그 나타난 형상이 자연의 경색이나 비경색의 작품에서 모두 구사되고 있다. <변새에 이르러(使至塞上)>(≪王摩詰全集箋注≫ 권9)의 일단을 보면,

큰 사막에 외줄기 연기 곧게 오르고
긴 강에 지는 해 둥글도다.38)

---

36) 他從來不是象牙之塔裏唯美主義的詩人. 但他却始終不倦地追求新詩的藝術美. 這種美當然表現在各個方面. 講究構思的巧妙, 意象的新奇, 抒情意味的深遠, 就是其中突出的特點.(「朱湘傳略及其作品」)

37) 看得熟, 自然傳神, 傳神者心以形, 形與心乎, 相湊而相忘, 神之所託也.

38) 大漠孤烟直, 長河落日圓.

여기에서 보면, 변방 밖의 경물에 대한 묘사가 마치 황량한 화면과 호방한 시적인 기식이 융화되어 츤영(襯映)작용을 하고 있다. '孤烟直'의 세밀한 관찰과 '落日圓'의 심묘한 체회는 곧 포착과 창조의 표징이다. 그리고 왕유의 <山居秋瞑>(동권1)을 보면,

> 대나무 스치며 빨래하는 여인 돌아가고,
> 연꽃 출렁이며 고깃배 지나가네.39)

윗 구에서는 향거(鄕居)생활의 동태를 관찰한 것이며, 그리고 <송별(送別)>(동권3)을 보면,

> 멀리 나무에 가는 길손 걸려 있고
> 외론 성엔 지는 노을 드리운다.40)

윗 구에서 '帶'와 '當'자는 삼매경에서 체득된 연의(煉意)의 표현이기도 하다. 그리고 비경색작품을 보면, 왕유의 <소년행(少年行)>(동권14)의 제1수의 일단을 보면,

> 신풍의 단술 많기도 하고
> 함양의 노니는 젊은이 많기도 하네.
> 서로 뜻이 맞아 더불어 마실 적에
> 말 맨 높은 누대엔 수양버들 늘어진다41)

여기서 제1구의 '美酒', 제2구의 '少年'을 제3구의 '意氣'와 연관

---

39) 竹喧歸浣女, 蓮動下漁舟.

40) 遠樹帶行客, 孤城當落暉.

41) 新豊美酒斗十千, 咸陽遊俠多少年. 相逢意氣爲君飮, 繫馬高樓垂柳邊.

시키어 미주와 소년을 자연스러이 결합시키고 있다. 그리고 '意氣'어는 제2구의 '遊俠'에서 비롯되고 있어서 전시의 틀이 갖추어지고 정의가 표달되어 있다. 그리하여 그 정의는 제4구에서 소년의 신태(神態)와 상합하여 화적인 상상과 체미(體味), 그리고 허실을 강구하여 동기창(董其昌)의 전신적(傳神的) 작용을 적절히 묘사해 내고 있다. 그러면, 쭈샹의 시에서는 어떻게 표출되고 있는가? 그의 <가을(秋)>(≪초망집≫)을 보면

> 어쩌다 지는 붉은 단풍잎은
> 찬란히 하늘에서 미친 듯 춤추다가
> 남쪽으로 날아가는 기러기 따라서
> 만리 길 바람을 타고 있구나!42)

이 시에서 제1구와 제3구가 가을의 경색을 사실대로 관찰한 위에 제2·4구에서 작자의 느낀 체회를 가벼이 묘사하여 자연현상과 시심의 융화를 화폭에 담은 듯이 그려 내놓았다. 그리고 <북쪽 땅에 아침 봄비 개이고(北地早春雨霽)>(≪夏天集≫)을 보면,

> 태양은 뭉게구름 위에 뜬 흰 쟁반일 뿐,
> 그의 광명은 맑고 밝은 공중에 스며들어서,
> 땅 위에 빗물 오목 고인 위에 되 비추인다.
> 검붉은 가지진 버들은 한가로이 서서,
> 그 무엇인가를 기다리고 있는 듯.
> 원근의 사방에서는 수없이 지저귀는 새소리,
> 강물이 괄괄 일어난다.43)

---

42) 寧可死個楓葉的紅, 燦爛的狂舞天空, 去追向南飛的鴻雁, 駕着萬里的長風.

여기서 제1~4구는 비 오던 하늘이 개이면서 태양이 뜨는데 의젓이 버드나무 한 그루가 서있는 경치를 그리면서 제5~7구에서는 시인의 체회를 가지고 무엇인가 기다리고 있는 외로우면서도 희망이 있는 시심이 나타나 있는 것이다. 한편, 비경색작으로 <꿈에 답하며(答夢)>(≪草莽集≫)의 일단을 보면,

마음은 세월 따라 더 뜨거워가고
산길은 아름다움이 갈수록 더해간다.
종려나무의 푸르름이 더욱 사랑스러운데,
길 떠난 나그네 누런 모랫길 지나누나.
사랑이여, 내 대신 말해다오.
내 어찌 그녀를 놓아줄 수 있겠냐고?[44]

여기서 제1~4구는 세심한 감정으로 사물의 현상을 관찰하면서 제5~6구에서 떨칠 수 없는 간절한 애정적 의향을 꿈속의 환상으로 재회시키면서 강렬한 정분을 묘사하고 있는 것이다. 말구를 낙점으로 하여 헤어질 수 없는 애정의 호소가 화적으로 전신의 의표로써 나타나게 한 것이다. 또 <꿈(夢)>의 일단을 보면(≪草莽集≫),

이 인생에 어이 꿈만이 공허하리?
인생이 꿈과 무엇이 다르리오?
그대 보았지! 부귀영화 다 거친 두덩에

---

43) 太陽只是灰雲上一個白盤罷了, 他的光明却浸透了淸朗的空中, 反映在地上雨水凹的上面. 黑幹赭條的柳樹安閑的立着, 防佛等候着什麽似的. 遠近四處聽到無數爭喧的鳥聲, 河水也活活起來了.

44) 情隨着時光增加熱度, 正如山的美隨遠增加；棕櫚的綠陰更爲可愛, 當流浪人度過了黃沙；愛情呀, 你替我回話, 我怎麽能把她放下?

파묻힌 것을
꿈이여!
좋은 꿈꾸고 나면, 그 맛 또한 짜릿하지!45)

이 시구에서 3구까지는 인생은 꿈과 같이 허무하다는 점을 관찰하면서 꿈일 수밖에 없는 인생이길래 꿈이나마 달게 누려 보자는 체념과 자위의 체회를 표현하고 있어서 쭈샹 시의 회화적 착상의 면모를 엿볼 수 있는 것이다.

다음으로 시어의 회화적 구사능력이 쭈샹에게 강렬하게 나타난다. 왕유에게서도 이 점은 예외가 아니다. 당대 은반(殷璠)은 이르기를,

> 왕유의 시는 시어가 빼어나고 음조가 온아하고 시의가 새롭고 이치에 맞아서 샘에서는 진주가 되고 벽에 걸면 그림이 되니 한 자 한 귀가 범상한 경지가 아니다.46)

라 하여 왕유시어의 회화적 감각을 비평한 것인데, 특히 경색시 부분에서 사물에 대한 의경을 색채감각에 의해 묘사하고, 그 위에 성(聲), 광(光), 태(態)의 입체의식을 가미하여 시의 예술성을 보여 주었다. 예컨대, <사냥 구경(觀獵)>(동권8)의 시구를 보면,

바람 세차게 활이 울리며
장군이 위성에서 사냥한다.47)

---

45) 這人生內豈惟夢是虛空? 人生比起夢來有何不同? 你瞧當貴繁華入了荒塚；夢罷, 作到了好夢呀味也深濃!
46) 伍蠡甫 ≪談藝錄≫ 86쪽(臺灣商務印書館).
47) 風勁角弓鳴, 將軍獵滑城.

여기에서 '弓鳴'에서 '風勁'이 드러나서 수렵하는 기세를 묘사하였으며 장군이 수렵하는 자태를 가미해 바람과 활의 소리(聲)와 장군의 자태(態)를 표출하고 있으며, 그리고 <망천별장(輞川別業)>(동권10)의 일단을 보면,

빗속에 풀빛 짙푸르게 물들었고,
물 위의 복사꽃 붉게 타오른다.48)

여기에서 밑줄 친 전후 3자는 녹색과 홍색의 색, 「물든다」, 「불탄다」의 태, 그리고 불탄다의 광 등이 혼합되어 있는 회화적인 기법의 극치라 할 것이다. 그러면 쭈샹의 시에서는 어떻게 표출되어 있는지 보고자 한다. 쭈샹은 입체감이 넘치는 살아있는 한 폭의 그림 같은 시를 많이 짓고 있음을 본다. 예를 들면, <봄(春)>(≪夏天集≫)을 보면,

화가여,
한 밤에 봄의 여신이 가랑비의 붓을
가벼이 건들여서
대지를 한 조각 푸른 비단으로 물들여 놓았네.
비단 위에 한 폭의 그림을 그려 놓았네.
바다, 붓을 씻어, 푸른 파도를 일으켰구나.49)

이 시는 글자 그대로 한 폭의 그림이며 회화적 의식을 가지고 봄을 노래한 시의 화폭인 것이다. 그리고 생동하는 그림 이상의 강

48) 雨中草色綠堪染, 水上桃花紅欲然.
49) 畵師的 一夜裏春神輕拂雨絲的毛筆, 將大地染成了一片綠絹 絹上畵了一幅彩畵；海,伊的筆洗,也被伊攪起綠波了.

렬한 표현을 구사한 <폭죽(爆竹)>(≪夏天集≫)을 보면,

깜짝 놀랄 외마디 울음 ;
높은 구름으로 뛰어올랐다가,
시체로 떨어져서,
영혼으로 화하였구나.[50]

단지 18자의 시, 전 2구의 성과 태에 어린 공중에서 터지는 불꽃 묘사, 후 2구의 태만이 보이는 승화된 시심의 탈태는 시의 화화가 아니고서는 꾸며내기 쉽지 않은 것이다. 그러면 쭈샹의 시에서 표현된 시어의 회화적 묘사의 예구를 몇 개 들고자 한다.

有風時白楊蕭蕭着(廢園・夏天)－ 聲, 色, 態
你的笑聲是我的鳥鳴(春・夏天)－ 聲
黑樹影靜立在灰色晚天的前面(寧靜的夏晚・夏天)－ 色, 光, 態
啞啞爭枝的鳥啼已經倦的低下去了(上同)－ 聲, 態
炊烟鑪香似的筆直升入空際(上同)－ 光,態
遠田邊農夫的黑影扛着鋤頭回來了(上同)－ 光, 態
太陽只是灰雲上一個白盤罷了(北址早春雨霽·夏天)－ 色
他的光明却浸透了淸朗的空中(上同)－ 光
晚飯菜樹下炒着(回憶·夏天)－ 光
好一片有望的聲音(上同)－ 聲
江南的山鮮艷如出浴的美人(南歸・夏天)－ 態
這裏的永遠披着灰土的舊衣(上同)－ 色
陰陰春雨中(小河・夏天)－ 光
遠處的泉聲活活了(小河・夏天)－ 聲
黃金染遍了千家白屋頂上(霽雪春陽頌・夏天)
惺忪的月亮微睨着夜神(夏夜・永言集)－ 光

---

50) 警人的一鳴 ; 跳上高雲, 落下屍骨, 羽化了靈魂.

林木悄然而臥不動分紋(上同)－ 態

遠田內有群蛙高聲笑樂(上同)－ 聲

葉底的螢光一瞥目傳情(上同)－ 光

쭈샹 시의 시어상의 회화기법은 거의 그의 시의 일반성이다시피 보편적으로 쓰이고 있으며 경색, 비경색의 구분 없이 비유와 풍자적으로 다용되고 있음을 본다. 이런 기법은 자연색인 「白·青·紅·黃」 등이 주로 색채화에 쓰이고 있어 그의 영혼이 휴식할 곳, 동경하는 세계를 추구하는 일면을 엿볼 수도 있다.[51)]

쭈샹은 짧지만 깊고 큰 삶을 영위하다가 떠난 시인인가 보다. 시 하나마다 구슬 같은 열매가 맺혀 있고 아름다운 색채가 영롱하게 스며나고 있다. 그런 한 편에는 뤄니엔성(羅念生)은 「쭈샹」서에서 다음과 같이 서술하고 있다.

> 그는 강렬한 애국사상과 민족자존심을 지니고 있었다. 그는 구사회의 흑암에 매우 분개하였고 군벌의 통치에 대해 비할 수 없을 리만큼 증오하였으며, 외세의 침략에 대해 결연히 반항하였다.[52)]

위의 말처럼 세상사와 나라의 안위에 항상 강개심을 토로한 면도 간과할 수 없는 점이다. 그의 <손중산을 애도하며(哭孫中山)>의 일단을 본다.(≪草莽集≫)

51) 朱湘이 王維를 본받은 면을 趙景深은 「朱湘」 글에서 이미 밝히고 있다. 「中國文學硏究也有他的幾文章, 其中王維一篇所論尤精.」 「以前我說他的詩像王維」 등.

52) 他有强烈的愛國思想和民族自尊心. 他對舊社會的黑暗十分憤慨, 對軍閥的統治無比憎恨, 對外來的侵略決反抗.

울음을 그쳐라! 다섯 민족 탄식을 그쳐라!
들어라 : 황화강에서 슬픈 외침을 외쳐라!
죽은 자의 영령으로 죽은 자를 위로케 하고,
산 자의 음악일랑 싸움의 북을 울리게 하여라!

울음을 그쳐라! 사백 조의 북을 울리게 하여라!
보아라 : 쓰러진 깃발은 이미 높이 펄럭인다!
보아라 : 구주 예수는 무덤에서 나오셨고
중국의 넋은 벌써 부활의 빛을 찾았도다!53)

이 얼마나 절규가 어린 애국심의 발로이며 그 속에 담긴 우국의 염려가 나타남인가! 쭈샹은 피압박, 피지배자의 대변자로서도 거침없는 독설과 동정을 토로한 것이다. <환향(還鄕)>의 일단을 보면,

아이야! 네가 군대 가서 타향에서 죽은 뒤에,
너의 아버지와 처자는 따라서 떠나가고 ;
아이야! 너희들 셋은 나에게 고통을 남기고,
나 한사람 이 세상에 슬픔을 남겼네!54)

전쟁의 참상과 민생의 고통을 동시에 적나라하게 그리어 놓고 있다. 이 점은 쭈샹의 시에서 또한 간과할 수 없는 부분이기에 여기에서 잠시 그 일면을 살펴본 것이다. 쭈샹은 신시 초기 시인이지만 고전시와 신시의 과도기적 시기에 전통시학의 맥락을 이어가

53) 但停住哭! 停住五族的歔欷! 聽哪 : 黃花崗上揚起了悲啼! 讓死者的英靈去歌悼死者, 生人的音樂該是戰鼓征鼙! 停住哭! 停住四百兆的悲傷! 看哪 : 倒下的旗已經又高張! 看哪 : 救主耶蘇走出了墳墓, 華夏之魂已到復活的辰光!
54) 兒呀, 自你當兵死在他鄉, 你的父親妻子跟着身亡 ; 兒呀, 你們三個抛得我苦, 留我一人在這世上悲傷!(≪草莽集≫)

면서 신시의 새로운 지평을 개척하고 신시에서도 서정성의 중요성을 직접 시를 통하여 길을 열어준 역할을 한 것이다. 그의 시는 현당대 시단에 면면히 흘러와서 1980년대 몽롱시를 이어서 나온 제3세대 시인과 선봉시인들의 사표가 되었고 특히 요절한 하이즈(海子)나 뤄이허(駱一禾) 같은 천재시인이며 초탈적 의식의 상징들이 본받아 그 뒤를 따라가는 태양과 같은 존재임을 덧붙여서 밝혀둔다. 그에 관한 연구가 적은 만큼 그의 요절 후 70년이 넘어서도 그의 신시단에의 전통성 유지와 새 율격의 정립을 위한 동서양의 시율도입시도 등에 관한 가치를 높이 인정해 주어야 된다고 본다.

아이칭(艾靑)
옥중시의
현실고발과
자유갈구

아이칭은 그의 시론(詩論)에서,

시인은 자신의 느낌에 충실해야 한다. 느낌이란 객관세계에 대한 반영이다. 시가 모두 자기 자신을 묘사하는 건 결코 아니다. 그러나 모든 시는 시인으로부터 쓰여진 - 다시 말해 자신의 마음속을 거쳐 쓰여지는 것이다.

라고 하여 시의 생명력은 시인의 감수성을 어떻게 여과하여 표출하였는지에 달려 있음을 강조하였다. 아이칭은 시의 세계를 가장 참된 마음의 표현에서 찾지 않으면 안 되는 것으로 간주하였다. 중국의 당시(唐詩)가 높이 평가되는 이유도 바로 시의 정적인 진실이 그 어느 시대보다 강하기 때문인 것처럼 아이칭 시는 그 자체가 곧 시심(詩心) 그대로인 것이다. 그는 시인이기 이전에 화가라는 점에서 시의 자화상을 늘 염두에 둔 것이다. 그래서 그는 ≪시론(詩論)≫ 「기술(技術)」 8조에서 이르기를,

시인은 거울과 같은 신속하고도 정확한 감각능력이 있어야 하며, 화가처럼 자신의 감정을 그대로 스며들게 하여 표현하는 구도를 가지고 있어야 한다.[1)]

또 위의 자료의 「기술(技術)」이르기를,

시 짓는데 무슨 비결이 있겠는가? — 정직하고 천진스런 눈으로 세상을 보면서 당신이 이해하는 것 느낀 것을 소박한 형상의 언어로 표현해 내라.[2)]

---

1) 詩人應該有和鏡子一樣迅速而確定的感覺力, … 而且更應該有如畫家一樣的滲合自己情感的構圖.
2) 寫詩有甚麽秘訣呢? 用正直而天眞的眼看着世界, 把你所理解的, 所感覺的, 用朴

라고 솔직한 작시의 자세를 토로하고 있는 것이다.

아이칭의 옥중시 25수는 1932년부터 1935년 사이에 중국좌익미술작가연맹에 가입하였다는 죄명으로 옥중생활을 하는 속에서 주로 쓰여진 그의 대표적인 초기작으로 진심 어린 대언자적인 작품이다. 이 옥중시에 대해 조우홍싱(周洪興)의 <애청의 옥중시> 등 논평이 나와 있으나, 여기에서는 아이칭의 삶 자체를 기반으로 하여 그의 시심을 이 옥중시에서 집약하려는 것이다.

Ⅰ. 생에 대한 좌절

아이칭은 1932년 봄에 마르세이유로부터 미술수업을 하다가 귀국한다. 그 해 5월 좌익미술가연맹에 가담하고 장펑(江豊)·리이앙(力揚) 등과 함께 춘지(春地)미술연구소를 창설하고서 미술평론을 쓰고 춘지화전(春地畵展)을 개최하는 등의 활동을 하다가 동년 7월 12일 아이칭은 도인 12명과 함께 체포되면서부터 그의 세계는 미술에서 시로의 전환을 시도하는 계기가 된 것이다. 그는 <어미 오리는 왜 오리알을 낳는가>(≪人物≫ 제3기 1980)라는 글에서,

> 나는 회화에서 시로 전환하기로 결정하여 암탉이 오리알을 낳도록 한 관건을 만들었으니 이는 곧 감옥생활에서이다. 나는 시를 빌려서 사고하고, 호소하고, 항의한다. …… 시는 나의 신념을, 나의 고무하는 힘을, 나의 세계관의 솔직한 메아리를 일게 하였다.[3)]

素的形象的語言表達出來.

3) 決定我從繪畵轉變到詩, 使母鷄下起鴨蛋的關鍵, 是監獄生活. 我借詩思考, 回憶, 控訴, 抗議. … 詩成了我的信念, 我的鼓舞力量, 我的世界觀的直率的回聲.

라고 하여 그의 시작활동이 이 옥중생활에서 본격화되었음을 알 수 있다. 이제 옥중시의 특징을 보면서 아이칭의 창작원류를 파악하고 그의 삶의 의지를 엿볼 수 있을 것이다.

구습에 빠져 있는 민예(民藝)의 의식을 선도하려는 사명감 속에서 예술을 통한 의식개혁을 시도하고 사상적으로 계급과 봉건의식에서의 탈피를 갈구하던 아이칭이 1932년 파리로부터 귀국하는 직후에 옥살이라는 상상 밖의 일을 당하면서 급전하는 자신의 신세에 대한 갈등을 감내하기 어려웠던 것이다. 그는 감방에서 깊은 사색과 번뇌를 하게 되었고 그의 회의적인 삶의 길을 <감방의 밤(監房的夜)>에서 다음과 같이 토로하고 있다.

> 파도 끊이지 않는 바다 끝에 사는 듯
> 바람소리 자신의 회상을 듣는 듯
> 마음은 낡은 배처럼 흔들려
> 영원히 파도와 파도 속을 표류한다.
>
> 밤을 지키는 발걸음은 대낮보다 길고
> 오랜 별빛을 싫어하듯 철창만을 바라보고
> 밤새도록 우는 수력발전소의 소음
> 나의 그 거대한 흐름 같은 생활을 중창하고 있다.
> 옛날 나는 그 노래 속에 누워
> 철근과 철골을 갖추고
> 창조자의 영광도 갖추었다.
>
> 오늘밤 그대 노래는 나를 야유한다.
> — 사랑하는 사람 나를 버리고 멀리 가듯
> 적의 품속에 탐닉하고 있다.[4] (1934년 3월)

이러한 아이칭의 감회는 난파선을 탄 마음의 동요와 회한의 표현이며 실의적인 심적 갈등인 것이다. 그리고 <경청(聆聽)>에서 이르기를,

콸콸
콸콸
프랑스 남부 수력발전소의 포효
밤새 울고 있고, 밤은
감방 속에 잠겨
진동하는
난우의 코고는 소리에 섞여
큰 기선처럼
짙푸른 해양에서
전속력으로 물결을 가르며
밤은
전진하고 있다……[5](1932. 上海)

이처럼 아이칭은 상상의 나래를 펴고 갇힌 울안에서 더욱 거센 반항의 외침을 토해내고 현실에 대한 조명으로 그에 대한 삶의 끝을 정의하려고 시도하였다. 이 끝이란 결말이 주는 삶의 단절은 삶에 대한 더한 갈망을 불러일으켜 주는 것이다. 그의 <절규(叫喊)>의 일단을 보면,

---

4) 像棲息在海浪不絶的海角上 / 聽風嘯有如聽我自己的回想 / 心顚扑的陳年的破舊的船隻 / 永遠在海浪與海浪之間飄蕩 / 看夜的步伐比白日更要漫長 / 守望鐵窓像嫌厭久了的辰光 / 水電廠的徹宵的囂喧震顚着 / 在把我那巨流般的生活重唱 / 昔日我曾寢臥在它的歌唱裏 / 而且也具有創造者的光榮 / 今宵它的歌像有意向我揶揄 / … 如愛者 棄我遠去 / 沈溺的浸淫在敵人的懷中

5) 馳蕩呀 / 馳蕩呀 / 法南水電廠的吼聲 / 徹叫着：夜 / 沈在監獄的房裏 / 震搖的 / 夾着難友的鼾聲呀 / 像大航輪般 / 在深藍的海洋上 / 以速力鈷開了水波 / 夜 / 它前進着 …

밤새 소리에
태양은 횃불 눈을 뜨고
밤새 소리에
바람은 부드러운 팔을 뻗어
밤새 소리에
도시는 깨어난다……

이것은 봄
이것은 봄의 오전
……
나는 어두운 곳에서
하이얗게 밝은
파도처럼 도약하는 우주를
구슬프게 바라본다.
그것은 생활의 절규하는 바다.[6](1933. 3)

"그것은 생활의 절규하는 바다"라고 한 아이칭의 마음은 단순한 외침만은 아니었다. 흑에서 백을 바라보는 심정으로 슬픔에 맺혀 생명의 소중함을 우짖는 절규인 것이다. 살아있는 명(命)이 살 수 없게 하는 피동의 사(死)에로 향하는 노정에 섰을 때 아무도 삶에 대한 애착을 떨칠 수 없는 것이다. 아이칭은 바로 그 마음을 여기서 토로하고 있는 것이다. 단순한 좌절이 아니라 회생에의 기대를 건 것이다. 이 속에 오히려 애틋한 추억과 회고와 함께 낭만과 애상이 깃들여 있는 것이다. <따옌허(大堰河)>는 추억과 낭만이 깃들인 삶에의 자서(自序)라 하겠다. 아이칭의 대표작인 이 시를 보

6) 在徹響聲裏 / 太陽張開了炬光的眼, / 在徹響聲裏 / 風伸出溫柔的臂, / 在徹響聲裏 / 城市醒來… / 這是春 / 這是春的上午, / …… 我從陰暗處 / 悵望着 / 白的亮的 / 波濤般跳躍着的宇宙, / 那是生活的叫喊着的海呀!

노라면 저절로 흘러내리는 눈물을 금할 수 없는 것은 시인의 진실하고 원천적인 삶의 참맛이 깃들어 있기 때문이다. 장편이지만 여기에 전시를 열거하여 음미하고자 한다.

따옌허는 나의 유모
그녀의 이름은 그녀를 낳은 마을의 이름
그녀는 민며느리
따옌허는 나의 유모

나는 지주의 아이
따옌허의 젖 먹고 자라난
따옌허의 아이
따옌허는 나를 키우고 그녀의 가정을 꾸리고
나는 그녀의 젖을 먹고 자라났습니다
따옌허, 나의 유모

따옌허, 오늘 나는 눈(雪)을 보며 당신을 생각합니다
눈에 덮인 당신의 풀 속의 무덤을
당신의 닫힌 옛집 추녀에 말라죽은 순무풀을
당신의 저당 잡힌 한 자 넓이의 뜰을
당신의 문전에 푸른 이끼 낀 돌 의자를
따옌허, 오늘 나는 눈을 보며 당신을 생각합니다

당신은 당신의 도타운 손으로 나를 품에 안고서 어루만졌습니다
당신은 부엌 불을 지핀 후에
당신은 치마의 먼지를 턴 후에
당신은 밥 익었는지 맛본 후에
당신은 검은 장 종지를 검은 식탁 위에 놓은 후에
당신은 아이들의 산마루 가시에 찢긴 옷을 꿰맨 후에
당신은 아이의 낫에 다친 손을 싸맨 후에

당신은 남편과 아이들 속옷의 이를 하나하나 눌러 죽인 후에
당신은 오늘의 첫 달걀을 꺼낸 후에
당신은 당신의 도타운 손으로 나를 품에 안고서 어루만졌습니다.

나는 지주의 아이
나는 당신 따옌허의 젖을 다 먹은 후에
나는 나를 낳은 부모를 따라 나의 집에 돌아왔습니다.
아, 따옌허 당신은 왜 울려고 했던가요?

나는 나를 낳은 부모 집의 새 손님이 되었습니다!
나는 붉은 칠 꽃무늬의 가구 만지며
나는 부모의 침대에 새긴 금빛 꽃무늬 만지며

나는 처마 밑의 「천륜서락(天倫敘樂)」*이란 알지 못할 액자를 물끄러미 쳐다보며
나는 새로 갈아입은 옷의 수실과 자개단추를 만지며
나는 어머니 품속의 낯모르는 누이동생을 바라보며
나는 기름 바른 화로 놓인 온돌에 앉아 있으며
나는 세 번 찧은 쌀밥을 먹으면서
그러나 나는 그렇게 마음이 불안하였습니다
나는 나를 낳은 부모 집의 새 손님 되었기에
따옌허, 살기 위하여
그녀는 그녀의 젖을 다 흘린 후에
그녀는 나를 안았던 두 팔로 일하기 시작했습니다
그녀는 웃음 머금고, 우리 옷을 빨며
그녀는 웃음 머금고, 나물바구니 들고서
동구 밖의 얼어붙은 연못으로 가며
그녀는 웃음 머금고, 얼어붙은 무를 썰며
그녀는 웃음 머금고, 손으로 돼지 뜨물 만지며
그녀는 웃음 머금고, 고기 굽는 화로의 불 지피며

그녀는 웃음 머금고, 둥근 키 메고 큰 마당에서 콩과 밀 말리며
따옌허, 살기 위해서
그녀는 그녀의 젖을 다 흘린 후에
그녀는 나를 안았던 두 팔로 일을 했습니다

따옌허, 그녀의 젖먹이를 깊이 사랑하여
설에는 그를 위해 서둘러 쌀엿 자르고
늘 몰래 동구 밖 그녀의 집에 가곤 하던 그를 위해
그녀 옆으로 가서 『엄마』하고 부르던 그를 위해
따옌허, 그가 그린 붉고 푸른 관운장(關雲長)을 부엌 벽에 붙이고
따옌허는 그녀의 이웃에 그녀의 젖먹이를 자랑하였습니다
따옌허는 일찍이 남에게 말할 수 없었던 꿈을 꾸었었습니다
꿈속에서 그녀는 그녀 젖먹이의 혼례술[婚酒]을 마시며
눈부신 채색띠 둘린 마루에 앉으니
그녀의 예쁜 며느리 친절하게 "어머니" 하고 불렀죠
………
따옌허는 그녀의 젖먹이를 깊이 사랑하였습니다!

따옌허는 그녀의 꿈에서 깨어나기 전에 이미 죽었습니다
그녀가 죽을 때, 젖먹이는 그녀의 곁에 없었고
그녀가 죽을 때, 평시 그녀를 구박하던 남편도 눈물 흘렸고
다섯 아이는 저마다 슬피 울었고

그녀는 죽을 때, 나지막이 그녀의 젖먹이 이름을 불렀습니다
따옌허, 그녀는 이미 죽었고,
그녀 죽을 때, 젖먹이는 그녀 곁에 없었습니다
따옌허, 그녀는 눈물 머금고 갔습니다!
사십여 년의 인생살이 수모와 함께
헤아릴 수 없는 노예의 처참한 고통과 함께
4원짜리의 관목과 몇 단의 볏짚과 함께
관 묻은 몇 자의 땅과 함께

한 줌 지전의 재와 함께
따옌허, 그녀는 눈물 머금고 갔습니다!

이것은 따옌허가 알지 못하는 것들
그녀의 술취한 남편은 이미 죽었고
큰아이는 토적(土賊)이 되었고
둘째는 포화의 연기 속에 죽었고
셋째, 넷째, 다섯째는
나으리와 지주의 꾸지람 속에 나날을 보내고
그리고 나, 나는 이 불공평한 세계에 줄 주문(呪文)을 쓰고 있습니다.
내가 길고 긴 유랑에서 고향으로 돌아올 때
산등성에서, 들에서
형제들 만날 땐, 6·7년 전보다 더 친밀하리라!
이것은 당신, 조용히 잠든 따옌허가 알지 못하는 것입니다

따옌허, 오늘 당신의 젖먹이는 옥에 갇혀서
당신께 드리는 찬미시 한 수를 써서
황토 아래 누워 있는 당신의 보랏빛 영혼에게 드립니다
당신이 나를 안았던 벌린 손에 드립니다
당신이 나를 입맞췄던 입술에 드립니다
당신의 검고 온유한 얼굴에 드립니다
당신이 나를 기른 젖가슴에 드립니다
대지 위의 모든 이들,
나의 따옌허 같은 유모와 그녀들의 아이에게 드립니다
날 사랑하길 자신의 아이 사랑하듯 한 따옌허에게 드립니다
따옌허
나는 당신의 젖을 먹고 자라난
당신의 아이
나는 당신을 존경하며
당신을 사랑합니다! [7] (1933. 1)

7) 大堰河, 是我的保姆. / 她的名字就是生她的村莊的名字, / 她是童養媳, / 大堰河, 是我的保姆. / 我是地主的兒子； / 也是吃了大堰河的奶而長大了的 / 大堰河的兒子. / 大堰河以養育我而養育她的家, / 而我, 是吃了你的奶而被養育了的, / 大堰河啊, 我的保姆. / 大堰河, 今天我看到雪使我想起了你： / 你的被雪壓着的草盖的墳墓, / 你的關閉了的故居檐頭的枯死的瓦菲, / 你的被典押了的一丈平方的園地, / 你的門前的長了青苔的石椅, / 大堰河, 今天我看到雪使我想起了你. / 你用你厚大的手掌我抱在懷裏, 撫摸我； / 在你搭好了竈火之後, / 在你拍去了圍裙上的炭灰之後, / 在你嘗到飯已煮熟了之後, / 在你把烏黑的醬碗放到烏黑的卓子上之後, / 在你補好了兒子們的爲山腰叶的荊棘扯破的衣服之後, / 在你把小兒被柴刀砍傷了的手包好之後, / 在你把夫兒們的襯衣上的虱子一顆顆的掐死之後, / 在你拿起了今天的第一顆鷄蛋之後, / 你用你厚大的手掌把我抱在懷裏, 撫摸我. / 我是地主的兒子, / 在我吃光了你大堰河的奶之後, / 我被生我的父母領回到自己的家裏. / 啊, 大堰河, 你爲甚麽要哭? / 我做了生我的父母家裏的新客了! / 我摸着紅漆雕花的家具, / 我摸着父母的睡床金色的花紋, / 我　呆呆地看着檐頭的我不認得的天倫叙樂的匾, / 我摸着新換上的衣服的絲的和貝殼的鈕扣, / 我看着母親懷裏的不熟識的妹妹, / 我坐着油漆過的安了火鉢的炕凳, / 我吃着　碾了三番的白米的飯, / 但, 我是這般忸怩不安! 因爲我 / 我做了生我的父母家裏作新客了. / 大堰河, 爲了生活 / 在她流盡了她的乳液之後, / 她就開始用抱過我的兩臂勞動了, / 她含着笑, 洗着我們的衣服, / 她含着笑, 提着菜籃到村邊的結氷的池塘去, / 她含着笑, 切着氷屑窸索的夢卜, / 她含着笑, 用手掏着猪吃的麥糟, / 她含着笑, 扇着炖肉的爐子的火, / 她含着笑, 背了團箕到廣場上去 / 晒好那些大豆和小麥, / 大堰河, 爲了生活, / 在她流盡了她的乳液之後, / 她就用抱過我的兩臂, 勞動了. / 大堰河, 深愛着她的乳兒； / 在年節裏, 爲了他, 忙着切那冬米的糖, / 爲了他, 常悄悄地走到村邊的她的家裏去, / 爲了他, 走到他的身邊叫一聲媽, / 大堰河, 把他畵的大紅大綠的關雲長 / 貼在竈邊的檣上, / 大堰河, 會對她的隣居夸口讚美她的乳兒； / 大堰河曾做了一個不能對人說的夢： / 在夢裏, 她吃着她的乳兒的婚酒, / 坐在輝煌的結彩的堂上, / 而她的嬌美的媳婦親切的叫她婆婆 / 大堰河, 深愛她的乳兒! / 大堰河, 在她的夢沒有做醒的時候已死了. / 她死時, 乳兒不在她的旁側, / 她死時, 平時打罵她的丈夫也爲她流淚, / 五個兒子, 個個哭得很悲, / 她死時, 輕輕地呼着她的乳兒的名字, / 大堰河, 已死了, / 她死時, 乳兒不在她的旁側. / 大堰河, 含淚的去了! / 同着四十幾年的人世生活的凌侮, / 同着數不盡的奴隷的凄苦, / 同着四塊錢的棺材和幾束稻草, / 同着幾尺長方的埋棺材的土地, / 同着一手把的紙錢的灰, / 大堰河, 她含淚的去了. / 這是大堰河所不知道的： / 她的醉酒的丈夫已死去, / 大兒做了土匪, / 第二個死在炮火的烟裏, / 第三, 第四, 第五 / 在師傅和地主的叱罵聲裏過着日子. / 而我, 我是在寫着給予這不公道的世界的咒語. / 當我經了長長的漂迫回到故土時, / 在山腰裏, 田野上, / 兄弟們碰見時, 是比六七年前更要親密! / 這, 這是爲你, 靜靜的睡着的大堰河 / 所不知道的啊! / 大堰河, 今天, 你的乳兒是在監獄, / 寫着一首呈給你的讚美詩, / 呈給你黃土下紫色的靈魂 / 呈給你抱擁過我的直伸着的手 / 呈給你吻過我

지난날을 생각할 때 가장 고맙고 그리웠던 은인을 상기하면서 자기의 유모인 따옌허를 그리면서 노래하고 있다. 단순한 노래가 아니라 하나의 위기에서 오는 귀소의식과 엄마의 품과 같은 안식처를 희구하고 있다. 옥중에서 그리움에 찬 평화의 품을 노래하던 시인은 평생을 두고 그 품을 찾아다녀야 하였고 결국은 찾지 못하고 1996년 5월 영원한 안식처로 떠난 것이다.

한편 아이칭은 자신의 고통을 마치 순교자적인 위치에서 그리스도의 사랑의 희생을 노래하면서 자위하려 하였다. <한 나사렛인의 죽음(一個拿薩勒人的死)>의 일단에서 아이칭은 예수의 고초를 상기하면서 자신도 희생적인 옥중생활의 의미를 부여하려 하였다.

> 지금
> 나귀 등 위에서 — 미소짓는
> 사람들에게 '이스라엘 왕'이라 환호 받는
> 나사렛인은 이미 알고 있었다.
> 그 자신 이 세상에서의
> 목숨의 가치를.
> 유월절 전날 밤
> 흥분한 만찬의 자리에서
> 그 가룟 유다가
> 그에게 내쳐져
> 돈궤를 갖고 나간 후에,

的脣 / 呈給你泥黑的溫柔的臉顔 / 呈給你養育我的乳房 / 呈給你的兒子們, 我的兄弟們, / 呈給大地上的一切的, / 我的大堰河般的保姆和她們的兒子, / 呈給愛我如愛她自己的兒子般的大堰河. / 大堰河, / 我是吃了你的奶而長大了的 / 你的兒子, / 我敬你 / 愛你!

그는 스스로 세상에 있을 날 다 됐음을 알고
그를 경모하는 그 열한 제자들에게 사랑의 계명을 주고서
가라사대 :
"영광이 그 수난 받은 인자(人子)에게 올지어다
……슬퍼 말며 근심하지 말라! [8] (1933. 6. 16)

아이칭은 이 시의 서두에서 요한복음 제12장의 말씀인 '한 알의 밀이 땅에 떨어져 죽지 않으면 한 알 그대로 있고 죽으면 많은 열매를 맺느니라.'라는 구절을 인용하였으니, 이것은 이 시의 주요한 골자이다. 종교적인 내재율(內在律)과 순교자의 죽음을 가지고 부조리의 모순과 포악을 완곡하게 비유한 것이다. 아이칭은 이같이 옥중의 고통을 자긍과 재생의 요소로 삼고, 불타는 작가적 역량을 배양하는 긍정적인 도장으로 활용한 것이다. 그것이 아이칭의 남다른 세계이며 추구하여 이른 바 오득(悟得)하는 시정(詩情)을 진솔하게 읊었다. 이것은 청대 왕사정(王士禎)이 「시어는 다 표현하였으되 시의는 끝이 없다(言有盡而意無窮)」[9]이라고 한 시의 영적 경계와 왕국유(王國維)가 유아(有我)와 무아(無我)의 세계를 동시에 터득하는 것이 시의 궁극적인 경지에 이르는 의식(≪人間詞話≫)이라는 점을 각각 주장한 것이 아이칭 시의 연원과 상관된다고 본다.

---

8) 如今 / 在驢背上的 … 微笑的 / 被人們歡呼做以色列王的 / 拿薩勒人, 已知道了 / 他自己在這世界上的 / 生命之最後的價格. / 逾越節的前晚 / 在輿騰的晚席上 / 當那加略人猶大 / 受了他的遺髮 / 帶着錢袋出去之後 / 他爲自己在世之日的短促 / 以愛的敎言遺贈給 / 那十一個敬慕他的門人 / 幷張開了兩臂 / 申言着 : / 榮耀將歸于那遭難的人之子的 / …不要悲哀, 不要懊喪!

9) ≪唐賢三昧集≫ 序 :「嚴滄浪論詩云 ; 盛唐諸人唯在興趣 … 言有盡而意無窮, 司空表聖論詩亦云 ; 妙在酸鹹之外.」

Ⅱ. 현실의 고발

어느 문인에게나 처해진 사실에 대해 역의적(逆意的)인 관념으로 보려는 성향이 있음을 부인할 수 없다. 아이칭도 이에서 예외라고 볼 수 없다. 그는 이에 대한 그 무엇 보다 강한 의지로 해서 투옥의 계기가 되었는지도 모른다. 아이칭은 루쉰(魯迅)을 존경하였고 그의 영향을 깊이 받았음을 알 수 있다. 현실에 대한 반항과 구습으로부터 탈피하려는 의식은 유럽에서의 회화 수업을 통하여 더욱 굳어졌고 서양사조에 의해 중국 본래의 기질을 수정하고픈 의지를 불태웠다. 루쉰의 서거 4주년을 기념하여 쓴 <씨뿌리는 자(播種者)>의 일단을 보면,

수십 년을 하루같이
농민의 소박함으로
이 땅을 사랑하고
강인한 손으로
만년의 암석과 천년의 형극을 쳐냈다.
핏방울 엉킨 손가락에
비애의 전율을 띠고
당신 몸소 가꾸어온
폭풍우에 잘리어진
부드러운 새싹을 도닥거린다.[10](1940. 12)

라고 하여 루쉰의 애민정신을 자신의 것에서도 찾으려 하였다. 아

---

10) 幾十年如一日, / 你以一個農民的朴直 / 頑强的手也曾劈擊過 / 萬年的岩石和千年的荊棘； / 又以凝聚着血滴的手指 / 帶着悲哀的顫慄 / 扶理過你親手所培植的 / 被暴風雨的打擊所摧絶的 / 稚嫩的新苗

이칭으로서는 루쉰이 의학에서 문예활동으로 진로를 바꾼 이유를 모를 리 없었고 그 이유가 중국인의 정신개조를 위한 것임을 흠모하며 자기의 투옥생활도 그 개선을 위한 인고의 과정이라고 인정하였던 것이다. 그래서 그의 작품은 특히 옥중시에서 민생의 불만과 모순을 대언하는데 주저하지 않았다. 그는 ≪시론(詩論)≫「복역(服役)」35장에서 서술하기를,

> 시인과 혁명가는 하나같이 때를 슬퍼하며 만민을 불쌍히 여기는 사람이며 그들은 또 이런 생각을 똑같이 행동으로 옮기는 사람들이다. ― 큰 시대가 도래할 때마다 이들 두 사람은 반드시 형제처럼 손을 마주잡는다.[11)]

라고 하여 사명감 있는 시인과 혁명가적인 시인이 참된 의미의 시인의 자세임을 밝혔고 나아가서는 시를 창조하는 목적까지도 여기에서 연유해야 함을 역설하기를,

> 시인이 시를 창조함은 인류의 제반생활에 대해 깊은 관찰과 비판, 권유, 경계, 고무, 찬양을 보내는 것이다.(<시인론>창조2)

라고 말한 데서 아이칭의 작시의식을 엿볼 수 있다. 그 의미가 강인하고 도전적이기까지 하다. 그의 <병감(病監)>을 보기로 한다.

---

11) 詩人和革命者, 同樣是悲天憫人者, 而且他們又同樣把這種悲天憫人的思想化爲行動的人… 每個大時代來臨的時候, 他們必携手如兄弟.

나 폐결핵의 온상이여

붕대는 부용꽃
취객의 내음
사신(死神)은 날개를 떨치며 너를 쫓고
꿀벌처럼 붕붕 소리 목모(牧姆)의 미사

아침 이슬방울은
죽은 자 이마 위의 성수

철책은 고목 숲처럼 웅장하고
철책은 우리와 인간 세상의 분계선

사람은 "우리는 모두
우리의 고통을 대신 짊어진 예수를 포용하고 있다"하네
우리는 붉은 두 입술을 내밀어
우리의 마음속에 흐르는 피고름을 빤다

얼굴에는 폼페이(Pompeii)의 구름이 떠올라
그래서 목모(牧姆)는 온도계를
우리 화산구에 꽂아 넣었다

검은 고양이 소리 없이 지나갈 때
사람들은 죽은 자의 염을 하기에 바빠

나는 폐결핵의 온상
그곳은 150도의 온도
라일락 같은 폐엽에서
나는 예쁘고 처량한 붉은 꽃을 토한다[12] (1934. 5)

---

12) 我肺結核的暖花房呀. / 繃紗布爲芙蓉花. / 而蘊有醉人的氣息; / 死神震翼的逡

아이칭이 옥중에서 폐병에 걸려 중병죄수를 위한 병동에 수감되어 쓴 시이다. 성실한 기독교인이 자신의 신앙에 충실하듯이 그는 죽음에 직면한 신세에서도 강렬한 욕구와 낙관적인 심정을 표현하였으며 애국청년을 탄압하는 비열한 당국의 행패를 고발하고 있다. 그리고 <투명한 밤(透明的夜)>에서는 깊은 잠에 빠진 들판과 마음을 몰려다니는 술꾼, 부랑자들의 작태를 묘사하면서 불행한 자들의 방랑, 걱정을 초월한 생활의식을 부각하여 저항적인 힘의 과시를 보이고 있다.

1.
…… 껄껄 웃는 소리 밭 두렁에서 나더니……
한 떼의 술꾼
깊이 잠든 마을을 보며
와작지껄 지나는데……
마을
개 짖는 소리
온 하늘의 성근 별을 불러 흔든다.

마을
깊이 잠든 거리
깊이 잠든 광장
깨어 있는 주막에 들이닥친다.
술, 등불, 취한 얼굴

巡着你, / 蜜蜂般嗡嗡的是牧姆的彌薩. / 清晨的露珠, / 遂充做亡人額上的聖水. / 鐵柵如喬木的林子般叢簇, / 鐵柵是我們和人世的界線. / 人將說：我們都是擁抱着 / 我們的痛苦的基督. / 我們伸着兩片紅唇. / 吮吻我們心中流出的膿血. / 臉上浮起的雲彩了； / 于是牧姆把寒熱表, / 插進了我的火山口. / 黑猫無聲地溜過時, / 人們忙于收殮死者的臥榻了. / 我肺結核的暖花房呀； / 那裏在150°的溫度上, / 從紫丁香般的肺葉, / 我吐出了艷凄的紅花.

방탕한 웃음 한데 어우러져……
“가자
도살장으로
쇠고기 국 마시러……”

2
술꾼들, 동구 밖으로 가서
한 줄기 불빛 스며 나오는 문으로 들이닥치니
피의 냄새, 고깃덩이,
쇠가죽의 뜨거운 비린내……
떠드는 소리, 떠들썩한 소리

등잔불이 들불처럼
초원에서 살고 있는
진흙 빛 여남은 얼굴을 비춘다
여기는 우리의 오락장
그들은 모두 낯익은 얼굴들
김 오르는 소뼈를 들고
크게 입벌려 물어뜯고 뜯으며……
“술, 술, 술
마셔보자”
등잔불은 들불처럼
소의 피, 피묻은 백정의 팔뚝
핏자국 맺힌
백정의 이마를 비춘다.

등잔불은 들불처럼,
우리 불같은 살갗 그리고
— 그 속의 —
고통과 분노, 원한의 힘을 비춘다.

등잔불은 들불처럼
— 이 구석 저 구석의 —
밤의 깨어 있는 자들
주정꾼
방랑자
지나가는 도둑
소도둑을 비춘다……

“술, 술, 술
마셔보자”

3
…………
“별빛 타고, 떨면서
우리는 간다”
껄껄 웃는 소리 밭 두렁에서 일더니……
한 무리 술꾼
깊이 잠든 마을을 떠나
깊이 잠든 들을 향해
와작지껄 지나간다……

밤
투명한 밤! [13] (1932. 9. 10)

---

13) (1) 透明的夜. / … 闊笑從田堤上煽起 … / 一群酒徒, 望 / 沈睡的村, 嘩然地走去… / 村, / 狗的吠聲, 叫顫了 / 滿天的疏星. / 村, / 沈睡的街 / 沈睡的廣場, 冲進了 / 醒的酒坊. / 酒, 燈光, 醉了的臉 / 放蕩的笑在一團 … / 走 / 到殺牛場, 去 / 喝牛肉湯 … / (2) 酒徒們, 走向村邊 / 進入了一道燈光敞開的門, / 血的氣息, 肉的堆, 牛皮的 / 熱的腥酸 … / 人的囂喧, 人的囂喧. / 油燈像野火一樣, 映出 / 十幾個生活在草原上的 / 泥色的臉. / 這裏是我們的娛樂場, / 那些是多諳熟的面相, / 我們拿起 / 熱氣蒸騰的牛骨 / 大開着嘴, 咬着, 咬着… / 酒, 酒, 酒 / 我們要喝. / 油燈像野火一樣, 映出 / 牛的血, 血染的屠夫的手臂, / 濺有血點的 / 屠夫的頭額. / 油燈像野火一樣, 映出 / 我們和一般的肌肉, 以及 / －那裏面的－

참으로 아랑곳하지 않은 거침없는 표현이다. 현실의 불만을 대변하는 한 무리의 한밤중의 데모는 바로 아이칭 자신의 데모인 것이며 지성인들의 심적 갈등을 대신하는 처절한 호소인 것이다. 이것을 은유적이며 풍자적으로 묘사한 것이다. 이 시에 대해서 후펑(胡風)은 평하기를,

> 가장 이채로운 것은 <투명한 밤>이다. 이것은 한 폭의 그림이며 한 곡의 노래이다. 그는 명랑한 곡조로 신선한 힘을 노래하여 낙관적이며 야심적인 인생으로 차서 넘친다. 비록 여기에서 우리는 직접적으로 작자와의 정서와 접촉하기 쉽지 않고 의욕의 원대한 방향을 내다볼 수 없지만 작자의 또 다른 시각과 정신의 건재를 예고해 주었다.[14](≪文學≫ 제8권 제1기, 1937. 1)

라고 한 것을 보아도 이 시에서 시사하는 바가 현실생활의 불만자의 절규가 아닐 수 없다.

그리고 그와 같은 묘법으로 비록 시대를 달리하지만 진시황 시절의 진승(陳勝)과 오광(吳廣)이 일으킨 농민봉기를 간접적으로 현실에 비유하면서 노래한 <구백 사람(九百個)>은 장편 서사시로서 수난 받는 민중의 노래라고 할 수 있다. 모두 7장 중에서 제6장의 일부를 여기에 보기로 한다.

/ 痛苦, 憤怒和仇恨的力. / 油燈像野火一樣, 映出 / －從各個角落來的－ / 夜的醒者 / 醉漢 / 浪客 / 過路的盜 / 偷牛的賊… － / 酒, 酒, 酒 / 我們要喝. / (3) …－ / 趁着星光, 發抖 / 我們走… / 闊笑在田堤上煽起… / 一群酒徒, 離了 / 沈睡的村, 向 / 沈睡的原野 / 嘩然地走去 … / 夜, 透明的 / 夜!

14) 最得異彩的是透明的夜. 這是一幅色畫, 一曲高歌, 他用着明朗的調子唱出了新鮮的力量, 充溢着樂觀空氣的野心的人生. 雖然在這裏我們不容易直接和作者的情緒相觸, 也看不到情慾去向的遠景, 但却豫告了作者的另一視角和心神的健旺了.

오늘 그들은 영원한 음락을
누리기 위해
우리 — 구백 사람의 목숨은
베이기를 기다리는 잡초처럼
군법의 희생자가 되리라.
형제들이여
대지 위에 살면서
우리에겐 행복이 없었다.
그러나 하늘이 너와 나를 보내준 이상
그들과 다를 바가 무엇 있을까?

구백 사람
물 붇듯 빗줄기 속에
일제히 고함친다.
어양에 가지 말자.
진황제를 타도하자.15)

이것은 단순한 고발이나 폭로를 넘어서서 추방과 철퇴를 주장하는 저돌성을 보인다. 아이칭은 화가이며 시인이므로 잔잔한 심태이지만 갇혀진 현실에서 분노와 복수심이 없을 수 없다.

15) 今天, 他們爲了維持 / 他們永久的淫逸, / 我們 … 九百個的生命 / 像野草等待刈割 / 將成了他們軍法的犧牲! / 兄弟們啊! / 在大地上 / 我們從來沒有幸福, / 但, 天生了你我 / 有甚麽和他們兩樣? / 九百個 / 在傾盆的雨聲裏 / 一齊地喊着 : / 反對到漁陽! / 打倒秦皇!

Ⅲ. 자유에 대한 갈구

무엇이 아이칭을 철창 속의 인생으로 만들었던 간에 쓸쓸한 감방에서 그의 시계는 오히려 차원을 높이는 역작용을 한다. 하나의 초점으로 온 힘이 모아질 때 레이저 광선처럼 관통의 한계는 상상을 초월할 수 있다. 자유라는 목표를 향하여 내뱉는 시의 분출은 시 세계에 있어서는 하나의 절정인 것이며 경계에 든 것이다. 거친 의미의 극치이든 고운 맛의 클라이맥스든 간에 절실한 내심의 변이 있기에 아이칭 시의 가치를 고양시킬 수 있다. 그는 유럽생활에서 참된 자유의 맛을 실감하고 모국에서도 그것을 찾기를 희구한 것이다. 물질적으로는 빈곤하였지만 정신적으로는 자유를 구가할 수 있는 유학시기를 배제할 수 없었던 것이다. 아이칭은 그의 <나는 어째서 시를 쓰는가(我怎樣寫詩的)>라는 글에서 다음과 같이 회상하고 있다.

> 나는 매우 고독하였다. 그러나 나의 마음은 오히려 더욱 풍부한 세계에 의해 깨어났다. 나는 생활에 대해, 세상에 대해서도 강하게 생각하고 나의 사고에 따라서 나는 나의 그림과 속기록에 나의 생활의 경구를 기록하였다. — 이런 경구는 하나의 순진한 영혼이 세상에 대해 비난을 제기할 때 가장 순진한 시적 언어가 되어야 할 것이다.[16)]
>
> (≪學習生活≫
> 9・10期 合刊, 1941)

16) 我很孤獨. 而我的心却被更豊富的世界驚醒了. 我對生活, 對人世都很倔强地思考者, 緊隨着我的思考, 我在我的畵本和速寫簿上記下了我的生活的警句 … 這些警句, 産生於一個純眞的靈魂之對於世界提出責難的時候, 應該是最純眞的詩的語言.

이렇듯 아이칭은 자유가 있는 의식세계에서만이 참된 창작의 절정을 느낄 수 있었던 것이다. 그래서 희망을 가지고 자유를 찾으려는 발돋움을 시에서 찾아볼 수 있다. 다음 <오렌지>의 일단을 보기로 한다.

....
나에게 상기시킨다.
우리 이 오렌지 같은 지구와
그의 또 다른
나의 그 오렌지처럼 즐거운 소녀
우리는 이별의 날이 가까웠을 때
나누어 먹었다
둥근-타오르는
오렌지 한 개
오렌지는 — 내 마음의 비유.[17] (1933. 7. 17)

시인은 조그만 오렌지를 통해 태양, 소녀, 노래, 아름다운 세계를 그려놓고 있다. 시인은 오렌지를 자신의 마음에 비유하여 타오르는 태양처럼 둥근 유리창을 밝히고자 자유와 희망을 갈망하였다. 따라서 <철창 안에서(鐵窓裏)>에서는 절망에서 생명의 약동을 느끼는 고귀한 작가정신을 읽을 수 있다. 그 끝 부분을 보기로 한다.

이 하나밖에 없는 창을 통해

---

17) 使我想起了：/ 我的這 Orange 般的地球 / 和它的另一面的 / 我的那Orange 般快樂的姑娘 / 我們曾在靠近離別的日子 / 分吃過一個 / 圓圓的 … －燃燒着的 / Orange / Orange … 是我心的比喩

나는 환상의 추파를 보낼 수 있다.
모든 새로운 바람을 맞이하고
황혼 속에 흰 달과 뭇별을 바라고
깊은 밤 새벽을 바라며
뜨거운 여름 서늘한 가을 바라며
엄동에 신춘을 바란다.
이 끝없는 바람에,
세상의 존재를 실감했고
나에게 많은 생명의 힘을 주었다.
이렇게
나는 지날 수 있었다.
새벽과 황혼, 황혼과 여명
봄 · 여름 · 가을 · 겨울 · 가을 · 겨울 · 봄 · 여름
망망한 시간의 대해.[18] (1934. 12. 1)

시인은 하나뿐인 창문에서 새로운 희망을 그렸고 그 희망, 즉 자유에의 갈망을 자연의 여러 현상처럼 자연스러운 구속 없는 꿈으로 승화시키려 하였다. 좁은 감방과 넓은 세상, 갇혀진 불행과 지난날의 아름다운 사념, 그리고 미래에의 동경을 하나뿐인 창으로 연결하여 불의에 굽히지 않고 암흑에 좌절하지 않으려는 강한 자기와의 투쟁의 역사를 예비하고 있는 듯하다. 그의 작시의 궁극적 목표는 불행에서 이겨낼 수 있는 신념과 열망을 불어넣고자 하는 데 있었다고 강조할 수 있다. 그의 시는 패배 같지만 승리를,

18) 只能通過這唯一的窗, / 我才能擧起仰視的幻想的眼液, / 在迎迓一切新的希冀… / 在黃昏裏希冀皓月與繁星, / 在深夜希冀着黎明. / 在炎夏希冀凉秋, / 在嚴冬又希冀新春, / 這不斷的希冀啊, / 使我感觸到世界的存在 ; / 帶給我多量的生命的力. / 這樣, / 我才能跨過 … / 這黎明黃昏, 黃昏黎明, 春夏秋冬, 秋冬春夏的茫茫的時間的大海啊.

좌절 같지만 극복을 지시하는 흐름을 타고 항해하고 있었다.

그리고 시 <아듀>는 투옥된 시인의 이유 없는 번뇌 속에서 처절한 심정과 자유에의 갈망을 표현하고 있다.

까닭 모를 번뇌를 버리고
걸어가는 모든 것
모두 정해진 방향이 있다 —
가랑비는 달팽이 다리를 적시고
재 빛 인도를 잡아당긴다 ;
눈은 저 멀리 전신주 위로부터
나지막한 음절을 노래한다.
오동나무 높은 담 옆
새벽 안개 허리를 지나
되바라진 비단 반바지
축축한 꿈, 권태와 어우러져
나귀의 귀를 축 늘어뜨리고
떨어져 나온 날
해와 달은 나의 세 쪽 하얀 원고지를
여기서 가져가 버렸다.……
굳게 닫힌 주인 없는 창
익숙한 것은 낯선 것으로 화하고
텅 빈 긴 거리 슬프게 바라보고 있다.
북쪽의 지평선을 향해
열차는 울부짖으며 달려간다……
갑자기 이 달팽이의 더듬이가
지남철처럼 또 다른 소리의 출현을
예고하고 있다.
아, 여로의 너를![19] (1934년 7월)

---

19) 除開無端緒的煩惱, / 一切在走着的東西 / 都有它一定的方向 … / 細雨沾着蝸

이 시는 부제를 '나의 R의 먼 여행을 전송하며'라고 붙였듯이 떠나가는 벗에 대한 정을 가지고 쓴 것이다. 그러나 그 내면에는 상징적인 수법으로 비유와 상상을 가지고 작자 자신의 현실과 강렬한 현실로부터의 탈피, 그리고 희망을 그려놓은 것이다.

아이칭의 옥중시는 의식의 흐름을 중시하면서도 회화적인 기법을 강구하여 추상적인 개념을 구체적으로 형상화하고 있는 점이 또한 시적 가치를 더하여 준다. 조우홍싱은 아이칭의 이런 면을 두고서,

> 아이칭은 그의 시창작과 시의 미학 속에 형상의 사유문제를 대단히 중시하였다. 그는 말하기를 "형상의 사유가 곧 시이며 모든 문학예술창작의 기본 방법이다. 시가가 사람을 감동시켜 형상의 맡겨 표현되는데 형상의 사유를 떠난다면 시를 얘기할 도리가 없는 것이다." 시에 형상의 사유가 없고 형상이 없다면 딱딱한 시체에 불과하듯이 아이칭이 감옥에서 쓴 20여 편의 시는 예술형상을 운용하여 정감의 미학을 추구한다.[20](<아이칭의 옥중시>)

라고 분석한 것은 적절한 표현이라 할 것이다. 아이칭은 필자에게 보낸 글에서도 시를 쓰는 이유와 목적이 오로지 인류의 심령 속에 자유에의 갈망을 심기 위해서라고 일관된 시심을 토로하고 있다. 아이칭의 옥중시 25수는 그의 출세작이기도 하지만 시의 미학적 가치와 시의 사상적 근거를 일생을 통해 확고히 한 작품이라는 점에서 높이 평가할 수 있다.

牛的腿, / 拉長了灰的人行道 ; / 眼從遠處的燈柱上, / 撩起了低沈的音節 ; / 梧桐樹, 在高檣邊旁, / 晨霧從它腰際, 卸去 / 輕薄的, 綴紗的短褲 ; / 濡濕的夢, 和着倦意 / 壓垂了驢子的耳朶. / 隔離着出來的日子, / 年月, 在這裏已帶走 / 我三頁虛白的稿紙 ; / 緊掩的, 是無主的窗, / 稔熟的, 遂變成陌生 ; / 空闊的長街, 悵望着, / 朝向北邊的地平線, / 列車高喊的馳去了…－ / 忽然, 這蝸牛的觸角, / 像一支磁針般指着 / 另一個聲音的出現 : / 噫, 那在旅程中的你!

20) ≪艾靑≫ 237－238쪽(人民文學出版社 1982)

리잉(李瑛) 시의 순수성과 생동감

중국의 현대시단을 살펴보면 특히 정치의 조류와 상관되어서 그 특성이 점철되는 경우를 강하게 인식한다. 마오쩌뚱(毛澤東)이 공산정권을 수립하고서 초기 10년 간 그의 「문예강화(文藝講話)」(1942)에 의한 그 시대의 문예정책을 확정하고서 문예노선을 선도한 시기이다. 이 정책은 중국 공산당이 지향하는 중국 문예운동의 기본방침이 되고 모든 문예방향을 농공과 혁명의 동맹을 위한 인생관과 방법론이 되도록 해야 한다는 것이다. 일체의 문예는 일정한 계급, 일정한 정치노선에 구속당하고 예술을 위한 예술은 구두선에 지나지 않게 된다. 1940－50년대의 현대문학은 여하튼 숙청이라는 일방적인 억압수단 때문에 인위적으로 정하여진 노선을 지켜야 하며 그에게 탈피하기란 심히 어려웠다. 문학과 정치의 상호 굴레적인 역학관계를 강요하는 시점이었던 것이다.

이 시기의 시단은 1949년을 전후한 10년간에 다음 세 가지 개성을 보여준다. 첫째는 국민당정권을 무너뜨린 해방전쟁의 승리와 신중국의 탄생을 애국적인 감정으로 토로하였으며, 둘째는 낭만과 거리가 먼 현실생활과 밀접한 창작생활을 지향해야 한다는 것이었고, 세째는 다양한 시체의 형식이 발달했다고 볼 수 있다. 그 비근한 예로 허찡즈(賀敬之)의 ＜레이펑의 노래(雷鋒之歌)＞의 일단을 보면

그대의 나이는
이십이 세
나의 젊은 아우여
그대의 생명은
이처럼 빛나리

또한 나의
비할 수 없이 높고 큰
형님이여![1]

이 싯구는 단순한 레이펑의 노래이지만 무산계급의 전사를 주제로 한 영웅시의 하나인 것이다. 모든 시제의 대상은 정치권력에의 치하와 격려로 결론되어져야 할 것이다. 그리고 사회의 건설에 역점을 두어야 했다. 이러한 관념의 생활은 시가창작의 원천이라는 기본의식에서 도출되게 했기 때문이다. 허치팡(何其芳)은 말하기를,

> 생활의 강렬한 힘만이 우리의 심령을 뛰게 하여 시가의 날개를 펼 수 있으며 시가의 피리에서 황홀한 곡조를 낼 수 있다.[2]

라고 강조한 것은 마오쩌뚱의 성실한 추종자인 허치팡 만의 편견은 아니었다. 꿔모뤄(郭沫若)가 말한 바,

> 신민가의 장점은 국한성에 있으며, 작자는 국한 속에서 장점을 표현하는 데 오묘함이 있다.[3]

라고 한 것이라든가 쪼우양(周揚)이 말한 바,

> 5・4이래의 신시는 구시의 격률의 쇠고랑을 부수고 신체의 대해방을 실현시켜서 많은 우수한 혁명시인을 산출시켰다.[4]

---

1) 你的年紀 二十二歲 是我年輕的弟弟啊 這的光輝 却是我 無比高大的 長兄!
2) ≪詩歌欣賞≫(人民文學出版社, 1978)
3) 「就當前詩歌中的主要問題答『詩刊』社問」(≪詩刊≫, 1959年 1月號)
4) 「新民歌開拓了詩歌的新道路」(≪紅旗≫, 1958年 創刊號)

라고 역설한 것은 모두 일맥상통하는 그 당시의 문예창작의 지침이라 하겠다. 따라서 순수문예적 입장에서 평가한다면 시단의 암흑기라 할 수 있으며, 또 실지로 가치 있는 시단의 활동이 미약하였다고도 볼 수 있다. 그러나 1950년대에서 1960년대 초반에는 그 이전에 비해 사상적으로 시의 표현이 깊어지고 기법도 은유법이 다양하게 구사되었음을 간과할 수 없다. 1966년부터 시작된「文革」이 기다리고 있었기에 지금의 시점에서 매우 중요한 한 시기라고 의미를 부여해야 할 것이다.

리잉(李瑛, 1926－)을[5] 본문의 소재로 택한 데에는 기타 시인들처럼 전투생활을 반영한 대표작가라고 평한 면도 간과할 수 없지만,[6] 사실은 그의 시에 흐르는 생동하는 삶의 원기를 무엇보다 우선 살펴보는 자세가 필요하다고 본 것이다. 리잉의 시적 안목이 다양한 시어를 구사하여 그의 시대적인 감성을 적절히 표출하고 있으며, 그의 생활의식이나 조국애를 묘사하고 있지만, 그의 시에서 특히 중요한 점은 시가 섬세하면서도 운치가 넘치는 기법상의 장점과 기운찬 시정의 표현이라 할 수 있다.[7] 다시 말하면 리잉은 생활 속에서 풍부한 시의의 형상을 포착하여 상상력을 대담하게 가미시켜서 미적인 의경을 창조해 낸 것이다. 이러한 리잉의 신시

---

5) 李瑛, 河北省 豊潤人. 詩集「野戰詩集」,「戰場上的範日」,「天安文四的紅燈」,「友誼的花束」,「時代紀事」,「寄自海防前線的詩」,「靜靜的哨所」,「紅花滿山」,「北疆紅似火」,「早農」,「花的原野」,「紅柳集」,「棗林村集」,「獻給火的年代」,「站起來的人民」,「難忘的一九七六」,「進軍集」, 長詩「頌歌」등이 있음.

6) ≪中國當代文學史≫(二), p.312,「反映部隊戰鬪生活的, 以李瑛的詩作爲代表. 他的『戰鬪的喜報』,『我們的材莊』,『瞭望』,『出港』,『茫茫雪線上』等以滿腔激情, 從各個角度, 抒發了革命戰士的豪情, 表達了戰士們的心聲」(福建人民出版社, 1981) 李瑛에 관한 자료가 극소함.

7) ≪中國當代文學史≫(二), p.350,「李瑛的詩細膩精致」

에서 서정적인 면이 자연스럽게 표현될 수 있었다. 그 당시의 시정이 낭만적인 서정을 중시하지 않았으나, 시가 갖는 흥취는 중국시의 전통적인 시경인 만큼 리잉의 시에서도 이 점을 간과해서는 안 될 것이다. 따라서 본문에서는 그의 서정적인 시에 보이는 다음과 같은 몇 가지 측면을 소감의 일단으로 감상해 보고자 한다.

Ⅰ. 자연 속의 교훈

시에서의 자연미는 중국의 산수전원의 소재에서 나오는 전통적인 풍격이다. 위진(魏晋)의 산수전원시나 성당의 은일낭만시가 시단의 제1의[8]가 된다는 시론상의 의미는 바로 이 자연미의 토로에 있기 때문이다. 이 제일의의 시는 남송대의 엄우(嚴羽)의 다음 말에서 자명해진다. 즉 시의 묘오론(妙悟論)이다. 이 묘오는 시의 자연미가 배제되어서는 터득될 수가 없는 것이다.

> 선가류에는 대소의 승이 있고 남북의 종이 있으며 정사의 도가 있으니 학습자는 모름지기 최상의 승을 따라 바른 법안을 갖추어 제1의를 깨달아야 한다. 소승선이라면 성문승과 벽지승 따위인데 모두 바르지 않다. 시를 논함은 선을 논함과 같으니 한위진과 성당의 시가 바로 제일의이다. …… 대개 선도는 묘오에 있으니 시도 또한 묘오에 있는 것이다. 또한 맹호연의 학력이 한유보다 매우 떨어지지만 그 시만은 한유위에 빼어난 것은 오직 묘오를 맛보기 때문이다. 오직 悟는 곧 마땅히 갈 길이요 본색이 되는 것이다.[9]

---

8) 嚴羽의 ≪滄浪詩話≫詩辨에 나오는 말

9) 禪家者流, 乘有小大, 宗有南北, 道有邪正；學者須從最上乘, 具正法眼, 悟第一義. 若小乘禪, 聲聞辟支果, 皆非正也. 論詩如論禪；漢魏晉與盛唐之詩, 則第一義也. …… 大抵禪道惟在妙悟, 詩道亦在妙悟. 且孟襄陽學力下韓退之遠甚, 而其詩獨出退之上者, 一味妙悟而已. 惟悟乃爲當行, 乃爲本色.

이와 같은 논리는 시의 논리성보다는 자연성 즉 인간이 갖는 성정 자체를 더욱 강조한 것이라 하겠다. 리잉의 시에서 자연의 현상을 소재로 한 것이 적은 편이지만 계절미에 대한 묘사에서 시인 자신의 숨겨진 의식이 강렬하게 부각된다. 먼저 <뻐꾸기의 이야기(播谷鳥的故事)>를 보기로 한다.[10]

뻐꾸기－쉴새 없이 노래를 하며
씨앗뿌리라 재촉하네.
황폐한 토지 일구는 이 없고
기아의 시대는 너마저 짓밟는구나.
뻐꾸기 눈물 삼킨 채 들녘을 서성이며
외치고 있네. 외치고 있네.

빽빽한 숲 오솔길에서
밭갈이 나무수레 잃어버려!
나 다시는 둥지 원하는 마음 품지 않으리.

뻐꾸기 눈물 떨어뜨려도
아직 씨앗 뿌릴 사람 없구나.

쓰디쓴 눈물, 마르고 마른 토지에
(뻐꾸기는 무덤 가에서 지쳐 죽었다)
여름이 장차 가고 나면
나방이 날고 누리도 날면
우리는 베갯머리에서
주리고 지친 꿈 하나 펼쳐보리.[11] (1943)

---

10) 이하에 引述되는 李瑛의 시는 모두 ≪李瑛詩集≫(人民文學出版社, 1980)에서 인용된 것임.
11) 播谷—忙着唱, 忙着催人播種吧. 荒蕪的土地沒人收拾, 飢餓的時代將你蹂躪, 播谷噙着淚, 佇立在田野, 呼喚着, 呼喚着.

이 시는 단순한 뻐꾸기의 노래를 통하여 근면과 현실에 대한 불만을 담고자 하였다. 진솔하고 가식 없는 시의를 토로하려고 하였으며 시인 자신의 안타까운 현실상황에 대한 문제점을 훈계하고자 상징적으로 비유하고 있다. 그러면 <봄의 교훈(春的告誡)>을 보고자 한다.

진부한 자태는 모두 버리고
압력에 견디지 못하는 것은 빨리 타파하여서
산 자의 강인한 폭발로 토지를 개척케 하고
죽은 자는 묻히어 그 빈자리를 메꾸게 하라.
아, 저 빛과 열을 갈구하는 이들이여
내 너희들에게 젊음의 시간을 주리라.
지나간 시간은 다시 오지 않나니!
지나간 시간은 다시 오지 않나니!

소리낼 수 있는 건 모두 끝없이 퍼져가고
빛 바랜 것은 모두 새로이 빛을 내라.
모든 건 적나라한 생활 속에 있나니
지혜는 일의 편, 일에 복종하리라.
아, 저 빛과 일을 갈구하는 이들이여!
내 그대들에게 젊음의 시간을 주리라.
지나간 시간은 다시 오지 않나니!
지나간 시간은 다시 오지 않나니![12] (1947)

叢林的小徑, 失却耕耘的木車：我不願再懷求栖之心. 播谷鳥滴落淚了, 仍沒有人來撒下種籽.

辛酸的淚, 枯槁的土地, (播谷鳥竭死在墓旁)夏將老去—螟虫在飛, 蝗蟲也在飛, 我們的枕畔, 鋪一個饑荒的夢 ……

12) 凡是陳舊的姿態都該改變, 凡是不堪積壓的都急速突破, 讓生者倔强的爆裂開土地, 讓死者埋下去塡補他的空位. 呵, 那些渴求着光和熱的, 我給你們年輕的時間, 過時不再! 過時不再!

시인은 다시 맞는 봄을 가지고 청춘에 비교하면서 무정한 세월의 흐름을 경계하고 있다. 역시 시간을 다지기 위해 복종하는 근면성을 강조하고 잠시 머물다가 가는 여관인 역여(逆旅)와 같은 세상에서 자신들이 지킬 수 있는 삶의 영원성이란 시간의 가치를 깊이 인식하는데 있다는 사실을 피력하고 있다. 이어서 <봄(春天)>을 보면, 봄을 느끼는 시심이 전쟁터에서 우러나게 소재를 모았다. 사망의 전쟁과 결부된 상황 하에서 새 생명의 소생을 의미하는 봄이 주는 상징성은 삶에 대한 소중함을 인식케 해주는 시이다.

이건 조선이 겪은 전쟁이었다.
전선에서 창마다에 새겨진 것은 모두가 녹슨 쇠, 뜨거운 포화
무서운 폐허와 포탄의 흔적
그러나 우리 사단 지휘소 안
창 밖에는 아름다운 꽃병이 놓여 있었다.
그건 녹색 탄피,
여기 꽂힌 꽃이 빨갛게 피어 있었다.

우리가 탄피에 씨를 뿌렸더니,
봄꽃이 여기에 피었구나.
사단장은 항상 전투휴식시간에
이런 일을 전사들에게 들려주었다.
이건 나라를 떠난 후에 터진 최초의 포탄이니
대지에 여명을 가져온 것이다.
당시엔 무수한 침략자들이 쳐들어와
우리도 총칼을 든 것이다.

所有能發聲音的都發到無限, 所有褪失顔色的都重新閃光, 一切都在赤裸的生活中, 智慧屬于工作, 向它服從. 呵, 那些渴求着光和熱的, 我給你們年輕的時間, 過時不再! 過時不再!

내게 미련 있는 게 아니다.
이 위대한 시대에 내 마음은 항상
끓어올랐고
몇 개월 주야로 고전한 뒤에
어느 날 새벽, 홀연히 깨어나 보니,
내 옆에 한 송이 야생화가 아주
붉게 피어 있었다.
희생된 동료 옆에 피어 있으니 노기가 풀렸고,
그때서야 이것이 얼마나 여명인가를 알았다.

이제 봄도 영웅의 땅에 강림하고 있으니
이 꽃은 불후의 상징인 것 같다.
인류가 짊어질 책임
내 마음의 감각도 과거와 달라졌다.
지금 이 꽃병 앞에 서 있으니
저 포화가 발 밑에서 쾅쾅거리고 있는 것 같다.
평화를 위해 우린 목숨 바쳐 침략자를 무찔러
생명이 다시 이 폐허 속에서 소생토록 해야 하리라. (1953)

전쟁은 무섭지만 탄피에 뿌린 씨가 꽃이 될 줄은 상상할 수 있었을까. 강인한 생명력은 봄이라는 계절만이 가능케 한다. 한국동란에서 얻어진 시인의 산 경험이며 자신의 생명에 대한 경건을 재인식시키는 계기가 된 것이다. 탄피에 핀 빨간 꽃에서 시인은 성쇠의 묘리를 터득했을 것이며 윤회의 생성론을 음미해 보았을 것이다. 리잉의 시에서 현실의 반영은 곧 내심의 갈등과 확신의 표현이기도 하다. 봄을 단순한 봄이 아니라 봄에 의한 현실의 난관극복을 암시하는 것에 더욱 초점을 맞추고 있다.

자연의 섭리는 인간에게 무한한 가능성을 계시해 주며 역경을 극복하는 매체로서 시인을 이해하고 있다. 봄이 왔기에 탄피에 씨가 꽃피울 수 있듯이 삶의 순리도 고난 속이지만 봄과 같은 희망을 지녔기에 승리의 창조력을 발휘할 수 있다는 것이다. 리잉의 자연소재는 의지와 심성의 의식화된 표현으로 인위화시키는 단계로 끌어올리고 있다. 단순한 자연 자체의 묘사에서 한정하지 않고 삶의 심적 세계로 내입시키고 있는 데에, 순수성이 결여된다고 보겠지만 「理」와 「情」의 조화, 좀더 보편적으로 보자면, 「정경교융(情景交融)」이란 서정적 기법을 감지할 수 있다.

Ⅱ. 영물에 의한 흥취

영물은 내심의 것을 사물을 차용하여 표현하는 기탁의 풍자라고 할 수 있다. 중국의 시에는 시경 이래로 일반화되어 있는 가장 다용되는 작시법이다. 이것이 곧 비(比)요, 흥(興)과 상통되는 것이다. 영물시 자체는 연원상으로 시경까지 소급하면서 실체화되기는 부체(賦體)에서 시의 제재가 확대되어 진송 간의 산수시를 계승한 것인데[13] 유협(劉勰)은 ≪문심조룡(文心雕龍)≫의 「물색편(物色篇)」에서 영물의 흥취(興趣)를 말하기를,

> 마음에 느낀 바를 읊으면 생각이 깊고 넓어지고 사물을 몸소 느껴 깊은 데로 나가며 그 드러나는 성취는 은근한 기탁에 두고 있다.[14]

라고 하여 영물의 특성을 백묘(白描)가 아니라 숨겨서 나타내는 은

13) 紀庸의 「唐詩之因革」
14) 吟詠所發, 志唯深遠, 體物爲妙, 功在密附.

근하고 풍유적인 데에 두고자 함을 알 수 있다. 그리고 명대의 위경지(魏慶之)는 영물시의 묘미를 더욱 분명히 밝혀서,

> 영물시는 확실히 다 드러내지 않고 모습을 비슷하게 묘사 만하여 그 가장 깊은 면을 드러낼 뿐이다.[15]

라고 설명하고 있으며 청대의 시보화(施補華)는 영물시는 반드시 기탁이 있어야 하는 요건을 강조하고 있는 데에서 영물시의 특색을 유추할 수 있다.[16] 그러면 리잉의 시에 있어서 영물의 기흥(寄興)은 어떤 것인가? 한 마디로 강렬한 열정이 넘치는 기탁이다. <꽃, 과실, 종자(花, 果實, 種子)>를 보기로 한다.

제1의 군중
식물이 자라고 있을 때
우린 당연히 과실을 찬미하지 않을 수 없다.
그 다음은 종자를, 또 그 다음은
꽃 떨기를 찬미한다.
나뭇가지에 달린 사과가 점차 붉어져
땅에 떨어지기까지는
온갖 비바람과 고통을 겪고나야
푸르고 탐스러운 종자를 갖게 되나니
살기 위해 죽는 걸 너무도 잘 알고 있도다.
우리는 생활과 투쟁을 노래하면서
우리는 과실도 노래를 한다.[17]

---

15) 詠物詩不待分明說盡, 只彷彿刑容, 便見妙處.)(≪詩人玉屑≫劵九)
16) 施補華는 ≪峴傭說詩≫에서 「詠物詩必須有寄託, 無寄託而詠物, 試帖體也.」
17) 在一棵植物的生長中, 我們不能不歌頌果實, 其次便是種子, 其次是花朵. 因爲當一枝苹果在樹梢轉紅而跌落草地的時候, 曾經過多少風雨和苦痛, 它携帶着孕育飽滿的種子, 更淸楚地了解爲生而死. 我們歌唱生活和鬪爭, 我們便歌唱果實.

제2의 군중
그러나 우리는 먼저 종자를 찬미해야 하나니
오로지 강인한 생장을 통해서만이
꽃과 과실을 맺을 수 있기에
한 톨의 종자가 수많은 종자를 맺을 수 있기에
종자마다 무한한 생기를 품고 있도다.
그리고 우리는 빛나는 햇빛, 애쓰는 빗물, 질박한 토지에 감사하노니
곧 세상의 열쇠라 해도 지나치지는 않으리라.
우리는 생명과 희망을 노래하면서
우리는 종자도 노래를 한다.[18)]
제3의 군중
처녀보다는, 나는 어머니를 찬미하고
종자보다는, 나는 꽃을 찬미한다.
나는 꽃의 적나라함과 지혜를 찬미하고
그의 고민과 용감을 찬미한다.
그것은 숨김없이 가슴을 드러내어 벌 나비와 풍우의 잔혹을 견딘다.
그의 영광은 그 어느 자산보다 풍부하고
내일의 과실을 위해 기쁘게 열어 놓는다.
우리는 신념과 내일을 노래하면서
우리는 꽃도 노래를 한다.[19)](1947)

시인의 자연의 식물을 대상으로 자신의 삶의 한 모퉁이에 몰아 놓고 절규한다. 아이칭(艾靑)이 그의 ≪시론(詩論)≫시(詩)(제7조)

---

18) 而我們, 我們首先要歌頌種子, 因爲只有它倔强的生長, 才會帶來花朶和果實；一粒種子能結許多籽實, 每顆都孕育了無限生機；幷且我們感謝燦爛的陽光, 感謝勤勞的雨水和質朴的土地, 我們說它是世界的鑰匙幷不過分. 我們歌唱生命和希望, 我們便歌唱種子.

19) 比較處女, 我歌頌母親, 比較種子, 我歌頌花朶；我歌頌它的赤裸和智慧, 歌頌它的苦心和勇敢, 它多麽喜悅地袒露着胸膛, 忍受蜂蝶和風雨的摧殘；它的光榮比任何資産都富有, 爲了明天的果實而愉快地開放. 我們歌唱信念和明天, 我們便歌唱花朶.

에서 서술하기를,

> 시속에 존재하는 美는 시인의 정감을 거쳐 표출된 것이며, 인류의 상승하는 정신의 섬광인 것이다. 이 섬광은 암흑 속에서 날아오르는 불꽃과 같고 끌과 도끼로 암석을 쪼갤 때 일어나는 스파크와도 같다.[20]

라고 하였듯이 섬광 같은 시의 정신이 살아 넘치는 박동감이 있다. 「제1군중」에서는 영물하면서 그에 대한 찬미를, 「제2군중」에서는 생물의 생장과정의 인내와 투지를 찬미하며, 「제3군중」에서는 과정을 거치고 나서의 결실을 찬미한다. 세 가지 생물을 대상으로 삶의 과정에 기탁하는 기법을 쓰고 있다. 이것은 아이칭(艾青)이 ≪시론≫ (技術) 17조에서 말한 바,

> 시인은 이러할 때에 그의 예술수양을 드러낸다 : 그가 묘사하는 사물이 뚜렷한 윤곽을 주는 외에, 사람으로 하여금 어떤 유의 색깔과 소리가 그 작품과 더불어 분리될 수 없이 함께 융합되어 있음을 느낄 수 있게 한다. 많은 작품들이 분명한 색깔을 가지고 있고, 동시에 들을 수 있는 소리도 가지고 있음을 우리는 안다.[21]

라고 한 내용의 한 예증이 될 것이다. 그리고 <창(窓)>을 소재로 한 다음의 작품을 모두 9장으로 된 장시인데 그 중에서 몇 개의 장을 보도록 한다.

---

20) 存在于詩裏的美, 是通過詩人的情感所表達出來的, 人類向上精神的一種閃灼. 這種閃灼猶如飛濺在黑暗裏的一些火花, 也猶如用鑿與斧打擊在岩上所迸射的火花.

21) 詩人在這樣的時候, 顯出了他的藝術修養 : 即除了他所寫的事物給以明確的輪廓以外, 還能使人感到有種顏色或聲音和那作品不可分離地融洽在一起. 我們知道, 很多作品是有顯然的顏色的, 同時也是有加以聽見的聲音的.

(1)
우리가 사는 이 땅은
춥고 그늘져 눅눅하니
우리의 마음속까지
우리의 피부와 뼛속까지도
겨울이면 흙 담에 하얀 서리 엉겨있고
여름이면 곰팡이 핀 이끼
그리하여 지혜로운 이가 일어나서
창 하나 낼 것을 생각했다.

그래 창 하나 내니
밝고도, 넓으리라.
나의 벗들이여
자신의 마음에
창을 내라
그대 고난의 조국에서
창문 하나 내주게나.22)

(3)
창 ——
생각나노니 저 감옥에 갇혀 있을 적에
미친 듯이 쇠 난간을 흔들었지
두 개골이 깨진 죄수들
생각나노니 저 높다란 담벽
수용소에 병든 채 갇혀 있던 포로들
그들이
창을 통해 얻은 계시.

---

22) 我們住的這間屋子, 又冷, 又陰濕, 甚至連我們的心, 甚至連我們的肌肉和骨頭；冬天泥墻上凝滿了白霜, 夏天是發霉的草苔! 于是, 智慧的人站起來, 想起了開一面窗.

그들은 처음
지붕의 쇠창가에서
한 마리의 푸른 매가 푸덕거리며
나는 것을 보았다.
찬란한 태양!
푸르른 하늘!
자유로운 구름!

이에 그들은 용감해졌고
불의 행렬이 흘러나올 때
그들은 수갑을 부숴 버리고
그들은 탈옥을 했다.
참으로 용감한 그대들이여!
참으로 아름다운 그대들이여!
참으로 장렬한 그대들이여!
우리는 환영회를 열리라![23]

(6)
창——
내 생각나니
저 아이 막 몸을 일으키려 할 때
어둡고 어두운 창문틀 잡으려다
손바닥으로 구멍을 냈지.
어머니가 새로 바른 창호지에
찢어진 구멍으로

---

23) 窗一 使我想起了那囚禁在監獄裏的, 瘋狂的搖撼着鐵欄杆的, 撞破了頭骨的囚徒；使我想起了那高高的檣壁, 集中營裏病着的俘虜；我們, 爲窗而得的啓示. 當他們第一次, 從屋頂的鐵窗口, 看見一枝蒼鷹的風箏在飛 …… 好亮的太陽呵! 好藍的天空呵! 好自由的雲呵! 于是他們勇敢起來了, 在一個火的行列流來的時候, 他們敲開了鐐銬, 他們越獄了. 好勇敢! 你們, 好美麗! 你們, 好壯烈! 你們, 讓我們開一個歡迎會!

눈에 먼저 보인 것은
뜰 안에서 꼬꼬댁거리는 수탉
지붕 용마루보다 높은 풀 더미였지.
그 다음 눈에 보인 것은
자기 나이보다 어린 나무
저 뽕나무 저 잣나무
어느새 너무도 놀라와서
서로의 이름을 부르지 못하였다.[24)]

(8)
아, 친구여
내 정말 저 창을 사랑하고
내 저 보잘 것 없는 걸 사랑하는 것은
사람을 분노케 하는 일이리라.
저건 우리로 하여금 이를 갈며 눈물 흘리게 하는 것.
그리고 우리로 하여금 눈물겹도록
즐겁게 해 주는 일이기도 하리라.
태양은 너무 좋아, 감사하나니
방벽을 두드려 열었다.[25)]

(9)
깃발 만들고
돌 보루 세운다.
성냥을 긋는다.
잠시 자신을 생각한다.

---

24) 窗一 使我想起了：那剛會站起身來的孩子, 扶着黑黑的窗框, 小手掌扑破 母親新糊的窗紙；于是, 從破洞, 他第一次看見了, 庭院裏唱着的雄鷄, 比房脊都高的草垛；看見了：載着糧食的驢子, 載着輜重的馬匹；看見了：比他的生命還年輕的樹, 那家桑, 那扁柏；他無知的感到驚奇, 喚不出來各各的名字.
25) 唉, 朋友：我眞愛那些窗, 我也愛那些寒傖的, 使人忿怒的故事. 那使人咬着牙齒流淚的, 和使人歡笑得流淚的故事呵. 陽光太好了, 感謝你, 敲開了屋子的墻壁.

잠시 내 조국을 생각한다.
조국이여! 조국이여!

그러나 지금
이렇게 어두운 방에
등불도 없이
차갑고, 음산하다.
우리 창문을 열어 보세.
사람이 살고 있으니
열을 받아야지!
빛을 받아야지![26] (1947)

여기에서 창에 대한 영물이 단순한 조영(照影)으로서 영물이 아니고 창을 매체로 하여 (1)에서는 고난의 조국에게 빛이 드는 희망의 대상으로 창을 조명하였으며, (3)에서는 자유를 잃은 무리에게 자유와 광명을 의미하는 것으로 묘사하였으며, (6)에서는 창을 통하여 회억(回憶)의 매개로서 열락의 소년시절을 그리며 현실의 고통을 안위하였고, (8)에서는 태양을 향한 고통을 씻어줄 수 있는 돌파구로서 창을 그렸으며, (9)에서는 이제는 차갑고 음산한 등불 없는 비애의 방에 있지만 열과 빛을 받을 수 있는 창문을 찾아서 열어야 한다는 하나의 개혁적인 의상을 은유적으로 토로하고 있다. 창의 의미는 시인에게는 희망과 희열의 이미지이며 미래에의 지향을 계시해 주는 것이다.

다음의 <태양 아 태양(太陽, 啊! 太陽)>에서는 의인화한 수법으

26) 制一面旗. 建一座碉堡. 劃一根火柴. 想一會兒自己. 想一會兒自己的朋友. 想一會兒自己的祖國 …… 祖國呵! 祖國呵! 但. 現在 這麽黑的屋子, 沒有燈, 又冷, 又陰濕; 讓我們開一面窗吧! 讓我開一面窗吧! 因爲人活着, 需要熱! 需要光!

로 시인의 의식을 태양을 상대로 하여 토로하는 형식을 취하고 있다.

(1)
태양, 오! 태양이여
내게 숲과 바다를 주오.
내게 자유의 공기와 빛을 주오!

내 이 감옥에 갇힌 지
너무나 오래되고 오래되어
내 이미 인류에 속한 권리를 잊었소.

내 이미 잊었으니
하얀 날개 비둘기인들 어찌 날며
꽃인들 어찌 봉오리를 터뜨리며
과일인들 어찌 붉게 익으며
총총한 별인들 어디에서 나타나겠소?

내 이미 잊었으니
지구가 둥글다고 말한 이가 누구인지를
내 이미 잊었소.
누가 처음으로 성냥불을 켰는지 ……[27)]

(4)
태양이오, 오! 태양이여!
내 어찌 당신께 내 상념을 말하리오

---

27) 太陽, 啊! 太陽, 給我森林和海吧, 給我自由的空氣和光吧! 因爲我在這牢籠裏, 是太久太久了, 我已經忘却了屬于人類的權利. 我已經忘却了：白羽的鴿子是怎樣飛起的, 花是怎樣掙扎着開放, 果子是怎樣變紅而成熟, 繁星從哪裏出現. 我已經忘却了：說地球是圓形的人是誰, 我已經忘却了：是誰燃起了第一根火柴 ……

당신이 떠오르기 전엔
내 곁에 걸려있는 줄 알았소
초토화된 성지며 적군의 보루
광대한 묘지며 무수한 교수대
담 위에서 죽음을 맞아 올리고 있던 폭풍 ……
난 그 소리를 모두 들었소.

나의 창인가?
나의 쇠망치며 낫인가?
나의 선혈로 물든 호각인가?
태양이여! 그대는
내게 금빛 찬란한 무수한 별들을 주었고
내게 쏟아져 나오는 불빛을 주었소.[28] (1948)

리잉의 시는 구구절절이 호소와 애절이 넘치며 선구적인 자세가 깃들어 있다. (1)에서는 희망을 위해서 지난 일일랑 떨치고 새 세계를 향해 자유를 구가하고 하였으며, (4)에서는 절규하는 자유의 희구가 당신 곧 태양이 있으므로 가능한 것인데 그 가능성이 하나의 이상과 허구가 되어서는 안되겠다는 의지가 스며 있다. 그리고 <장난감(玩具)>의 일단을 보면,

내가 완구점에 갈 때면
의례 개구쟁이를 보게 된다.
엄마 무릎을 따라 가려 하지 않으니
쌓아놓은 나무를 사서 지붕을 올리려는 것이다.

---

28) 太陽, 啊! 太陽, 我怎樣對你說我的想念, 當你還沒有升起之前, 我彷佛看見身邊懸掛的是：焦土的城池和敵人的堡壘；廣大的坟場和無數的絞架, 我的粧壁上涌卷着死亡的風暴 …… 我簡直聽到它的聲音了. 我的槍呢? 我的鐵錘和鐮刀呢? 我的染着鮮血的號角呢? 太陽啊, 你—— 給我無數的金星, 給我那些迸出的火花!

작은 자동차를 사주면 가죽공을 더 사달라 하니
그들은 갓난애들과 친구가 되고 싶어하는 것이다.
아이들의 마음은 사랑스럽고 아름답고 또 따뜻한 것이다.
장난감을 보면 내 생각나는 것은
공포의 감옥이 검은 빛으로 다가오는 것이다.
……
뉘 알았으랴, 무서운 일이 일찍부터 도사리고 있을 줄을
그들이 오자, 독기가 냉큼 그들의 생명을 앗아간 것이다.
모든 세상은 암흑에 빠졌고
저 완구들은 그들의 손에서 빠져나간 것이다.

이제 이들 완구가 여기에 진열되니 마치 과거를 회상하고 있는 것 같다.
완구는 세상 사람들에게 묻고 있다.
친구여, 왜 돌아오지 않나?

매양 내 완구점에 들릴 때면
저 감옥이 내 마음을 짓누른다.
저 아이들이 예나 다름없이 기뻐하며, 웃으며, 뛰며 상점에서 완구를 사가지고
뛰어나오는 걸 보는 듯하다. (1954)

이 시는 다른 시와는 달리 직설적이며 사실적인 표현을 하고 있다. 장난감을 보면 친근감이 가기도 하는가 하면 두렵기도 하며, 한편으로 가식이 없는 천진함, 이런 것들이 어린 아이의 벗이 되는 요소가 된다. 시인은 고난의 와중에서도 장난감을 가지고 놀던 어린이의 세계, 지나간 시대, 다시 갈 수 없는 시대, 그 시대를 회상하며 맑고 고운 인간의 심성을 장난감에서 조명해 보고자 시도한다. 이미 순수함을 빼앗긴 시인의 시각에서 순진으로 회귀하고픈

강한 의지를 토로한다. 리잉의 시에서 사물의 묘사가 심성의 풍자적인 표출이라는 데에 그 근거를 두고 있는 것이다.

Ⅲ. 우국의 상념

리잉은 앞머리에서 이미 지적하였듯이 전장에서 전쟁의 참상을 직접 목도하고 국가의 안위에 무엇이 필요한 것인지를 깊이 인식하고 있었다. 그러므로 그의 시는 아름답지만 그 드러내는 의미를 강렬하고 굳세다. 이러한 예는 당대의 두목(杜牧 803－852)에게서 이미 보인 전통적인 기법이다. 두목은 그 자신이 시를 쓰는데 있어서

> 고매하고 준일함을 찾아야 하며 기이하고 화려함을 힘쓰지 말며 속된 습성을 따르지 말라.[29]

라고 이미 설파하였다. 두목은 만당의 유미주의적인 시풍을 구사하여 유대걸(劉大杰)은 두목을 색정문학이라고까지 혹평하였지만, 그의 시의 이면에는 호방하고 건전한 우국적인 풍격을 제시했다.[30] 지금에 와서 리잉을 보자면 종군시인이나 변새시인이라고 해야 할 것 같다. 절절히 넘쳐 나오는 교훈적인 애국우국의 이념이 강하게 부각되어 있기 때문이다. 다음에 열거하는 시들도 그 예에서 벗어나지 않는다. 먼저 ＜산보하는 밤(散步的夜)＞을 보면,

---

29) 本求高絶, 不務奇麗, 不涉習俗. ≪樊川文集≫卷十六, 「獻詩啓」

30) 高棅은 ≪唐時品彙≫에서 「杜牧之之豪健」이라 하고 楊愼은 ≪升菴詩話≫(卷五)에서 「宋人評其詩豪而艶, 宕而麗 ……」라 함.

십이월 위엄 있는 가슴을 드러내니
난폭한 사자가 툭 튀어 나왔다.
한밤에 신음과 알 수 없는 초조감을 끌고
주린 이와 그들 가족의 썰렁한 시체를 이끌고
낙엽이 꽁꽁 얼어붙은 빙하 위로
산보를 했다.

냉혹한 빙하의 경사면엔
몰락한 황성의 밤이 떠 있었다.
창백하게 굳어져버린 황성의 밤에
안개바다를 이루어 유령의 그림자가
가물거렸다.
그 날 밤 낙엽이 꽁꽁 얼어붙은 빙하 위로 산보를 했다.

바람 세차게 불어대던 소리
그건 처량한 산야의 울부짖음이었다.
기아의 난민이 유랑을 시작했다.
비분, 반항을 품고 살길을 찾으면서
그 날 밤 낙엽이 꽁꽁 얼어붙은
빙하 위로 산보를 했다.

무명의 시체 나뭇가지 사이에 걸려있고
무수한 시체 끊어진 다리 밑에 뒹굴고 있었다.
냉혹한 밤은 잔인한 일을 끝내고 소름치게 웃으며 내일을 바라보고
있었다.
그 날 밤 낙엽이 꽁꽁 얼어붙은 빙하 위로 산보를 했다.[31](1944)

---

31) 十二月袒着威嚴的胸脯, 露出殘暴的肢體；夜, 携着呻吟和數不清的焦慮, 携着飢餓的人和他們家族冰冷的屍體, 散步在凍結了落葉的氷河上. 冷酷的氷河的傾斜面, 浮游着沒落的荒城夜；僵落了慘白的荒城夜, 霧之海, 點點幽靈的影子；夜 散步在凍結了落葉的氷河上. 風, 吹着尖厲的口哨, 那是凄厲的山野的嗥叫；飢餓的難民開始流離了, 懷着悲憤, 反抗和尋找；夜 散步在凍結了落葉的氷河

아무도 없는 황폐한 폐허에서 찾을 수 있는 의미는 무엇인가. 비분과 냉혹만이 깃들고 극복해야 할 의무와 책임마저 가누기 힘들다.

다시 걷고 싶지 않은 산야이기를 은근히 기대해본다. 시인은 당산에서 항일전쟁말기의 참상을 보며 그린 시이다. 당산에서 지은 연관된 <옛장성(古長城)>을 보면 그 당시의 리잉은 우국의 깊은 시름을 떨칠 수 없는 우수의 시기였음을 알 수 있다.

> 석양이 어두운 상념을 펼치면
> 마른 풀에서 옛날의 얘기를 뒤적인다.
> 성루아래 백골이 애원하니,
> 담벼락엔 퇴색한 기억으로 얼룩진다.
>
> 피와 눈물은 역사의 페이지를 쌓아가고
> 벽돌담 위엔 고난의 그림이 찍혀있다.
> 달이 지자 호마의 구슬픈 소리 들려오니
> 내일은 처량한 비바람 몰아치리라[32] (1944)

여기서 전쟁의 참담한 모습으로 「백골이 애원하니」라든가 피와 눈물은 역사의 페이지이며 고난의 그림 등의 표현은 시인의 도피적 의식이 아닌 적극적인 삶의 자세이며, 구국을 갈구하는 절규라 할 수 있다. 다음 시 <조선전쟁터의 어느 저녁(朝鮮戰場的一個晚

上. 無名的屍身掛在樹枝間, 無數的屍體橫在斷橋下；冷酷的夜完成殘忍的工作, 獰笑的望着明天(他不知明天是什麽樣子)；夜 散步在凍結了落葉的氷河上 ….

32) 夕陽鋪起了暗淡的思緖, 向枯草探詢昔日的故事；城堡下有白骨訴說哀怨, 墻堞間涂滿褪色的記憶. 血和淚疊着歷史的冊頁, 磚垣上印着苦楚的圖案；聆一陣月落胡馬的悲嘶, 怕明天會有淒楚的風雨.

上)>의 일단은 시인이 한국동란에 중공군의 일원으로 직접 참전하여 지은 것으로 평화를 희구하고 희생자에 대한 애도를 노래하고 있다.

내 영원히 잊을 수 없는 것은
조선 전쟁터의 어느 날 저녁
윙윙대는 바람은 포화를 번뜩 움직이고 있었고
눈송이는 철조망을 잡은 채 걸려 있었다.

우리가 앞으로 추격하면서 이곳을 거쳤을 땐
이곳은 이미 묘지로 변해 버렸다.
칠흑 같은 어둠 속에 내 홀연히 본 것은
폐허 속에 번뜩이는 불빛이었다.

불더미 옆으로 여아 넷이 붙어 있었다.
몸을 움츠린 채 떨고 걸친 건 얇은 홑옷 뿐
눈물이 없는 것은 아니었지만, 울지 않았고
고개 들면 준엄한 눈빛을 쏘아대고 있었다.

아! 밤이 이토록 짙고
대지는 이토록 아득하거늘
뉘 어린 소녀들이 이곳에 살고 있는 줄 알리오?
……
이 폐허를 기억하고 기억하면서
우린 꼭 이곳으로 돌아와야 돼.
누군가가 말했다. 돌아와야 돼! 우린 반드시 돌아와야 돼! 이 어린 것을 찾으러!

우린 꼭 돌아와서 반드시 그곳에 광명이 깃들게 해야 돼.

돌아와서 반드시 사방에서 연기가 피어오르는 마을로 만들어야 돼.
이곳은 내 조국이 아니지만 우리에겐 친애하는 고향과 다름없다.
(1952)

이 시의 말구처럼 고향 땅은 아니지만 고향과 다름없는 조선 땅에서 처지를 체험하면서 광명이 깃들게 할 수 있는 길을 모색해야 하는 화평의 터전이 오기를 노래한다. 평화주의자요, 정감이 넘치는 선량한 한 시인의 섬세한 의식을 거침없이 묘사하고 있다. 비록 남의 나라에 원정한 신세이지만 자국의 젊은이가 죽어가고 정의의 투쟁이 아닌 탐욕자의 희생물이 되는 것이 못마땅했기에 그는 무모한 전쟁에 대한 혐오감을 토로하고 있다. 그러나 리잉은 영토 보존과 내침에 대한 방위정신이 충일한 시인이다. 그 일면을 그의 <소등나팔(熄燈號)>에 적절히 표현하고 있다.

하늘의 별들 총총해져 알알이 바다 위에 떠 있고
내 산꼭대기에서 나팔을 부니
조국과 내가 하루를 또 넘긴 것이요.

조국이여 잠드소서.
당신은 하루를 바삐 보냈으니 지쳤겠구려.
내 나팔소리는 전우들 잠자라 다그치는 게 아니고
당신에게 국경의 평안을 알리는 거요.
저녁내 편히 지내구려, 동쪽 바다의 어선이여!
저녁내 편히 지내구려, 북쪽 푸른 설산이여!
저녁내 편히 지내구려, 서쪽 시끄러운 소리여!
남해섬 전사가 당신께 문안드리오.
아, 우리 아름답고 영광스런 북경이여.

당신도 고요히 고요히 눈을 붙이소서.
남해섬 전사가 당신께 문안드리오.
아, 우리 아름답고 영광스런 북경이여.
당신도 고요히 고요히 눈을 붙이소서.
남해섬 전사가 소등나팔 불 때면
저녁 무렵 이 나팔의 금빛이 번뜩거리는 걸 볼 수 있을 거요.

우리는 오늘의 일기 벌써 썼으니
조국의 성장에 또 표점을 찍은 거요.
나팔소리 또 한 페이지가 넘기라 다그치니
내일이면 더욱 힘차게 진지하게 될 거요.

소등나팔 소리 그치자 별들 모두 출현하고
막사 용마루 위엔 달빛 비친다.
잡시다, 잡시다, 친애하는 동지여.
자더라도 칼과 탄환은 깨워둬야 하오![33] (1956)

이 시는 호국의 이념이 넘치는 작품이다. 애국심이 넘치는 시이다. 「조국과 나」, 「조국의 평강」, 「조국의 성장」 등이 구절마다 스며있다. 자더라도 방위의 태세를 갖추어야 한다고 이 시를 끝맺는다. 이 모두가 우국의 시정을 바탕으로 삼고 있다. 조국해방에서 중공정권의 수립과 안정의 과도기에 서론에 언급했듯이 이 같은

33) 天空的星越出越密, 一顆顆, 浮滿海面；我在山巓把軍號吹響, 祖國和我一起又度完一天. 祖國呵, 請你睡眠, 你忙碌了一天, 已經疲倦；我的號聲不是催戰友去睡, 是向你報告國境的平安. 一晚安, 東方海裏的漁船! 一晚安, 北方藍色的雪山! 一晚安, 西方喧騰的草地! 南海島上的戰士向你問安. 呵, 我們美麗尊榮的北京, 也請你輕輕地, 輕輕地闔眼；當你聽見海島戰士熄燈的號聲, 也定會看見傍晚這銅號的金光一閃. 我們今天的日記, 已經寫完, 祖國的成長又打下一個標點；號聲催我們又翻過一頁, 明天, 我們將更奮發地跨步向前. 熄燈號吹過, 星斗出全, 營房的屋脊上, 月光一片；睡吧, 睡吧, 親愛的同志, 睡呀, 却要醒着刺刀和子彈!

조국과 민족에 대한 의식적이든, 적극적이든(본의와는 관계없이) 회념하는 창작활동을 해야 하며, 그 주어진 여건이 자발적으로 하고픈 의욕에서 산출된 우국시는 리잉에게 있어서도 주어진 입지와 시명의 유지에 이데올로기적인 상념 하에서는 다소간 도움이 되었으리라 유추하게 된다. 리잉 당시의 사회상에 거역할만한 용기가 있다하여도 시인은 한 국민으로서 사회의 안정과 발전을 위해 처해진 현실에 순응한다고 볼 수 있다. 그러나 아이칭(艾靑)이 말한 바,

> 시인의 영역 안에서 모든 사물의 가치는 인류의 숭고한 정조를 향상시킬 수 있나 없나를 그 표준으로 삼는 것이다.[34]

라는 내용을 음미해 볼 때 초연할 수 있는 대인의 풍모가 아쉽기도 하다.

리잉은 혼란과 안정의 중간선에 있던 과도기적인 시인이다. 조직화된 체제를 탈피할 수 없으며, 그 자신이 응하여 그 속박에 맞는 창작활동을 영위하였다. 따라서 그 시대의 시인 중에는 이렇다 할 가치 있는 창작이 드문 것도 우연이 아니다.

리잉은 속박의 테두리에 살면서도 다른 시인보다는 다양한 시가를 남기고 있는 것이다. 그의 시에는 자연시가 있으며 영물의 기탁도 해보고 노동계급을 고무하는 시만이 아니라 진정한 애국애족과 인류애의 정신을 담은 시들도 적지 않다는 것을 소중하게 여겨야 할 것이다. 중국현대문단에 참된 순수작가를 찾을 수 없음은

---

34) 艾靑「詩人論」19章.

사회주의 기틀에서 삶을 영위하는 풍토 때문이라는 것을 재삼 췌언할 필요가 없다. 그러나 리잉은 그런 체제를 극복하고 시 자체의 생명을 위해 나름대로 노력한 면들을 본론의 예시들로부터 감상하면서 엿볼 수 있었다. 따라서 리잉의 시를 두고 총체적으로 설명하기를,

> 리잉의 시는 섬세하고 정밀하다. 그러나 웅대하고 장려한 건설장면을 재현한 것이 부족하다.[35)]

라고 한 평가는 리잉 시에 대한 재인식을 요구하는 대목이라 할 것이다. 리잉은 지금도 노년을 맞아서 열성적인 창작활동을 하고 있으며 그의 만년시는 청년기와는 달리 관조와 초탈을 추구하는 안정된 시풍을 보여주고 있다.

---

35) 李瑛的詩細膩精致, 但再現宏偉壯麗的建設場景不夠. ≪中國當代文學史≫ Ⅱ, p.350

아이칭(艾靑) 만년시의 함축과 간결미

중국 현대문단에 길이 그 이름이 남을 아이칭(艾靑·1910~1996)! 인류의 심령 속에 자유에 대한 갈망과 신념의 씨앗을 뿌리기 위하여 한 평생을 오직 고난의 역경만을 겪다가 간 아이칭. 한결같이 시인의 외길을 살다가 간 아이칭은 1932년에 첫 작품 <회합(會合)>을 시발점으로 해서 50여 년 동안 감옥에서나 황무지로의 숙청과 감금의 시련에서도 시심(詩心)만은 잠시라도 식혀본 적이 없었다. 아이칭은 1988년 봄에 필자가 번역한 ≪구백사람(九百個)≫ 한국어판의 서문 편지에서,

> 나의 인생은 역경의 길이었습니다. 그러나 나의 신념은 전혀 흔들린 적이 없습니다. 나는 시종일관 인민과 함께 해 왔습니다. 인류의 심령 속에 자유에 대한 갈망과 신념의 씨앗 을 뿌리기 위하여 노래할 것입니다.

라고 하였으니, 1958년부터 20년간의 타의에 의한 절필시기를 포함해서 1930년대 초 상하이(上海)에서의 미술전람회 사건으로 좌익으로 몰려서 3년 동안 옥고를 치른 후부터 그의 평생은 하루도 편안한 날이 없었던 것이다. 아이칭은 오직 무저항의 곧은 마음으로 자유를 향한 시의 깃발을 높이 세우고 거칠 것 없이 고통 어린 인생항로를 「자유가 있는 곳이라면 어디든 가리라」고 외치면서 뇌종양 수술로 인한 후유증으로 1996년 5월에 이 세상을 떠날 때까지 아주 멋있게, 그리고 사나이답게 살다가 간 것이다. 1993년 7월 21일 오후 3시 반에 필자가 베이징(北京)의 그의 집을 방문하였을 때에 그의 부인 까오잉(高瑛)의 부축을 받으며 응접실에 나타난 그 의연한 자태는 영원히 잊을 수 없다. 그 간에 필자가 국내에

서 번역한 세 권의 아이칭 시집을 받아들고서 필자의 손을 잡으며 마치 독백 같은 말을 이어 나갔다.

> 베이따황(北大荒)에 갇혀 있던 1958년부터 20년 간에 쓴 시가 수백 수도 더 되지요. 모두 뺏겨서 지금은 한 수도 남아 있지 않아요. 마음에 드는 시가 많았는데요.

과연 그러하다. 그러니까 아이칭의 시는 초년 작과 만년 작만 남아 있고 중년 작은 없다고 해야 할 것이다. 1985년 이후 매년 9월만 되면 노벨 문학상 발표에 대비하여 미리 녹화하려는 각 방송사의 요구에 응하느라고 분주했던 시절이 새삼 생각나는 것이다. 그러나 아이칭은 이미 고인이 되었으며 그의 의연한 모습을 다시는 볼 수 없게 되었다.

요즈음에 중국에 대한 관심이 고조됨에 따라서 중국문학의 세계에도 적지 않은 궁금증이 나리라고 보아서, 중국의 현대시단에서 살아있는 역사처럼 오래 살며 시대적 격동과 함께 파란만장한 길을 걸어 온 아이칭의 만년시대의 시 세계를 적게나마 알리는 기회를 갖게 되어서 기쁘다. 그의 만년 작이라면 아무래도 소위 문화대혁명(文化大革命)이 끝나는 1976년 이후 형식적이나마 자유인의 몸이 된 시기부터 발표된 시를 가지고 보는 것이 타당할 것이다. 그러니까 그의 <붉은 깃발(紅旗)>(1978)에서부터 <경례・프랑스(敬禮・法蘭西)>(1984) 등에 이르기까지의 시들을 중심으로 그의 시 의식을 살펴보아야 할 것이다. 안타깝게도 아이칭은 1988년 뇌종양 수술을 받았기 때문에 그 전후의 시는 발표된 것이 없는 것이다.

Ⅰ. 1978년 숙청에서 복권

20년간의 절필은 아이칭에게는 가장 고난의 시기였다. 시인에게 시가 없으니 산들 산다고 할 수 없기 때문이다. 1958년부터 1961년까지 우파분자(右派分子)로 몰려서 헤이룽장성(黑龍江省)의 베이따황(北大荒)과 신지앙성(新疆省) 위그루 자치구에서 은둔생활을 하였으며, 1967년부터 1978년까지 사인방(四人幇)이 물러나고 떵사오핑(鄧少平)이 등장할 때까지 문화대혁명이라는 지식인의 숙청과 문화말살 운동으로 또다시 노동생활을 영위하였다. 아이칭은 1958년 4월 당시의 농간부(農墾部) 부장 왕전(王震)의 배려로 우파분자로서 헤이룽장성 미산현(密山縣)의 825농장의 임장(林場)의 부장장 직분을 맡아서 배속된다. 아이칭은 여기서 1959년 11월까지 지냈는데 이 때를 전후하여 그는 다시 신지앙성으로의 긴 고난의 여행을 시작한다. 그는 농촌 출신이면서 의외의 강제적인 농촌생활로의 회귀를 강행한 것이다. 그는 이 시기의 심정을 <개척자의 노래(墾荒者之歌)>(1958년)의 일단에서 다음과 같이 묘사하고 있다.

나의 집은 첸탕(錢塘)강 가인데
거긴 살기 좋은 마을.
동지여, 말 좀 해주오,
고향이 어디인가?
....
뭐 서쪽으로 이앙관(陽關)을 나서니
친구는 안 보인다는 말대로
옛 전우 모두 국영농장에 있구나—
뒤는 난니만에서 오고

뉘는 베이따황에서 오고 ;
우리 아주 먼 곳을 지나서
궁벽한 터에 왔지—
하이난(海南) 섬에서 헤이룽강으로
헤이룽강에서 신지앙으로.
………
들판아 ! 참 넓기도 하다.
하늘아 ! 참 밝기도 하다.
말 타고 경쾌히 노래한다 ;
"우리가 사랑하는 고향이라고…"[1)]

아이칭은 강압된 농장생활 속에서도 조국애와 농민에 대한 동정을 피력하고 있다. 그리고 농촌에 대한 정경을 보다 긍정적이면서 적극적으로 노래하기도 한다. 그의 <들판에 불을 놓아(燒荒)>(1958년)을 보면,

작디작은 성냥 한 개비
새 세계를 열었네—

얼마나 큰불인가,
황량한 들이 불바다로 !

불꽃 날아 돌아, 춤추며,
불기둥 하늘 높이 구름 위로 치솟네 !

---

1) 我的家在錢塘江上, / 那兒是魚米之鄉 ; / 同志, 請你告訴我 : / 哪兒是你的家鄉?…－說甚麽西出陽關無故人, / 老戰友都在國營農場－ / 有的來自南泥灣, / 有的來自北大荒 ; / 我們走過天涯海角, / 我們到過窮鄉僻壤－ / 從海南島到黑龍江, / 從黑龍江到新疆 ; / …－田野呵多少遙闊, / 天空呵多少晴朗, / 騎着馬兒輕輕地唱 : / 我們可愛的家鄉… －

불꽃은 금빛 노루인양 달리네,
바람 보다 더 빨리!

햇빛 속에 솟는 연기
현란한 층층 구름인양!

불꽃은 미친 듯 웃으면서, 치달아,
가시덤불 쳐내니, 얼마나 통쾌한가!

불의 행렬 대진군하니,
이리, 늑대, 여우, 토끼 모두 번뜩 날뛰네!

들불은 끝없이 타오르고
볏모는 일어서지 못하네!

우리들의 쟁기 어서 벼루어,
새로운 시대를 갈아 보자꾸나! 2)

풍부한 상상력과 교묘한 비유, 그리고 현란한 색채감을 가지고 불놓은 봄 들판의 장관을 묘사하고 있다. 제2의 행선지인 신지앙성 수창푸공작(蘇長福工作)의 이영삼련(二營三連)에 도착한 것은 1960년 봄이다. 그는 여기서 1년여의 생활 속에서 황무지의 개척자적 의식을 지니게 되고 그에 대한 강한 애착을 토로한다. <젊은 성(年輕的城)>(1958년)의 일단을 보기로 한다.

---

2) 小小的一根火柴, / 劃開了一個新的境界 – / 好大的火呵, / 荒原成了火海! / 火花飛舞着, 旋轉着, / 火柱直冲到九霄雲外! / 火焰像金色的鹿, / 奔跑得比風還快! / 騰起的烟在陽光裏, / 像層層絢麗的雲彩! / 火焰狂笑着, 奔跑着, / 披荊斬棘, 多麽痛快! / 火的隊伍大進軍, / 豺狼狐兎齊閃開! / 野草不燒盡, / 禾苗起不來! / 快磨亮我們的犁刀, / 犁開一個新的時代!

내가 가 본 많은 곳에서
이 도시가 가장 젊다오
정말 아름다워서
마음이 쏠리기도 하지
바다의 신기루는 아니고
봉래산의 선경도 아니고
풀 하나 나무 하나도
모두 피와 땀이 맺혀 있다.
그 도시는
전원의 경치 있다고
시골은
많은 공장이 있다고 했지
....
그건 개척자처럼
온 몸은 햇빛으로 목욕하고
천리 길 고비사막을 대하고서
두 눈은 희망을 번쩍이고 있다.3)

황량한 서북방의 벌판이지만 조국의 땅이기에, 그리고 자신이 가꾼 터이기에 애정어린 마음이 깃들어 있다. 1961년에 베이징(北京)에 돌아왔으나 그의 창작활동은 여의하지 않았다. 1967년 5월 19일 아이칭 일가는 대우파(大右派)로 다시 낙인찍히면서 소시베리아의 144단(團) 2영(營) 8연(連)에 배속되어 노동과 모욕의 나날을 보낸 것이다. 1972년 11월에는 오른쪽 눈이 실명하게 되며 1973년에는 치료받으려 베이징에 돌아온다. 압박 받는 중에 그의 제수

3) 我到過的許多地方 / 數這個城市最年輕 / 它是這樣漂亮 / 令人一見傾心 / 不是瀚海蜃樓 / 不是蓬萊仙境 / 它的一草一木 / 都由血汗凝成 / 你說它是城市 / 却有田園風光 / 你說它是鄕村 / 却有許多工廠 / …– / 它像一個拓荒者 / 全身都浴着陽光 / 面對着千里戈壁 / 兩眼閃耀着希望

원지엔(雯娟)에게 보낸 다음 편지는 아이칭이 숙청생활 속의 망향(望鄕)의 정이 넘치는 것을 알 수 있다.

> 귀향하여 친한 사람 만나는 것이 나의 여러 해의 소망입니다. 다만 지금 실현할 수 없으니 여러 친구들에게 밤낮 그리워한다고 하며 부담을 주어서 마음에 실로 미안하게 생각하고 있습니다. 그러나 나는 믿기를, 조만 간에 반드시 기회를 내어 더불어 함께 보낼 날을 가지게 될 것입니다.[4)]

아이칭은 1975년에 왼쪽 눈 마저 시력이 감퇴되어 동년 5월 5일 다시 베이징에 들어가서 치료를 받게 됨에 따라 복권될 때까지 베이징에 체류하게 된다. 그 간에 1976년 1월 8일 쪼우언라이(周恩來)가 서거하니, 젊은 시절 옌안(延安)에 체류했을 때의 관계를 회상하면서, 그는 <청명절에 비는 흩날리고(淸明時節雨紛紛)>에서 자신의 처지에 대한 울분과 쪼우언라이에 대한 추념을 위해 시의 일단에서 다음과 같이 서술한 것이다.

> 영구차 한 대가 왔다.
> 너무도 천천히 간다. 너무도 천천히
> 모든 사람의 마음을 이끌고서
>
> 차 위에 검은 휘장 씌었다.
> 차창엔 창 커텐이 둘렀다.
> 긴 장송의 차
> 가을에 남으로 나는 기러기 같구나.

4) 周紅興 ≪艾靑的跋涉≫ 477쪽 : 「回鄕探望親人, 是我多年來的願望, 唯至今未能實現, 害得諸親友日夜盼望, 心裏實在過意不去. 但我相信, 早晚一定能有機會和你們團聚些日子.」(文化藝術出版社 1988)

십리 긴 거리에
사람이 가득 서 있다.
영구차를 맞으며 흐느끼는 소리
영구차를 보내며 흐느끼는 소리

텐안먼에서
빠바오산까지
길 양편에 온통 눈물 흘리는 사람
베이징 사람의 눈물로
한 위대한 사람을 고별한다
한 광명한 사람을
한 순수한 사람을[5)]

1976년 10월 6일 4인방이 심판대에 오르면서 아이칭은 제 2차 해방을 맞게 된다. 해방과 더불어 쓴 첫 작품이 <나는 그의 노래를 사랑한다(我愛她的歌聲)>(1977년 5월 1일)이다. 이 시는 당시의 가수인 구어란잉(郭蘭英)을 위해 쓴 것이지만 예술가의 비참한 삶을 깊이 이해하면서 해방의 승리감을 기지고 자신의 당시의 심정을 토로하고 있다.

……
벌꿀처럼 달고
단술처럼 취하게 하고
흙처럼 순박하고
보리싹처럼 파릇하다.

---

5) 一輛靈車來了 / 開得很慢, 很慢 / 牽動着所有人的心 / 車上披着黑紗 / 車窗蒙着窗帑 / 一長列送殯的車 / 好像秋天南飛的大雁 / 十里長街 / 街邊站滿了人 / 迎接靈車的是咽泣聲 / 送走靈車的是咽泣聲 / 從天安門 / 到八寶山 / 兩邊盡是流淚人 / 北京人用眼淚 / 告別了一個偉大的人 / 一個光明的人 / 一個純粹的人

이 노랫소리 백성에게서 나온다
갓 쟁기질한 진흙의 숨결을 지니고
뜨거운 불처럼 불타면서
고난과 항쟁을 노래한다.
……
사인방을 타도하고
갇힌 데서 해방된 노랫소리를
그녀는 진정 기뻐서 노래하였다.
징과 북, 날나리에 맞추어서
환희를 푸른 하늘에 잔뜩 뿌리며
팔 억 인민의 마음을 노래하였다.[6)]

아이칭은 20년이란 긴 압박에서 실명하면서도 죽지 않고 살아 있다는 데에 대해서 자신도 의아해 하면서 마치 자화상 같은 <물소(水牛)>(1980)시를 써놓고 있다.

자네 성질 참 좋기도 해
물을 무서워 않고, 진흙탕도 무서워 않고
조용히 발걸음 내디뎌서
고개 숙이고 대지를 갈고 있으니

보이는 건 늘 진흙탕
등위에는 늘 채찍 잡은 사람인데
살면서 고생만 하고
고생하면서도 화 한번 안내니…[7)]

---

6) 好像蜂蜜一樣甛 / 好像美酒一樣醉人 / 好像土地一樣純朴 / 好像麥苗一樣淸新 / 這歌聲來自民間 / 有剛犁開的泥土的氣息 / 好像烈火一樣熾熱 / 唱出了苦難和抗爭 / …… / 自從打倒了四人幇 / 解放了被禁錮的歌聲 / 她唱出了由衷的高興 / 鑼鼓和嗩吶伴奏着 / 把歡欣撒滿藍天 / 唱出了八億人民的心 …–
7) 你的脾氣眞好… / 不怕水, 不怕爛泥 / 從容地邁着步子 / 低着頭耕犁大地 / 看

아이칭은 물소처럼 묵묵히 고난을 이기며 자기의 목적을 추구해 왔다고 스스로 토로한 것이다. 그가 프랑스 파리에서 미술 공부하다가 귀국 직후에 겪은 젊은 날의(1933년) 필화사건으로 3년 간 옥고를 치렀고 만년에는 숙청생활로 얼룩진 삶을 돌아보면서 아이칭은 복수라도 하듯이 복권 후에도 끊임없는 창작활동을 지속한다. 그의 내면세계에서 너무도 긴 타의에 의한 창작활동의 제한이란 침묵시간에 대한 무한한 아쉬움이 다음 <나도 젊은 날이 있었다오(我也曾經是青年)>(1981)에 깊게 스미어 있다.

해마다 봄이 하나 있지요
봄은 갔다가 다시 오지만
인생은 청춘이 한 번뿐
청춘은 갔다가 다시 오지 않지요

내게도 젊은 날이 있었지만
어디 가서 청춘을 찾아야 할지
유랑 · 실업 · 수감
남은 건 봉홧불, 연기뿐이오

1958년
봄에 나는 베이따황에 갔었고
1959년
겨울에 나는 신장에 갔었다오

어떤 이는 내가 유배간 거라 하지만
나는 역시 신장사람 된 거라오
저 멀리 고비사막에서
꼬박 20년을 보냈다오

見的老是爛泥 / 背上老是挨鞭子 / 活着爲了吃苦 / 再苦也不吭氣 … –

육체에서는 젊음을 찾지 못하고
나는 이미 어쩌다가 늙고 말았다오
누구든 남의 목숨 늘리어서
풍전등화 같은 여생을 갖고 싶겠지.[8)]

이렇게 마지막 삶을 통해 그의 일관된 신념을 가지고 싶었던 것이다. 현실을 인정해야 하면서도 자기가 바라던 현실은 지나갔고 이미 노년의 경지에 들은 아이칭에게는 현실로부터의 초탈을 지향하기 시작한다. 그래서 그는 우선 현실을 떠나보고 싶은 것이다. 미국 · 홍콩 · 싱가폴 · 이탈리아 · 독일 등 1983년까지 해외여행의 길을 택하면서 자신의 맺힌 앙금과 신천지에 대한 마음의 감흥을 토로하게 된다. 특히 1980년 이후의 작품들이 여행에서의 심상을 노래한 시들이 주류를 이루고 있는 것은 우연한 현상만이 아니다. 자신의 현실도피 의식과 나아가서는 초탈적 심성의 일면이 내재되어 있는 것이다. 사회적 투사(시로서 본분을 지킴)이기 위해서는 재충전의 기력이 필요한 것이며, 노년에서 삶을 관조하는 초월적 관념이 또한 깃들어 있는 것이다.

---

8) 年年都有一個春天 / 春天去了能回還 / 人生只有一度青春 / 青春去了不復返 / 我也曾經是青年 / 不知哪兒去找青春 / 流浪, 失業, 坐牢監 / 剩下的是烽火, 硝烟 / 一九五八年 / 春天我到北大荒 / 一九五九年 / 冬天我到新疆 / 有人說我是流放 / 我還當做是新疆人 / 在遙遠的戈壁灘 / 整整度過了二十年 / 肉體裏找不見年輕 / 我已匆匆忙忙到老年 / 誰願意苟延殘喘 / 挨過這風燭殘年

Ⅱ. 함축미 있는 의경(意境)

진정한 시는 심령을 노래해야 한다. 20년의 침묵 후에 아이칭은 재생의 시심(詩心)을 불태운다. 빛의 찬가를 부르고 태양의 노래를 부르기 시작한다.[9] 그의 <붉은 깃발(紅旗)>(1978)의 일단을 보기로 한다.

불은 붉다
피는 붉다
산수유는 붉다
막 떠오르는 태양은 붉다

가장 아름답구나
전진 속에서 바람에 휘날리는 붉은 깃발!

붉은 깃발!
추위와 굶주림이 엇갈리는 속에서 탄생하고,
천년의 조롱에서 탄생하고
그건 진리를 위해 싸운다.
금빛의 낫,
금빛의 망치,
노동의 영광을
농공 단결의 승리를 알린다.
……
아!
진리 위해 싸워 온 깃발,

---

9) 아이칭은 복권 후에 희망과 열정을 상징하는 「光」을 소재로 하는 작품들을 쓰고 있는데, 「電」, 「東方是怎様紅起來的」, 「光的讚歌」(1978), 「光榮的冠冕」(1979), 「北京的早晨」, 「尼斯的早晨」(1980), 「美的展覽」(1981) 등.

노예를 위해 해방을 추구해온 깃발,

영광의 깃발,
승리의 깃발,
바람맞아 펄럭이는
위무 당당한 깃발,
장엄한 깃발 ;

천만 얼굴의 홍기,
붉은 색의 물보라처럼
영원히 우리 앞에서
우리를 인도하고,
승리의 환호를 머금고
공산주의를 향해 달린다……[10)]

현실은 어쩔 수 없기에 그 속에서 복권의 기쁨을 외친다. 자신이 공산주의자라는 것을 인정하며 또 그럴 수밖에 없었을 것이다. 그리고 인민의 고통을 더욱 깊이 연민하게 된다. 그의 초지일관된 집념은 단순하고도 집중적으로 표출된다. 아이칭은 ≪시론(詩論)≫ 미학 12조에서 이르기를

> 단순이란 사상에 대한 시인의 태도의 긍정이며, 관찰의 정확성이며, 사상의 전체에서 얻어질 수 있는 통일된 표현이다. 그것은 독자가 시에 대해서 포만된 느낌과 집약된 이해에 도달하게끔 인도한다.[11)]

---

10) 火是紅的, / 血是紅的, / 山丹丹是紅的, / 初升的太陽是紅的 ; / 最美的是在前進中迎風飄揚的紅旗! / 紅旗 / 從饑寒交迫中誕生, / 從千年的牢籠裏誕生, / 它爲眞理而鬪爭, / 金色的鐮刀, / 金色的錘子, / 宣告勞動的光榮, / 工農團結的勝利. / …… / 啊, / 爲眞理而鬪爭的旗, / 爲奴隷求解放的旗, / 光榮的旗, / 勝利的旗, / 迎風招展的 / 威武的旗, / 壓嚴的旗 ; / 千萬面紅旗, / 像紅色的浪花, / 永遠在我們前面, / 引導着我們, / 帶着勝利的歡呼 / 奔向共産主義 …－

아이칭은 사상의 단순성을 통하여 자신의 시 세계를 일관되게 추구할 수 있으며 이것이 시에서는 정감적이고 낭만적인 섬세한 시정성을 풍겨준다. 하나의 실체를 가지고 구체적인 미감(美感)을 표출하고, 희열과 희망이 담긴 함축적인 의표(意表)를 그려 놓은 것이다. <눈 같이 흰 연꽃(雪蓮)>(1980)을 보면,

봄바람 여기에 불지 않고
낭떠러지에서 떨어질까 두려워 않아야
너의 광채를 볼 수 있지 ;

얼음과 눈의 화신(化身)
희고, 곱고, 의젓함 ;
너를 향한 강렬한 사랑이 없으면
너의 향기를 맡을 수 없지.12)

시인은 단순한 소재를 가지고 속 깊은 의경(意境)을 그리고 있다. 앞단에서는 용기와 집착(執着)에서 빛나는 모습을 암시해 주고, 후단에서는 연꽃의 외양에서 풍기는 인상을 통하여 새로운 과업을 추진해 나가야 함을 계시해 주고 있다. 하나의 화초에서 세밀한 생활의식을 느끼고, 그것이 마치 자기 표상의 전부인 양, 큰 대상으로 부각(浮刻)시켜 놓은 상태에서, 그 효용성과 자기감성의 응집으로 승화시켜서 균형과 조화의 미(美)를 창출해낸다. 이러한 기법은 아이칭의 초기 시에는 찾아보기가 쉽지 않다. 의식의 직설적

---

11) 單純是詩人對于事象的態度的肯定, 觀察的正確, 與在事象全體能取得統一的表現. 它能引導讀者對于詩得到飽滿的感受和集中的理解.

12) 春風吹不到這兒, / 燕子也不會來－ / 不怕從懸崖摔下來 / 才能看見你的光彩； / 冰與雪的化身－ / 潔白, 美麗, 大方； / 沒有對你强烈的愛, / 聞不到你的芬芳.

인 표현물로서의 시였기 때문이다. 평생을 자유다운 자유를 구가해 보지 못한 시인의 내면세계에서는 진정한 자유의 맛을 늦게나마 만끽하고 싶은 것이다. 만년의 정신세계는 구속과 억압이 곧 삶을 의미한다고도 간주했을 것이다. 한 송이의 설연이지만 그것이 얼마나 고결한 겉과 속이 같은 사물인지 솔직하게 묘사하고 있다. 그것은 자신뿐만이 아니라, 중국인민, 아니 세계인류가 모두 겉과 속이 같은 참사람(眞人)의 모습을 지니기를 희망하는 것이다. 사실 그대로를 보이고 싶은 참 자유가 만년의 아이칭에게는 가장 소중한 것이다. 이제는 두렵고 무서운 것이란 없는 것이다. 그는 자유의 가치에 대해서 ≪시론(詩論)·시의 정신(詩的精神)≫ 11조에서 말하기를,

> 시는 자유의 사자로서, 인류에게 영원히 충직하게 위안과 격려를 주고 있으며, 인류의 마음 속에 자유에 대한 갈망과 굳은 신념의 씨앗을 뿌린다. 시의 소리는 곧 자유의 소리며 시의 미소는 곧 자유의 미소이다.[13)]

라고 밝히고 있다. 은폐된 어려운 시기를 거치면서 자유의 참가치를 깊이 음미한 것이다.

한편, 아이칭의 만년 작에는 시의 내용에 있어서 명랑성과 심각성이 동시에 함축되어서 나타나고 있는데, 이 두 양면성(兩面性)이 하나의 핵으로 「집중」되어서 시적 효과가 극대화된다. 그 자신이 양면성의 함축미인 집중력에 대해서,

---

13) 詩是自由的使者, 永遠忠實地給人類以慰勉, 在人類的心裏, 播散對于自由的渴望與堅信的種子. 詩的聲音, 就是自由的聲音 ; 詩的笑, 就是自由的笑.

혼돈과 몽롱을 함축이라고 할 수 없다. 함축은 일종의 포만된 매장이며, 총대 속에 장전된 채 침묵하고 있는 총알이다.[14] (≪詩論≫ 詩學 15조)

라고 정의를 내리고 있듯이 이 속에서 아이칭은 시적 예술성을 더욱 자유로이 표현할 수 있었다. 서독을 방문하여 동서독의 장벽을 보고서 쓴 <담(墻)>(1979)을 보기로 한다.

담은 한 자루 칼인 양
도시 하나를 두 동강내었으니
한 편은 동쪽
한 편은 서쪽

담은 얼마나 높은 것일까?
얼마나 두꺼울까?
얼마나 길까?
더 높고, 더 두껍고, 더 길어도
중국의 장성에 비할 수 없다
더욱 높고, 더욱 두껍고, 더욱 길어도
그건 단지 역사의 자취
민족의 상처일 따름
누구도 이 같은 담을 좋아하지 않으니
3 미터 높이로 뭘 한다는 건가?
45 킬로 길이로 뭘 한다는 건가?
천 배를 더 높이
천 배를 더 두껍게
천 배를 더 길게 한다 해도

어찌 막을 수 있겠는가?
하늘의 구름, 바람, 비와 햇빛을

14) 不能把混沌與朦朧指爲含蓄；含蓄是一種飽滿的蘊藏, 是子彈在槍膛裏的沈默.

또 어찌 막을 손가?
나는 새의 날개와 나이팅게일의 노래를

또 어찌 막을 손가?
흐르는 물과 공기를

또 어찌 막을 수 있겠는가?
천만인의
바람보다 더 자유스런 사상을
땅보다 더 두터운 의지를
시간보다 더 긴 소원을[15)]

여기서 '담'이라는 기본형상을 통하여 여덟 가지의 구체적인 사물을 집약시켜 놓고 있는데, 물, 공기, 바람, 구름, 햇빛, 날아가는 새 날개와 노랫소리 등은 시인의 감정에 한 뭉치로 응결되어 세밀한 표현으로 승화되어 있다. 특히 시의 말미에서 세 가지의 비유법(比喩法)을 써서 독일 국민의 통일에의 소원을 집중시키고 시인의 동정과 분노심을 강렬하게 반영시키고 있다. 이런 집중화의 시가 예술은 구체적인 데서 추상성을 찾아서 주제의 부각을 시도하고, 또 추상적이면서 실질적인 표현이 가능케 하는 작법(作法)을 보여준다. 형상사유(形象思惟)의 방법이란 추상과 구상(具象)의 사이에

15) 一堵墻, 像一把刀 / 把一個城市切成兩片 / 一半在東方 / 一半在西方 / 墻有多高? / 有多厚? / 有多長? / 再高, 再厚, 再長 / 也不可能比中國的長城 / 更高, 更厚, 更長 / 它也只是歷史的陳跡 / 民族的創傷 / 誰也不喜歡這樣的墻 / 三米高算得了甚麽 / 五十厘米厚算得了甚麽 / 四十五公里長算得了甚麽 / 再高一千倍 / 再厚一千倍 / 再長一千倍 / 又怎能阻擋 / 天上的雲彩, 風, 雨和陽光? / 又怎能阻擋 / 飛鳥的翅膀和夜鶯的歌唱? / 又怎能阻擋 / 流動的水和空氣? / 又怎能阻擋 / 千百萬人的 / 比風更自由的思想? / 比土地更深厚的意志? / 比時間更漫長的願望?

서 상호 보충해 주는 방법을 말하는 것인데, 「시론・형상」에서 시인이 말한 바, 「구체적일수록 더욱 형상적이며 추상적일수록 더욱 개념적이다.」라든가, 「형상을 만들어 조작해 나가는 과정은 곧 시인이 현실을 인식하는 과정이다.」라는 의미와 상통한다. 여기에 <희망(希望)>(1979)을 들어보기로 한다.

꿈의 친구
환상의 자매

알고 보니 우리들의 그림자
늘 우리 앞에 걸어간다.

형상 없기 빛과 같고
정처 없기 바람 같다.

그녀와 우리는
언제나 떨어져 있으니

창밖에 날아가는 새인 양
하늘에 흘러가는 구름인 양

강변의 나비인 양
얄밉고도 아름답구나
네가 올라가면, 그녀는 날아가고
네가 모른 체 하면, 그녀는 쫓아오고

그녀는 영원히 너와 짝하리니
너의 호흡이 멈출 때까지.[16]

시인은 희망이라는 추상적 관념으로 동적인 그림을 그리고 또 정적인 사고를 유발시켜서 그림과 사고를 한 데로 결합하여 결국은 희망이라는 「그녀」와 하나가 되는 정점에까지 끌어올리고 있다. 그 비유와 기탁이 극히 조화를 이룬다. 자연의 여러 현상에서 우리의 집약된 꿈을 뽑아낼 수 있는 시인의 힘이 만년의 완숙한 시적 예술미를 더해 준다.

Ⅲ. 간결미(簡潔美) 있는 묘사

아이칭의 시는 일반적으로 시어와 시구의 활용에 있어서 소박하면서도 평이하다고 본다. 시라고 하기보다는 하나의 산문이요, 독백(獨白)어린 민가(民歌)와도 같이 보인다. 그러나 정결하고 친숙한 맛이 배어 있는 것이다. 저항적인 시이든, 낭만이 깃들어 있든 간에 기괴한 말을 찾아볼 수가 없다. 동요 같기도 하며, 때로는 기도문같이 간절한 내적 호소력이 강렬하게 스며 나오기도 한다. 우울을 노래하는 데도 그 맛은 역시 밝은 면이 담겨져 있는 것이다. 진솔하고 가식이 없기에 감동을 주며 그 시가 주는 의취(意趣)가 맑고 밝은 것이다. <바닷물과 눈물(海水和淚)>(1979)를 보기로 한다.

---

16) 夢的朋友 / 幻想的姉妹 / 原是自己的影子 / 却老走在你前面 / 像光一樣無形 / 像風一樣不安定 / 她和你之間 / 始終有距離 / 像窗外的飛鳥 / 像天上的流雲 / 像河邊的蝴蝶 / 旣狡猾而美麗 / 你上去，她就飛 / 你不理她，她攆你 / 她永遠陪伴你 / 一直到你終止呼吸

바닷물은 짜지
눈물도 짜지.

바닷물이 눈물이 되었나?
눈물이 바닷물이 되었나?
억만년의 눈물이
모여 바닷물이 되었지.

어느 날엔
바닷물과 눈물이 모두 달게 될 테지.[17]

이 시는 자연의 경물을 가지고 인간의 심리 현상에 맞추어서 쓴 작품이다. 절박한 시어에는 침통한 감개가 깃들어 있어서 그 시대의 상황을 엿보게 한다. 마지막 시구에서는 강렬한 반사회주의적인 의지를 비쳐주고 있다. 아이칭은 그의 ≪시론(언어)≫ 10조에서, 「시의 말에는 사상과 감정이 있어야 하며, 언어에는 암시성과 계시성을 풍부히 지녀야 한다.」[18]라고 하였으며 같은 16조에서는,

> 시인은 모름지기 언어를 감별하는 능력이 있어야 한다. 해학적인 것, 반발적인 것, 넌지시 가리키는 것, 솔직한 것, 그리고 선의적인 것과 악의적인 것에 이르기까지 …… 마치 화가가 제각기 다른 느낌을 자아내는 색채를 감별하여 부르는 것과도 같이 ; 언어가 풍부한 사람은 정확하고 잘 배합된 색채를 사용하여 생활을 그대로 그려 낼 수 있다.[19]

---

17) 海水是鹹的 / 淚也是鹹的 / 是海水變成淚? / 是淚流成海水? / 億萬年的淚 / 滙聚成海水 / 終有一天 / 海水和淚都是甛的

18) 詩的語言必須飽含思想與情感, 語言裏面也必須富有暗示性和啓示性.

19) 詩人必須有鑑別語言的能力 : 詼諧的, 反撥的, 暗射的, 直率的, 以及善意的和惡意的 … －一如畵家之鑑別喚起各種不同的反應的色彩一樣 ; 語言豊富的人, 能以準確而調和的色彩描畫生活.

라고 강조하면서 시어의 구사력을 배양하고 시어의 예술적 감각을 중시해야 함을 기술한다. 따라서 그의 시는 후기로 갈수록 시의 색감과 미적인 의상(意象)이 돋보인다. <빛의 찬가(光的讚歌)>(1978)의 일단을 보면,

> ……
> 사람은 모두 하나의 생명.
> 인간세상, 은하계, 별, 구름 가운데
> 하나의 작은 티끌.
> 티끌마다 자신의 능력을 지녔으니
> 무수한 티끌 모아져 한 조각 광명 이룬다.
> 사람은 저마다 홀로 이지만
> 서로 비춘다.
> 지구와 함께 우주에서 돈다.
> 우리는 돌면서 타오른다.
> 우리의 생명은 타오른다.
> 우리는 자신의 시대에서
> 축제날의 불꽃처럼
> 환호하며 고공을 향해 쏘아야 한다.
> 그러면 찬란한 빛을 뿜어내리라.[20]
> ……

여기에서 생명을 축제날의 불꽃처럼 비유하여 감성색채(感性色彩)의 특징을 풍부하게 한다. 그리고 <백조의 호수(天鵝湖)>(1980)를 보면,

---

20) 每一個人都是一個生命 / 人世銀河星雲中的一粒微塵 / 每一粒微塵都有自己的能量 / 無數的微塵滙集成一片光明 / 每一個人旣是獨立的 / 而又互相照耀 / 在互相照耀中不停地運轉 / 和地球一同在太空中運轉 / 我們在運轉中燃燒 / 我們的生命就是燃燒 / 我們在自己的時代 / 應該像節日的焰火 / 帶着歡呼射向高空 / 然後迸發出璀璨的光

날개의 떨림은
포착키 어려운 경쾌함.
결백의 도약은
숲 사이로 빛이 나는 듯하네.
사랑스레 뒤쫓고
수줍은 듯 도망치고
환희의 전율
깊은 정이 이끄네.

부드럽기 황혼의 호수 같고
몽롱하기 호수를 두른 숲과 같고,
별 빛 밤하늘에 반짝이듯
음계처럼 홀연히.21)

여기에서도 회화작(繪畵的)인 색감의식(色感意識)을 교묘히 구사하여 빛과 소리의 조화를 구성하고 백조의 자태와 그에 대한 사랑의 감정을 경쾌하고도 생기 있게 묘사한다. 아이칭의 후기 시 특성은 인생을 달관한 면을 보여준다. 그는 현실과의 먼 경계를 직접 찾아가려는 듯 해외여행 속에서 탈속(脫俗)의 의식, 그리고 만족과 포만의 심성을 보여 주며, 더구나 낭만적인 서정성(抒情性)을 추구하고 있다. 이것은 삶을 머지않아 마감할 늙은 시인의 심정이기도 하지만 자연으로 돌아갈 수밖에 없는 미약한 인간의 종말적 심리현상이라고도 볼 수 있는 것이다.

아이칭은 1996년 5월에 베이징의 집에서 역경 어린 긴 생애를

21) 羽毛的振動 / 難愚捕捉的輕盈 / 潔白的跳躍 / 如光在林間飛奔 / 愛情的追逐 / 羞澁的逃逸 / 歡愉的顫抖 / 深情的牽引 / 柔軟如黃昏的湖水 / 朦朧如環湖的樹林 / 像星光在夜空閃動 / 音符似的飄忽不定

마쳤다. 복권된 후의 아이칭은 중국문예작가협회 부주석이란 직함으로 정부로부터 보상(?)이라도 받는 양 그의 만년을 그런 대로 평강하게 휴식하면서 보냈다. 필자가 방문했을 때, 부인 까오잉(高瑛)의 보살핌 속에 철저한 노후의 섭생을 하고 있었지만 젊어서 겪은 심신의 고통이 결국은 실명과 뇌종양이란 후유증을 낳게 한 것이다. 아이칭의 연구가인 쪼우홍싱(周紅興) 교수는 그의 저서 ≪아이칭의 발자취(艾青的跋涉)≫(1989)를 통하여 아이칭의 전생애를 정리하였으며 특히 1987년까지의 아이칭의 주변과 그의 문학의식을 소개하고 정리하려고 하였다. 조우홍싱 교수는 아이칭을 두고 「정직한 사람(正直的人)」, 「반드시 참된 말만 한다(必須說眞話)」라고 최종적인 평가를 내리고 있다. 그리고 아이칭은 시에 대한 집념이 죽는 순간까지도 불타고 있었다는 사실을 입증(立證)이라도 하듯이 자신의 사작(寫作) 심정을 다음과 같이 피력하고 있다.

> 나는 영원히 창작을 갈구한다. 매일 나는 농부처럼 새벽에 일어나서, 나의 시속의 인물과 내가 써야 할 언어를 생각해 본다. …… 휴식하면서도 나의 미래는 시를 위해 움직이고 있다. 밥 먹을 때나, 길을 갈 때에도.(「승리를 위하여 – 삼년간의 창작보고」)

아이칭의 노년은 그의 시적인 가치가 더해 가면서 더욱 존중되고 다양한 문학적 평가를 높이 받았다고 본다. 노벨문학상이 중국작가에게 수여된다면 빠진(巴金 1902~2001)이나 짱커쟈(臧克家 1905~2000) 등과 함께 가장 가능성이 많았던 아이칭이었는데 이제는 그도 다시는 보이지 않게 되었다. 삼가 아이칭의 명복을 진심으로 기원하면서 이 글의 말미에 그가 필자에게 보낸 글을 덧붙인다.

류성준(柳晟俊) 선생

북경 ≪민족문학≫ 편집부의 한창희(韓昌熙) 선생께서 나에게 선생의 친절한 안부 인사를 전해 주시고 아울러 선생께서 번역하신 또 한 권의 나의 시집을 출판하신다는 말씀이 있었습니다. 우리는 서로 거리가 너무 멀어서 만나기 실로 어렵습니다. 나는 선생께 경의를 표하면서, 나의 작품을 한국인에게 소개해 주시는 데 대해 또한 감사드립니다.

나의 작품은 일찍이 영어・불어・러시아어・일어・스페인어・포르투갈어・이태리어 등 20여 개 국어로 번역되었습니다. 나는 나의 작품이 세계 각 국의 독자를 갖고 있는 데 대해 긍지를 느낍니다. 먼저 나의 작품을 잘 아시고 아껴 주시는 번역자에게 깊이 감사드립니다. 그분들의 노력으로 나의 작품이 각 국 독자와 만날 수 있는 기회를 갖게 됩니다. 이로 인해 나는 나를 위해 고생하시는 역자에 대해서 감격 어린 마음이 충만 되어 있으며 선생께도 같은 마음을 갖고 있습니다.

나의 일생은 역경의 길이었습니다. 그러나 나의 신념은 전혀 흔들린 적이 없습니다. 나는 시종일관 국민과 함께 해 왔습니다. 인류의 심령 속에 자유에 대한 갈망과 신념의 씨앗을 뿌리기 위하여 노래할 것입니다. 삼가 인사드립니다.

1988년 3월 베이징에서

아이칭[22)]

22) 柳晟俊先生：北京民族文學編輯部的韓昌熙先生向我轉述您的親切問候, 並告訴我由您飜譯的又一本我的詩集卽將出版. 我們相距甚遠, 會見實難. 我除了向您表示敬意之外, 還要感謝您把我的作品介紹給朝鮮人民. 我的作品, 曾被譯成英文, 法文, 俄文, 日文, 西班牙文, 葡萄牙文, 意文等二十多種文字. 我爲我的作品擁有世界讀者而感到自豪. 這首先說感謝熟悉與熱愛我的作品的翻譯家. 由于他們的努力, 才使我的作品說以與各國讀者見面之機會. 爲此, 我對爲我付辛苦的譯者充滿了感激之情, 當然也包括您. 我的一生坎坷. 但是我的信念從來未動搖過. 我始終和人民在一起, 爲在人類的心靈裏播散對自由的渴望與堅信的種子而歌唱! 謹此問候 艾靑 1988年 3月

하이즈(海子)의 사망갈등과 시의 유토피아 의식

25세의 청년으로 스스로 요절한 중국당대문학의 기이한 한 젊은이 하이즈(海子 1964－1989)를 연상하면 참된 삶의 의미와 가치가 무엇인지를 다시 깊이 생각하게 된다. 1980년대 중국시단이 몽롱시대를 거치고 소위 선봉시대 즉 제3세대의 사조를 형성하던 길목에 서 있을 때에 현실적이고 사실을 추구하는 시 흐름과는 상반된 초월적 의식세계를 추구하는 베이징(北京)대학 삼검객(三劍客)이라고 불리는 젊은 시인들 시추안(西川), 롸이허(駱一禾)와 함께 자연과 환상의식 등 역류하는 시의 소재를 즐겨 쓰는 핵심에 서 있던 하이즈를 주목할 필요가 있는 것이다. 그리고 가장 과감한 처신으로 삶을 마감한 자살자라는 점을 시에서 직접 확인하고 중국시단의 새로운 사조를 탄생시킨 계기를 만들었다는 점도 주시할 만하다.

Ⅰ. 하이즈의 생애와 죽음의 갈등

1. 자신이 택한 짧은 인생

하이즈(海子 1964－1989)의 원명은 차하이성(查海生), 1964년 5월 안휘(安徽)성 회녕(懷寧)현 고하사만(高河査灣)에서 태어났으며 어린 시절을 농촌에서 보냈다. 이해를 돕기 위해서 하이즈의 삶을 전기(1964－1979)와 후기(1979－1989)로 나누어 서술하려 한다.

1.1. 삶의 전기(1964－1979)

하이즈는 문화대혁명이 일어나기 바로 직전인 1964년에 태어났는데 이 시기의 농촌 생활은 매우 빈곤하였고 부친은 무학인 재봉

사였으며, 모친은 초등학교 5년까지 다닌 적이 있는 다소 배움이 있는 농촌 여자였다. 집안이 가난해서 두 누나를 일찍 여의고 집안의 맏아들로서 더욱 귀히 여겨 그의 부모는 아들이 하늘이 그들에게 부여한 타고난 복이라 여겼다. 그 당시의 생활이 매우 어려웠지만 그의 부모는 근검절약하며 최선을 다해서 아들 양육에 심혈을 기울였다. 그의 모친은 한가한 시간을 이용하여 오래되고 허름한 신문들을 주워서 천성적으로 타고난 하이즈의 지혜와 지식 탐구 욕망에 맞추어 항상 매우 빠르게 신문의 문장을 읽고 내용의 단문을 하나하나 엮어서 아들에게 들려주었다. 비록 어린 아들이 엄마의 이야기의 뜻을 이해할 수 없었지만 이것이 항상 보고 듣고 습관이 되어서 후천적으로 그에게는 나름의 문화계몽으로 받아들이게 된 셈이었다. 이렇게 어머니의 자녀 교육에 있어, 말과 행동으로 가르친 교육은 은연중에 훗날 하이즈에게 문장을 이해하는 능력에 비범성을 갖추는데 큰 영향을 주었다고 할 것이다. 또한 4살 때 그 지역에서 모택동의 어록을 외우는 대회가 있었는데 하이즈는 그때 1등을 하였고 사람들은 그를 신동이라 불렀다. 하이즈가 유년 시절을 보낸 안칭(安慶) 농촌은 끝없이 펼쳐지는 높은 산, 강물뿐이며 도시에 있는 미끄럼틀, 그네와 놀이기구는 찾아 볼 수가 없고 눈에 보이는 것은 논과 채소밭, 그리고 숲뿐이었다. 어린 시절 그는 그 곳에서 고기잡이와 전쟁놀이를 하였다. 이러한 놀이를 한 그는 소꿉친구들을 거느리고 산과 강을 오르내리며 그 아이들 무리에서 우두머리 노릇을 하였다. 하이즈는 어릴 적에 총명하여 고향사람들의 칭찬을 받았으며 그리고 같은 나이 또래에서 공부는 잘하는 것은 물론이고 상급생을 능가하는 천재성과 자신감을 키워 나갔다. 훗날 하이즈는 자신의 시에서 여러 번 나오는 "王"이라는 이 글자에 매혹되어 있었는데, 이것은 천하를 가슴에 품은 왕자(王者)의 패기와 관용적인 심리상태와 그에게 형성된 정신적 기질이 그 요인이 되는 것이다. 하이즈의 의식에 잠재되어 있는 왕자적 성격의 일면을 다음 <가을(秋)>시의 일단에서 확인할 수 있다.

가을이 깊은데, 왕이 시 쓰고 있다
이 세계에 가을이 깊었다
얻어야 할 것은 아직 얻지 못하고
잃어야 할 것은 벌써 잃었다[1](1987)

농촌에서 자라난 하이즈는 토지, 대자연에 대한 순박한 정감을 작품 속에 표현했다. 산, 강물, 푸른 풀밭의 숨결, 하늘에 붙어있는 대자연의 요소들이 모두 하이즈의 기억 속에서의 깊은 뿌리가 되어 그의 일생에서 지울 수 없는 고향의 정감이 되었다. 하이즈는 대지의 사랑은 사심이 없으며 넓고 큰 관용을 가진 영원한 삶의 터전이란 사실을 절실히 느낀 것이다. 그는 아름답고 다정한 환경과, 아버지의 질박하고 착한 품성 그리고 정직하고 너그럽고 후한 사랑 속에서 자라났다. 이러한 기억들은 시간이 흐른 후에 그의 시 창작에서 끊을 수 없는 정서의 원천으로 변하여 시의 개성을 갖추는 동기가 된 것이다.

---

1) 秋天深了, / 王在寫詩 / 該得到的尙未得到 / 該喪失的早已喪失(374쪽) *海子詩 인용은 모두 ≪海子詩全編≫(著者 ; 海子. 編者 ; 西川 生活. 讀書. 新知 上海三聯書店 1997. 2)에 의거하는 바, 시의 출전은 생략한다.

1.2. 삶의 후기(1979-1989)

이 시기는 하이즈가 베이징(北京)대학에 입학하면서부터 시작된다. 하이즈는 15세에 베이징대학 법률계(法律系)에 입학하게 되는데 하이즈는 문학을 공부하고 싶었지만 부모님은 이공계에서 공부하기를 원하였다. 15세에 우수한 성적으로 대학에 입학한 하이즈는 자신이 자란 농촌생활과 공부의 환경이 완전히 다른 것을 접하게 된다. 그는 그 곳에서 정신적 기질과 시의 이상을 형성하는 기회를 갖는다. 그는 총명하고 지혜롭기 때문에 부지런히 자기의 전공을 공부하는 것 외에 기타 서적을 통해 미술, 문학, 철학 등에도 통달했고 특히 문학과 철학은 그가 가장 심취했던 공부이다. 철학적인 방면에서 하이즈는 헤겔, 소크라테스, 하이데거 등의 서양철학계의 저작 특히 니이체, 칼 야스퍼스, 하이데거 세 사람의 존재주의 철학은 그의 세계관과 시가 이상에 절대적인 영향을 끼쳤다. 이때 누적이 된 지식은 뒷날 그의 시가 창작에 풍부하고 두터운 이론의 기초와 지식이 되었다. 이렇게 대학에 입학한 후에 깊고 두터운 지식의 축적은 학문을 배양하는 근원이 되었으며 "자기의 생명을 예술화"하여 이상을 추구하는 근거를 심어 주었다. 하이즈에 있어 15세 전의 생활 경험은 그의 착하고 순박한 성격을 형성하고, 자기를 강하게 만들고 자신을 믿는 품성을 배양하였고, 성인이 되어서는 경건하고 진지하게 세계와 인생의 포부를 대하고, 인류에 대한 뜨거운 사랑, 어린아이와 같은 마음을 형성하는 기반이 된 것이다. 대학에서의 공부와 교육은 그에게 견고한 지식 기반을 다졌고, 어린아이 같은 정서 위에서 형성된 사명관으로 시의 이상을 만들어낸 그의 작품을 보면 "생명의 존재는 그 자신에게 관심을 가지는 것에서"에서부터 출발함을 보여준다. 또한 그는 대학에서 훗날 깊은 인연이 되어주는 뤄이허(駱一禾)와 시추안(西川)을 만나게 되는데 이들이 곧 베이징대의 삼검객(三劍客)인 것이다. 이 두 사람은 하이즈가 죽은 후에 그가 남긴 작품을 정리해 출판을 해주게 되는 것이다. 시추안은 처음 하이즈를 만났을 때를 이렇게 기억한다.

> 하이즈가 들어왔다. 작은 키, 동근 얼굴에 커다란 안경을 쓰고 있었는데 완전한 아이의 모습이었다.(수염은 후에 기른 것이다.) 그때 겨우 19살이었는데 곧 졸업을 할 때가 되었었다. 그때 어떠한 내용의 말을 하였는지 지금은 기억이 잘 나지 않지만 그가 "하이데거" 이야기를 꺼낸 것으로 기억하며 나로 하여금 맹목적으로 존경하는 마음이 우러나도록 하였다. …… 졸업 후에 그는 정법대학으로 발령을 받았으며 처음에는 학교의 간행물 펴내는 곳에서 일을 했고 훗날 철학과 연구실로 옮겨서 학생들에게 공제론, 계통론과 미학과정을 개설하였다.[2)]

하이즈는 1983년부터 시 창작을 하게 되는데 그가 쓴 첫 번째의 시는 ≪東方山脈≫과 ≪農耕民族≫이며 이어서 1984년에 ≪歷史≫, ≪龍≫, ≪中國樂器≫, ≪亞州銅≫ 등을 지었다. 이 시기는 이미 습작의 시기를 넘어서 창작시기의 첫 번째 단계로 접어들었다고 볼 수 있다. 그 후 7년 동안 그가 남긴 작품은 200만 자 이상이 된다. 그러나 그의 시가 시단에 발표된 것은 사천(四川)지역의 민간시간, 국가 간행물, 뤄이허가 편집을 맡고 있는 ≪十月≫, ≪山西文學≫, 내몽고의 ≪草原≫, ≪詩選刊≫에서 겨우 발간했을 뿐이며 안휘의

---

2) 西川 <懷念>(代序二)(≪海子詩全編≫ 9－10쪽)

≪詩歌報≫와 북경의 ≪詩刊≫ 등에 겨우 20수에 불과하다.[3] 하이즈는 북경의 작가협회 회원도 아니었고 자신이 쓴 시도 마음껏 발표 할 수 있는 공간이 없었다. 또한 하이즈는 생활면에서도 어려움을 겪게 되는데 그의 창핑(昌平)에서의 생활은 상당히 폐쇄적이고 매우 적막했다. 매우 적은 월급으로 본인이 쓰는 기본 생활 외에 책 사고 시 원고를 복사하는 것 외에 농촌 부모님에게 비료비, 종자비(씨앗)를 드리고 동생의 학비를 보내주곤 했다. 그가 창핑에서 거주하면서 창작활동을 치열하게 전개하였는데, 이 기간의 그의 심경은 고독와 빈곤, 그리고 초탈적 현실의식에 심취한 시기였다. 다음 <창핑에서의 고독(在昌平的孤獨)>시는 그의 창평에서의 생활단면을 이해하는 예시가 된다.

> 고독은 물고기 광주리이다
> 물고기 광주리 속의 샘물이다
> 샘물 속에 놓여 있다
>
> 고독은 샘물에서 잠자는 노루왕이다
> 꿈에 본 노루 사냥꾼은
> 그 물고기 광주리로 물을 뜨는 사람이다
> .....
> 언덕 위로 끌어내는 것은 물고기 광주리이다
> 고독은 말할 수 없다[4] (1986)

---

3) 燎原 ≪海子評傳≫ 8쪽 (時代文藝出版社 2006.1)

4) 孤獨是一隻魚筐 / 是魚筐中的泉水 / 放在泉水中 / 孤獨是泉水中睡着的鹿王 / 夢見的獵鹿人 / 就是那用魚筐提水的人 / …… / 拉到岸上還是一隻魚筐 / 孤獨不可言說(107쪽)

이렇게 하이즈는 경제적인 면에서의 빈곤과 인간관계에서 겪는 적막과 고독은 그가 죽음을 맞기까지 함께 한 것이다. 다음은 하이즈의 가장 가까운 친구 뤄이허가 하이즈가 죽은 직후 1989년 5월 16일에 추모하는 마음으로 남긴 글로서 많은 것을 이해하는 자료가 되리가 본다.

> 하이즈는 하나의 사건이며 일종의 비극이어서 마치 술과 양식과의 관계와 같고, 이런 비극은 사건을 정화한다. 하이즈는 일종의 비극이며 하나의 정신적 분위기이어서, 그와 연구하고 논쟁을 한 사람은 모두 기억하기를 마치 새로운 땅에서 농밀하여 분별하기 어려움과 맹렬한 집중, 질량의 방대, 기세 등등을 상기시키는 것 같다. 그래서 그의 작품을 읽은 사람은 마치 이런 분위기가 필요로 하는 사유적 속도와 시간을 이해할 것 같은 느낌이 든다. 오늘, 하이즈가 세상을 떠난 후, 우리는 그를 인식하고 어렴풋이 한 변화에서 여전히 솟구쳐서 올라 마치 비트겐스타인이 말한 바 ;「단지 정신이 먼지 땅을 덮는다」와 같다. 하이즈는 7년 중 즉 1984-1989년의 5년 중, 200여 수 높은 수준의 서정시와 7부 장시를 써서 그는 이 장시를 ≪太陽≫에 넣으려 했다. 전서가 완성되지 않았으나 7부의 제품은 주관성이 있어서 ≪太陽七部書≫라 부를 수 있고 그의 생과 사는 모두 ≪태양칠부서≫와 관련이 있다. 이 점에서 그의 생애는 아서왕 전기중 가장 휘황찬란하게 성스런 잔을 취하는 젊은 기사와 같다. 이 젊은이는 오직 성스런 잔을 얻기 위하여 갑자기 나타나는데 오직 그 청춘의 손이 성스런 잔을 내려놓자 갑자기 죽어 일생은 완결을 고한다. …… 하이즈는 서정시영역에서 금세기를 향해 도전적으로 홀로 낭만주의 기치를 올려서 남에 의해 태양신의 아들이라 호칭된다. 그는 단명한 천재, 서정시 중에 선명한 자전성을 지닌 웅혼, 사시형태에 대한 이행, 웅장한 도전, 절명시 중 탁월한 단장성질 등의 특점을 지니고 있다. (「海子生涯」≪海子詩全編≫ p.1-2, 1989. 5. 16)

2. 죽음에 대한 콤프렉스

하이즈 시의 존재가치는 그의 죽음 때문이며 그의 죽음과 시가는 서로 깊은 연관이 있다. 하이즈의 단시는 단순하고, 예민하며, 창조성이 풍부하며 동시에 조급하고 상처를 쉽게 받으며 황량한 진흙에 빠지는 이미지를 준다.

심리적 각도에서 보면, 하이즈 신상의 강렬한 죽음의식은 그 자신의 선명한 "아니마(阿尼瑪)"기질(예컨대, 제3대 여성시인 이레이(伊蕾), 루이민(陸憶敏), 하이난(海男) 등이 자각적 혹은 자발적 죽음의식이 있음)에서 근원한다. 그의 죽음태도는 심미화 죽음태도, 해탈과 귀의를 추구하는 죽음태도, 이상을 위해 헌신하는 죽음태도로 구분된다.

2.1. 심미식(審美式) 죽음태도

죽음태도는 하이즈의 서정시에서 주로 표현된다. 심미식의 죽음태도는 그의 미에 대한 정신적 가치의 일관된 추구에서 기원하는데 낭만주의 시인이 현실과 생존을 미화하기를 좋아하는 천성의 하나이다. 비극적인 죽음태도는 그에게 정신상의 긴장과 초조를 가져다주고 따라서 심리 상태의 완화와 안정을 가질 필요가 있는데 이것은 그의 죽음의 잔혹한 진상에 대한 회피와 엄폐심리를 반영하는 것이다. 심미적 태도는 그의 죽음에 대한 공포정서를 없애주고 더하여 죽음의 은밀과 희열에 대한 추세를 유발한다. 그는 "죽음은 음악과 같고 그것은 달고 부드러운 갈구이다"라고 한 것이다. 하이즈의 의식은 죽음에 대해 매우 짙은 감상과 찬성을 가지고 공포의 죽음현장도 인위적인 미적 빛으로 덮으려 하고 있으니 예컨대 그의 <모찰트는 진혼곡에서 말한다(莫扎特在安魂曲中說)>의 일단에서 정결한 소녀에게 다음과 같은 죽음의 청구를 한다.

> 보리밭에서
> 나의 뼈를 잘 처리해주오
> 한 다발 갈대꽃 같은 뼈
> 그것을 거문고상자에 담아서 가져와 주오
> ……
> 나의 그 어지러운 뼈를 잘 정리해 주오
> 그 암홍색의 작은 나무상자에 넣어서, 그것을 가지고 돌아와 주오
> 너희들 부유한 혼수품을 가지고 돌아오듯이[5]

하이즈는 갈대꽃과 부유한 혼수품 같은 의상으로 죽음의 은유를 표현하고 죽음의 공포색채를 없애고 죽음을 고도로 심미화하였다.

2.2. 해탈식(解脫式) 죽음태도

하이즈는 생명과 생활에 대한 순진하고 치열한 이상을 이상논리에 의해 진행하고 때론 시인의 낭만적인 정감논리를 조롱하여 시인의 취약한 심령이 부단한 상처를 받게 되며 이상과 현실의 오랜 대치로 인해 일종의 권태심태를 낳게 하니 이런 권태심태는 염세적 심리를 이끌어 내는 것으로 본 것이다. 하이즈의 절필작 <봄 열 명의 하이즈(春天, 十個海子)> 중에서 그는 이런 곤혹과 당황의

---

5) 請在麥地之中 / 請理好我的骨頭 / 如一束蘆花的骨頭 / 把它裝在琴箱裏帶回 / …… / 請整理好我那零亂的骨頭 / 放入那暗紅色的小木櫃, 帶回它 / 像帶回你們富裕的嫁妝(149쪽)

자문을 한다 : "너는 이렇게 오랜 동안 깊이 잠자는데 결국 어째서 인가?"시 중의 "침수(沈睡)"는 생명의 죽음상태이다. 이런 죽음에 대한 거역할 수 없는 곤혹과 당황은 깊은 심리층면에서 무정한 현실을 보는 시인에 대한 심리적 상처 정도를 토로하는 것이다. 사랑이 결핍된 현실은 하이즈 심령의 수난의 주요근원이 된다. 그래서 시인은 다음 <나는 바란다 : 비(我請求 : 雨)> 일단에서와 같은 죽음청구를 할 수 있는 것이다 :

> 나는 불끄기를 바란다
> 생철의 빛, 애인의 빛과 햇빛
> 나는 비 오기를 바란다
> 나는 바란다
> 밤에 죽기를[6)]

이런 청구는 하이즈가 순결하고 고상함을 추구하는 정신생활과 생명 중에서 최고 가치로 보는 사상이 서로 깊이 연관된다. 사랑이 결핍하면 고통과 고난이 심령의 현실 앞에 쌓이니 하이즈는 죽음을 청구하고 차고 무정한 현실로부터 해탈하기를 청구하는 것이다.

2.3. 회귀식(回歸式) 죽음태도

이런 죽음태도는 앞에 언급한 죽음태도와 관계가 밀접하다. 해탈은 회귀의 전제이며 원인으로서, 회귀는 해탈의 목표이며 필연적인 결과이다. 여기서 말하는 회귀는 대지로 회귀함을 가리킨다.

---

6) 我請求熄滅 / 生鐵的光, 愛人的光和陽光 / 我請求下雨 / 我請求 / 在夜裏死去(72쪽)

대지는 이미 인류의 탄생이며 생존의 처소이며, 인류생명의 최종 귀착지이다. 하이즈는 죽음의식을 「대지의 속박력」이라 부른다. 하이즈로서는 온 심신이 대지에의 회귀를 추구함은 그가 심령의 위로와 정신적 기탁을 찾고 자유와 행복의 마지막 가장 믿을만한 보증을 찾음을 의미한다. 그에게는 「家鄉, 家園, 村莊」 등 어휘이 미지가 대지의 의미와 상통하므로 그것들이 일체를 수용하는 모성의 흉금과 모성의 정감을 대표한다. 따라서 대지에 대해서 하이즈는 죽음을 달콤한 침수(沈睡)로 보았고 강한 위로감과 행복감으로 충만되어 있었다. 그러나 하이즈의 회귀는 일종의 성취감을 지니고 있어서, 이런 성취감은 그 스스로 창조적 활동을 통해 인류의 생존에 의미를 부여한다는 의식을 표현한다. 그래서 만족감과 긍지심을 표현한다.

2.4. 순도식(殉道式) 죽음태도

하이즈에게서 최고의 도는 그의 애(愛)의 이상이다(박애, 세속적 의미의 애가 아님). 애의 이상은 하이즈 개체생명 행복가치의 중요 내용을 구성하며 그는 시종 애를 생명 중 가장 진귀하고 풀기 어려운 것으로 본 것이니, 그의 <태양 시극(太陽 詩劇)> 장시 일단에서 담백하게 묘사하고 있다.

> 나는 인류의 끝에 왔다
> 인류의 기미가 있다 ——
> 나는 사랑한다. 인류의 끝 낭떠러지에서 그 첫마디 말 :
> 일체 모두가 애정에 근원한다[7]

하이즈의 애에 대한 집착과 추구는 강렬한 죽음충동을 낳게 하였고 자각적 죽음의식을 낳게 하였다. 사랑과 죽음이 자연적인 관계가 있고 사랑의 감정이 생명의 깊은 곳에 이르를 때 오직 죽음만이 그것을 이겨낼 수 있다. 하이즈는 죽음성질의 애를 숭상하는데 그가 숭배하고 추구하는 애는 고도로 여성화하였으니 그의 애의 대상은 여성이며 정감도 완전 여성화하였다.

2.5. 부활의 신념

죽음 속에서 생을 바라는 항쟁은 하이즈로 하여금 부활을 생각케 한다. 육체는 소실되지 않고 재생할 수 있다. 이 재생은 우리가 보면 정신상의 불후이나, 하이즈가 보면 육체가 무덤에서 거듭 새로이 서는 것이다. 광명과 흑암(黑暗)이 격렬하게 싸우는 시각에 하이즈는 황혼에 죽었으나 그는 여명에 부활하기를 갈망한다. 그가 죽기 전에 쓴 시에서 태양과 흑암은 여명, 서광이다. 나와 가자, 머리를 던지고 뜨거운 피에 다 씻는다. 여명의 새로운 하루가 다가온다. 그가 자살할 때 몸에 지닌 네 권 책 중의 하나는 성경이다. 그는 응당 예수의 수난과 부활의 장을 읽으면서 철도에 누웠을 것이다. 그가 눈을 감는 순간, 그는 새벽빛이 사방에 드리우고 태양의 아들로 탄생하는 것을 자아의식하려 한 것이다. 다음에 <여명 : 한 수의 작은 시(黎明 : 一首小詩)>를 본다.

7) 我走到人類的盡頭 / 也有人類的氣味— / 我還愛着. 在人類盡頭的懸崖上那第一句話是： / 一切都源于愛情. (772쪽)

여명
나는 애써 벗어난다
도자기통
혹은 대지의 언저리를

나의 두 손은 강물을 향해 날아간다
나는 보리 이삭이 새긴 도자기통을 애써 벗어난다 태양
나는 자신의 얼굴을 본다 화염
여명의 바람 속에서 가라앉지 않는다
나는 자신의 얼굴을 본다
화염 한 조각 하늘로 올라가는 대해처럼
조용한 천마처럼
강물을 향해 날아간다[8)]
1985 초고 1987 고침

신이 되고, 태양이 되고, 소녀들의 애인이 되는 것이 그의 자살이란 혁명의 목표이어서 그는 자신의 두개골을 열어놓는 것을 아까워하지 않았다. 대지는 영웅의 숙소이며 희망이니, 그래서 대지여, 너는 나를 매장했다. 오늘도 나를 부활하게 한다라고 한 것이다. 그 실예를 <봄(春天)>에서 보기로 한다.

봄의 시간에 하늘에 오른다
열 손가락의 선혈을 핥고 있다
봄은 텅 비어 있다
욕망을 배양한다 죽음을 고취한다

---

8) 黎明 / 我掙脫 / 一隻陶罐 / 或大地的邊緣 / 我的雙手 向着河流飛翔 / 我掙脫一隻刻劃麥穗的陶罐 太陽 / 我看見自己的面容 火焰 / 在黎明的風中飄忽不定 / 我看見自己的面容 / 火焰 像一片升上天空的大海 / 像靜靜的天馬 / 向着河流飛翔 (288쪽)

바람이 이렇게 크다
먼지가 이렇게 거세다
다시 매장하는 일 원치 않는다
많은 머리가 흙을 부수고 나온다
…… (중략) ……

나의 내심이 혼탁하지만 평안하다
나는 여기에서 거칠지만 밝다
대지
너는 과거에 나를 매장하였다
오늘 또 나를 부활시킨다

봄과 함께
나의 내부에서 침묵한다
하늘의 불이 나의 내부에 있다
광야로 분다
자신이 밝게 비춘다

마지막 시간에 바다밑
마지막 여명 전에 그들은 어디로 갔는가?[9]
1987. 7 초고 1988. 2 2고침 1989. 3 3고침

---

9) 春天的時刻上登天空 / 舔着十指上的鮮血 / 春天空空蕩蕩 / 培養欲望 鼓吹死亡 / 風是這樣大 / 塵土這樣强暴 / 再也不願從事埋葬 / 多少頭顱破土而出 / …… / 我內心渾濁而寧靜 / 我在這裏粗糙而光明 / 大地啊 / 你過去埋葬了我 / 今天又使我復活 / 和春天一起 / 沈默在我內部 / 天空之火在我內部 / 吹向曠野 / 曠野自己照亮 / 在最後的時刻 海底 / 在最後的黎明之前 他們去了何方?(460－463)

2.6. 생사환상의 분열

하이즈 최후의 시는 폭력경향을 드러내니 가장 온난하고 고운 복사꽃도 그의 붓에는 비할 수 없이 폭발적이다. 다음에 <복사꽃(桃花)>을 보면서 생각하기로 한다.

복사꽃이 핀다
나무우리(죄수 운송용)에 선혈이 흐르는 것처럼
두 도끼에 선혈이 흐르는 것처럼
사형집행인의 고향에
선혈이 흐르는 것처럼

꽃이 왜 이렇게 붉은가
설산이 장려하게 불타는 것처럼

나의 나무우리에 불이 인다
나의 감옥이 무너진다
쇠사슬과 쇠꼬챙이에 불이 붙는다
사방의 어두운 고원을 향해 던진다[10)]
1987. 11. 1 초고 1988. 2. 5 고침

복사꽃이 피 흘리는 항쟁의 형상이 된다. 나무우리, 도끼, 쇠사슬 등은 분명히 하이즈의 의상과 현실상황은 일종의 분열을 드러내니 그의 상상은 사물본성에 어긋나서 이것은 그의 내심의 상황이 이미 환각상태에 진입했음을 반영한다. 자살 10일 전에 쓴 <봄 열 명의 하이즈(春天, 十個海子)>시는 그의 부활의 희망과 의심이

10) 桃花開放 / 像一座囚籠流盡了鮮血 / 像兩隻刀斧流盡了鮮血 / 像刀斧手的家園 / 流盡了鮮血 / 花兒爲甚麽這樣紅 / 像一座雪山壯麗燃燒 / 我的囚籠起火 / 我的牢房坍塌 / 一根根鎖鏈和鐵條 戴着火 / 投向四周黑暗的高原(448쪽)

분열된 글이다.

봄, 열 명의 하이즈가 전부 부활한다
밝은 경치 속에
이 야만적이며 슬픈 하이즈를 비웃는다
너의 이 오랜 숙면은 결국 어째서 인가?

봄, 열 명의 하이즈가 낮게 노하여 소리친다
너와 나를 에워싸고 춤추고, 노래한다
너의 검은 머리칼을 멋대로 잡고, 너를 말에 태우고 날듯 달리며, 먼지를 날린다
너의 쪼개진 아픔이 대지에 가득 넘친다
봄에, 야만적이며 슬픈 하이즈
이 하나를 남기고, 최후 한 개
이것은 검은 밤의 아이, 겨울에 잠기어, 죽음에 마음을 둔다
스스로 버릴 수 없어서, 공허하고 추운 시골을 뜨겁게 사랑한다

저기 곡물을 높이 쌓아서, 창문을 덮었다
그들은 반을 한 집 여섯 식구의 입으로 먹고 위에 쓰고 반은 농업, 그들 자신의 번식에 쓴다
큰바람이 동쪽에서 서쪽으로 불고, 북쪽에서 남쪽으로 불어서, 검은 밤과 여명을 보지 못한다
네가 말하는 서광은 결국 무슨 의미인가[11)]
1989. 3. 14 새벽 3시－4시

---

11) 春天, 十個海子全部復活 / 在光明的景色中 / 嘲笑這一個野蠻而悲傷的海子 / 你這麽長久地沈睡究竟爲了甚麽? / 春天, 十個海子低低地怒吼 / 圍着你和我跳舞, 唱歌 / 扯亂你的黑頭髮, 騎上你飛奔而去, 塵土飛揚 / 你被劈開的疼痛在大地彌漫 / 在春天, 野蠻而悲傷的海子 / 就剩下這一個, 最後一個 / 這是一個黑夜的海子, 沈浸于冬天, 傾心死亡 / 不能自拔, 熱愛着空虛而寒冷的鄕村 / 那裏的穀物高高堆起, 遮住了窓戶 / 他們把一半用于一家六口人的嘴, 吃和胃 / 一半用于農業, 他們自己的繁殖 / 大風從東刮到西, 從北刮到南, 無視黑夜和黎明 / 你所說的曙光究竟是甚麽意思(470쪽)

광명한 경색 중에 노래하고 춤추는 하이즈와 야만적이고 슬퍼하며 깊이 잠자는 하이즈는 정신 단열의 양단으로 오랜 잠은 현실에 빠진 고난의 생활이며 겨울, 사망, 공허, 한냉한 향촌과 곡물은 하이즈의 생존현상을 암시한다. 그의 농촌생활은 지을 수 없는 기억이니, 그건 서광을 배척하고, 여명을 거부한다. 긴 잠은 비상하는 영혼이 일어날 수 없는 침중한 대지이며 멍한 흑야이다.

3. 자살의 원인

하이즈의 시우 시추안(西川)은 <사망후기(死亡後記)>에서 그 나름의 인식과 추측에 의해서 하이즈가 자살한 원인에 대해서 다음과 같이 7가지로 분류하여 그 의견을 제시하고 있는 바, 참고로 여기에 그 내용을 정리하여 적고자 한다.

1. 자살 컴플랙스 : 하이즈가 1986년 써놓은 한편의 일기는 그가 첫 번째 자살을 실패한 직후의 글이다. 그리고 시속에서 자살에 대하여 써놓은 것도 많으니 예를 들어 ≪10월≫ 1기와 2기에 실렸던 ≪太陽. 詩劇≫과 <太陽. 斷頭篇> 등에서 하이즈 자살의 정신적인 실마리를 찾아 낼 수 있다. 그는 시속에서 구체적으로 죽음에 대하여 반복하여 이야기하고 있으니, 죽음과 농업, 죽음과 진흙, 죽음과 천당, 내지 붉은 피, 두개골, 시체 등등의 시어를 찾아 볼 수 있는 것이다. 하이즈의 사망에 대한 이야기는 그가 쓴 작품 속에서만 있는 것이 아니다. 그가 죽은 후에 친구들은 그가 생전에 했던 말들을 기억해 보면서 그때 그의 말을 유의하지 않은 것을 깊이 후회한다. 하이즈가 창핑(昌平)에 있을 때 그는 심지어 한 친구에게

자살의 방식을 이야기했다고 한다. 하이즈는 비행기에서 떨어져 자살하는 것, 기차철로에서 자살하는 것 등 여러 가지 자살 방식 중에서 기차 철로에서 죽는 것을 택하게 되는데 이 방법은 가장 편리하고, 가장 깨끗하고, 가장 존엄한 방식이라고 생각하게 된 것이다. 하이즈는 그 자신의 죽음을 암시하는 의식이 있으니 즉 "천재는 단명한다"는 것이다. 작가와, 예술가의 창작과 천명의 신비한 관계를 재분석한 후에 하이즈는 하나의 결론을 얻어냈다. 그는 그 단명한 천재들을 존칭하여 "빛나고 정결한 왕자"로 불렀다. 때로는 하이즈는 그들과 더불어 심리와 창작에서 동일한 인식을 가지고 있었다. 그리하여 단명은 그의 생명과 창작 방식에 대하여 커다란 압력을 준 것이다.

하이즈의 죽음을 형이상학적으로 이해 해본다면 그것은 바로 "道家폭력"이다. 하이즈는 도(道)를 머리 위에 걸어놓은 날카로운 도끼로 형상화시켜서 1987년 이후에 그의 시에서 모성과 수질에 대한 사랑을 버리고 부성으로, 사나운 불길과 같은 복수로 전향했다. 그는 복수의 도끼, 도의 그 도끼를 휘둘렀는데 하늘의 매서운 "아버님"처럼 휘두르기 시작했다. 그러나 그는 그 예리한 도끼를 다른 사람을 향해 휘두르지 않고 자기를 향해 휘둘렀으며 먼저 자기를 향한 복수를 시작한 것이다. 하이즈는 "자기를 용서하는" 서정시를 멸시하였다.

2. 하이즈의 성격은 순결하고, 단순하고, 편집(偏執)스럽고, 고집스럽고, 민감하며, 깨끗함을 좋아하고, 아름답고 보배로운 여자를 좋아했으며 때로는 비애에 잠기고 때로는 고통 속에 잠기어 스스

로 벗어나지 못하였다. 그는 다른 사람을 대할 때 양과 같이 온순하였다. 그의 성격의 후천적인 요인으로는 자연과 그 농업환경을 가리킬 수 있다. 하이즈는 농민의 아들로서 흙에 대한 연민, 그리고 시대의 발전에 따라 사라져 가는 것들에 슬픔을 간직하고 있었다.

3. 하이즈의 생활 방식을 보면 상당히 폐쇄적이었다라고 볼 수 있는데, 그는 마치 폐쇄적 생활방식을 바꾸기를 원하지 않는 것 같았다. 1988년 말 이허(一禾)와 시추안(西川)이 결혼을 했다. 하이즈는 그 당시 창핑의 문화관에서 일을 하던 여자와 교재를 하던 중이었다. 그 여자는 하이즈와 결혼을 원했지만 거절을 했을 뿐더러 오히려 두 친구에게도 결혼하지 말 것을 권유했다. 그의 그러한 태도로 인하여 그의 여자는 떠난 것이다. 어느 날 그는 창핑의 어느 식당에 들어가 주인에게 말한다.

> "내가 모두에게 나의 시를 낭독해주겠소. 당신들은 나에게 술을 줄 수 있습니까" 식당 주인은 니이체와 같은 낭만이 없었으므로 그가 말하기를 "당신에게 술을 주겠소. 그러나 시 낭독을 하지 마시오."[12)]

세상 사람들의 무미건조함이 낭만적인 하이즈와는 잘 융합이 되지 않았던 것이다. 그 때문에 폐쇄적이고 무미건조한 생활이 그를 죽게 한 것이라고 본다. 비록 가족들 간의 관계가 좋았다고 할지라도 그의 가족 또한 그 사상과 그의 작품을 이해하지 못했다. 농부인 그의 아버지조차 그와 이야기하는 것을 주저하였는데 그

12) ≪海子詩全編≫ 西川「死亡後記」925쪽

것은 그가 대학의 선생님이었기 때문이었다. 하이즈의 죽음은 사람들의 생활 방식에 대하여 많은 느낌을 갖도록 한다. 때로는 누구든지 하나의 그물 안에 같이 엎어지게 되는 데 이 그물은 바로 사회관계의 그물인 것이다. 그 그물은 사람들로 하여금 생활의 순결성을 박탈하고, 사람들은 그 그물 속에서 바삐 뛰어다녀 지쳤지만 마음을 안정시키기는 어렵다. 혈연관계를 막론하고 결혼관계, 사회관계는 모두 한 손에 꼭 쥔 것처럼 사람들의 어깨를 붙잡는다. 사람들이 비록 떠나려 해도 쉽지 않은데 왜냐하면 이런 손들이 사람들로 하여금 확실히 안주 할 수 있도록 한다. 그러나 하이즈의 자살에서 드러나는 것은 분명히 그의 어깨를 힘껏 눌러주는 손이 없었다.

4. 명예문제인데, 하이즈는 두 가지 방면의 저항을 받고 있었는데 사회가 시인들에 대한 불신임과 권력에 같이 동조하여 구문학을 지키고 선봉문학에 대한 저항이며. 다른 한편으로는 억압받는 선봉문학 내부에서 서로를 불신하고, 서로를 이해하지 않고, 서로를 배척하였다. 하이즈는 생전에 깊은 마음의 상처를 입었다고 볼 수 있다. 몇 명의 친구들은 하이즈의 재능과 작품의 가치를 알았지만 사실상 1989년 이전 대부분의 청년 시인들은 하이즈의 시를 보존하는 것을 견제하는 태도였다. 어떤 시인들은 하이즈의 시를 "과장이 너무 심하다" 고 비평하는 편지를 보냈으며, 베이징의 "행존자(幸存者)"라 부르는 시가단체의 구성원들은 하이즈의 장시에 대하여 지탄을 가하며 그가 쓴 장시는 시대성의 착오를 범하였다고 비난하였다. 하이즈가 남에게 상처를 받은 일화 두 편을 보도

록 한다. 1987년 하이즈는 남쪽으로 여행을 한번 다녀왔다. 베이징에 돌아온 후 뤄이허에게 말하기를 "시인 JK는 아주 훌륭하다. 우리들이 베이징에서 그를 도와야 한다." 그러나 시간이 얼마 되지 않아 하이즈는 민간 시 간행물에서 JK가 올린 한 편의 글을 읽게 된다.

> 북방에서 온 아픔의 시인이 가방 안에서 많은 시 원고 뭉치를 꺼냈다....... 이어서 "인류에게는 단테 한 사람이면 충분하다. 하이즈는 지금은 나의 친구이지만 아마 미래에는 나의 적이 될 것이다."[13)]

하이즈는 이 글을 읽고 크게 상심했으며, 다른 일화는 베이징의 작가협회가 베이징의 서산(西山)에서 창작회의를 열었는데 놀랍게도 하이즈에게 "신낭만주의(新浪漫主義)"를 내세우고 장시를 썼다는 두 개의 죄명을 열거하였다. 하이즈는 작가협회 회원이 아니라서 당연히 그 회의에 참가 할 수 없었기 때문에 그 견해 대하여 반론을 제게 할 수 없었다. 하이즈는 생전에 작품 발표가 결코 순조롭지 않았다. 그래서 그는 잘 써진 시를 인쇄해서 각지에 있는 친구들에게 보내는 것을 좋아했는데 그 당시 유명한 시인 LMN이 모두 표절하였으며 더 나아가서 하이즈시를 시 잡지에 발표까지 한 것이다.

5. 기공(氣功)의 문제인데 기공 연습을 하는 시인이나 화가는 그들의 창작에 비범한 느낌을 주어 도움이 된다고 말을 하는 사람도

13) 西川<死亡後記> 926쪽(≪海子詩全編≫)

있었다. 한 때 하이즈가 기공에 사로잡혔던 때에 그는 기공을 연습하는 동안 무엇을 얻은 것 같다면서 자기는 이미 작은 하늘을 열었다고 한 적이 있다. 그는 환청을 듣기 시작했는데 늘 어떤 사람이 그의 귓가에서 속삭이기 때문에 글을 쓸 방법이 없다는 것이다. 하이즈가 글을 쓸 방법이 없다는 것은 철저히 그의 생활을 잃어버린다는 것이다. 또한 하이즈는 자기의 몸에 약간의 환각이 생겨나서 이미 폐가 썩어서 못쓰게 되었다고 느꼈다는 것이다. 그는 3차례에 걸쳐 유서를 쓰게 되는데 그 중 그의 부모에게 남긴 유서가 가장 혼란스러웠다. 어떤 사람이 자기를 죽이려 하니 부모에게 복수해 줄 것을 말하였다. 그러나 그가 죽던 날 몸에 지녔던 세 번째 유서에서는 "나의 죽음은 누구와도 관계없다"라 하였다. 그가 죽은 후에 의사는 사망진단서를 "정신분열증"이라 하였다. 그가 있던 학교에서는 의사의 사망진단서에 의거하여 그의 자살 사건을 처리하였다.

6. 애정문제를 생각하게 되는데 사랑은 어쩌면 가장 중요할 것이다. 자살하기 전 금요일에 하이즈는 초련의 여자 친구를 만났다. 그 여자는 1987년 중국 정법대학을 졸업했는데 학생시절에 그는 하이즈의 시를 사랑하였다. 그녀는 이미 세상을 떠난 내몽고시인 시에징저(薛景澤)와 친척 관계인 것이다. 하이즈의 초기시 대부분은 내몽고의 정기 간행물에 실었는데 아마도 그녀와 관계가 있을 것이다. 그녀는 하이즈가 일생동안 깊이 사랑한 여인이다. 하이즈는 그녀를 위해 많은 애정시를 썼으니 예를 들어 ≪半截的詩≫와 ≪肉體. 之二≫ 등의 80여 수가 있다. 광기가 발동하기 시작하면 한 통의 연애편지를 거의 2만 자 이상 썼다. 하이즈가 최후로 그녀를

만났을 때 그녀는 이미 선전(深圳)에서 가정을 이루었으며 그녀의 태도 또한 아주 냉담하였다. 그 날 밤 하이즈는 그의 동료와 많은 술을 마시고 당시 그녀 사이에 있었던 많은 일을 이야기한 것이다.

7. 하이즈의 글 쓰기 방법과 글쓰기의 이상(理想) 문제인데, 글 쓰기는 마치 하나의 검은 동굴과 같다고 말하는데 하이즈는 이런 각도에 대하여 완전히 동의하였다. 하이즈는 글 쓰기에 몸을 바쳤으며 그의 생활은 글 쓰기와 하나가 되었다. 하이즈는 이 어두운 동굴에 의하여 빨려 들어갔다. 그는 하룻밤에 수 백 줄의 시를 쓰기도 하였다. 시인들의 습작 방법은 모두 다르지만 하이즈의 글 쓰기는 바로 청춘의 열정을 태우는 것으로 독일의 문학의 문구 “광풍돌진(狂飇突進)”을 생각나게 한다. 그러나 하이즈 몽상 속에서 이룬 것은 오히려 진정으로 우러러보고 사모하는 것은 대 시인 괴테이다. 때문에 여기에서 하나의 모순을 가지고 있다. 괴테의 ≪파우스트≫는 조용히 60년을 썼으며 결코 단번에 이루어진 것이 아닌데 그러나 하이즈는 오히려 격정적인 방식으로 그의 <태양>을 완성하였다. 그는 낭만주의적 입장에서 고전주의의 괴테를 뛰어넘어 의외로 그는 낭만주의와 고전주의의 사이에 끼어있는 휠더린의 몸 위에 떨어졌다. 하이즈가 쓴 마지막 한편의 시학문장인 <내가 열애하는 시인 … 휠더린(我所熱愛的詩人－荷而德林)>은 휠더린에 대한 경의가 담겨 있는데 휠더린은 결국 미쳤으며 하이즈도 자살로써 자기의 명을 마쳤다. 그 속에 어떤 우연히 일치하는 운명이 있는지 모르겠다. 그의 습작의 방법과 습작의 목표간에는 거의 뛰어넘을 수 없는 한계가 옆으로 길게 누워있다.

Ⅱ. 하이즈 시의 낭만정신

하이즈 시를 개괄하면 신계(神啓), 대지, 사망 등 3개 모티프로 개관한다. 신계는 세계로 향한 열림을 상징하고 세계에 대한 인지할 수 있는 능력과 그 파악을 상징하며, 대지는 존재와 생명격정의 원천을 상징하고 서정과 언설(言說)의 대상을 상징하며 신의 처소와 그와 대화하는 어경(語境)을 상징하며 자신의 최종적인 모체, 안식의 귀소를 상징한다. 사망은 존재의 주동적 체험의 자각과 용기를 상징한다. 하이데거가 말하는 "존재란 미리 와 있는 사망이다"라는 의미로 보면 하이즈로서는 사망은 그의 신화세계로 나가는 필연적인 길을 의미한다고 본다. 여기서 신계에 대해 좀더 거론한다면, 신계는 일종의 추상적 설법이며 실질적으로 초월경험방식과 사유과정의 직각상태를 말한다. 정상인의 사유습관의 허구성과 차폐성(遮蔽性)에서 인류의 원시경험을 볼 수 없게 하고 분열증환자로 하여금 반논리적 직각과 위장, 처리, 가공, 판단을 거치지 않은 원시경험을 다시 접근케 한다. 하이즈는 이런 원시경험 상태에서 창작한 것이다. <가을(秋)>시에서 솔개의 출현은 직각의 상징과 비유이다. 그의 다음 <하이즈 소야곡(海子小夜曲)>에서 하이즈의 이런 일반 독자의 세속경험으로는 감지할 수 없는 초월경험과 논리의 감지방식을 증명할 수 있을 것 같다.

> 이전의 밤에 우리는 조용히 앉아 있다
> 우리는 두 무릎이 나무 같다
> 우리는 귀를 세웠다
> 우리는 평원의 물과 시가를 듣는다

이것은 우리 자신의 평원, 밤과 시가이다

지금 다만 나 하나만 남았다
다만 나 하나만 두 무릎이 나무 같다
다만 나 하나만 귀를 세웠다
다만 나 하나만 평원의 물과
시가 중의 물을 듣는다
이 비 오는 밤에
지금 다만 나 하나만 남았다
너를 위해 시가를 쓰고 있다
이것은 우리 공동의 평원과 물이다
이것은 우리 공동의 밤과 시가이다

누가 이렇게 바닷물을 말했는가
가려한다 도처에서 보려한다
우리는 벌써 여기에 앉았다[14] (1986. 8)

신계는 일체사물이 하이즈의 시에서는 다 신령의 성이 번쩍이는 것을 표현한다. 이것은 스피노자의 범신론과 같다. 그러나 신령은 하이즈에서는 상징과 비유가 아니라 본체이며 신의 세계의 살아있는 부분이다. 다음에 <산풀명자나무(山楂樹)>를 보면 천재적 상상력을 보여준다.

---

14) 以前的夜裏我們靜靜地坐着 / 我們雙膝如木 / 我們支起了耳朵 / 我們聽得見平原上的水和詩歌 / 這是我們自己的平原, 夜晚和詩歌 / 如今只剩下我一個 / 只有我一個雙膝如木 / 只有我一個支起了耳朵 / 只有我一個聽得見平原上的水 / 詩歌中的水 / 在這個下雨的夜晚 / 如今只剩下我一個 / 爲你寫着詩歌 / 這是我們共同的平原和詩歌 / 這是我們共同的夜晚和詩歌 / 是誰這麽說過 海水 / 要走了 要到處看看 / 我們曾在這兒坐過(157쪽)

오늘밤 나는 너를 볼 수 없다
오늘밤 나는 세상의 모든 걸 보았다
그러나 너를 볼 수 없다

한 그루 여름의 마지막
불같이 붉은 산풀명자나무
마치 높고 큰 여신의 자전거 같고
마치 여자아이가 여러 산을 무서워하고 두려워함 같다
멍하니 문 입구에 서고
그녀는 나를 향해
달려오지 못한다!

나는 황혼으로 간다
마치 바람이 먼 곳의 평원으로 부는 것 같다
나는 저녁에 한 그루 고독한 나무줄기를 안는다
산풀명자나무! 번쩍하고 지나간다 아! 산풀명자

나는 너의 불같이 붉은 유방 아래에 날 밝을 때까지 앉아 있다.
작고 아름다운 산풀명자의 유방이
높고 큰 여신의 자전거 위에 있다
농촌노예의 손위에 있다
밤에 불 끄려는 데에 있다[15] (1988. 6. 8－10)

신계의 영성이 없다면 어찌 산풀명자나무를 가지고 이러한 감동적이며 미려한 표현이 가능할 가! 시 사어의 신성색채는 하이즈 시의 신계 의미의 내재원인을 풍부하게 한다. 어사가 신성한 오경

15) 今夜我不會遇見你 / 今夜我遇見了世上的一切 / 但不會遇見你 / 一棵夏季最後 / 火紅的山楂樹 / 像一輛高大女神的自行車 / 像一個女孩 畏懼群山 / 呆呆站在門口 / 她不會向我 / 跑來 / 我走過黃昏 / 像風吹向遠處的平原 / 我將在暮色中抱住一棵孤獨的樹幹 / 山楂樹! 一閃而過 啊! 山楂 / 我要在你火紅的乳房坐到天亮. / 又小又美麗的山楂的乳房 / 在高大女神的自行車上 / 在農奴的手上 / 在夜晚就要熄滅(422쪽)

(悟境)에서는 원래의 의미 이상의 마력을 나타낸다. 신령은 어사를 마력 있게 하는 마법사이다. 하이즈 시는 신화의 오경에 들어가서 신령이 출입하는 장소를 만들었고 특정한 마법 같은 흡인력을 형성한다.

낭만정신은 하이즈에 있어 가장 분명하고 특출한 정신과 기질로서 그의 시가본문을 통해서 강하게 드러난다. 낭만정신이 하이즈의 시가창작을 위해 강한 내구력과 다하지 않는 에너지를 제공했고 하이즈 창작활력의 왕성함을 보증하고 하이즈 시가의 심미가치의 생성과 창조를 추진시켰다. 하이즈의 낭만정신은 그의 서정시 중에서 더욱 전형적이면서 충분한 표현이다.

1. 개체행복의 무한한 동경

행복의 동경은 서양낭만주의 시인 전부의 정신적 추구의 출발점이며 목적지이고 그들이 창작에서 일관되게 유지하는 시가의 모티브이다. 낭만파사상의 아버지로 존경받는 피히트가 제시한 순수자아학설과 독일 낭만파시인이 개인의 무한한 중요성을 주장한 기독교신학관념의 신앙은 모두 독일 낭만파 시인이 열렬히 개체생명존재의 행복가치를 추구하여 강력한 사상과 정신적 지지를 제공했다.

20세기말 중국시단에 등장한 낭만주의 서정시인 하이즈는 먼 시공간의 거리가 있지만, 19세기 독일 낭만파 시인과 강렬한 정신적 공감을 일으켰으니, 이런 상황은 어느 면에서 하이즈의 기질과 부합되지만 더 중요하고 내재적인 원인은 하이즈가 기독교문화정신에 심취한 것이다. 하이즈의 휠더린이란 신의 자취를 추구하는 신성시인에 대한 열애와 무한한 흠모가 하나의 분명한 예증이다.

하이즈의 개인주의적 사작 입장은 깊은 인본주의사상에서 근원하니, 일체 허위적인 의식형태의 정신속박에서 벗어나려 했다. 그의 서정시가 강렬한 자아표현 색채를 지니지만 그 선배 몽롱시인 작품의 자아표현과는 질적 차이가 있다. 왜냐하면 몽롱시인의 작품에는 1인칭 '나'를 민족을 대변하는 대아(大我)의 형상과 관련하지만 하이즈의 순수개인화된 문화와 정신의 입장이 결핍되어 있다.

하이즈는 생명존재의 인본주의입장에서 출발하여 개체생명의 행복을 강렬하게 추구한다. 그의 관점은 오직 사랑(愛) 만이 개체생명에 주는 최대의 행복이다. 그의 모든 서정시에서 애를 주제로 한 작품이 많으니 <애정시집(愛情詩集)>, <애정이야기(愛情故事)> 등이 있다. 하이즈의 애의 대상은 여성이 많아서「少女, 愛人, 新娘, 姐姐, 妹妹, 未婚妻, 母親, 女兒」등은 신분이 다른 인물의상을 표시한다. 그의 여성에 대한 열애태도는 여성숭배적 심리경향이 나타난다. 그러나 그의 애심을 생명본능적 애로만 이해한다면, 그가 숭상하는 애의 성질을 왜곡하고 그의 애의 이상적인 의미와 가치를 저상시키는 것이다. 사실, 그가 흠모하는 최고의 애는 기독교적 애－박애이다. 그는 <햇빛이 지상에 쪼인다(歌 : 陽光打在地上)>시 후반일단에서 이런 위대한 애의 감성체험이 표현된다.

이 지상에
소녀들이 많은 것이 마치
내가 진정 이 많은 딸을 가진 것 같다
정말 벌써 이러한 행복은
국자를 써서
작은 콩, 시금치, 유채를 써서
그것들을 잘 기른다
햇빛이 땅에 때린다[16)]

여기서 하이즈가 추구하는 애 즉 박애성질은 「누나, 오늘밤 나는 인류에 관심이 있는 것이 아니라 나는 오직 당신만을 생각한다.」(<日記>)라는 순수한 애정독백처럼 깊은 박애의식을 사출하니 이것은 프라톤적 색채를 지닌 것이라 본다. 정신적 애는 물질과 육체의 애를 멀리하여 세속적 색채를 배제한 초자연적이며, 정결하고 신성한 애인 것이다. 하이즈의 이런 애적 이상은 제3세대 시인의 세속적 애의 관념과 충돌관계가 있다. 애의 이상이 하이즈의 개체생명의 행복가치의 요소이며 다른 중요한 요소는 미의 이상이다. 그의 시에서 미, 미려 등 의미 상통하는 시어와 이미지가 허다한데 이것은 낭만주의 시인이 지니는 전형적인 심태이며 가치의 향추구를 반영한다. 미는 외계사물의 속성이며 객관적 가치이며 시인의 주체심령의 발현과 조명을 필요로 한다. 애는 주관적 가치이며 매우 활동적인 심리능력이다. 미화현실의 경향은 낭만주의 시인의 이상사물과 행복경계에 대한 열광적인 추구를 반영한다. 하이즈 시에 나타나는 미의 이상도 같은 심리특징을 지닌다. 그러

16) 這地上 / 小女們多得好像 / 我眞有這麽多女兒 / 眞的曾經這樣幸福 / 用一根水勺子 / 用小豆, 菠菜, 油菜 / 把它們養大 / 陽光打在地上(106쪽)

나 그의 미에는 특수한 의미가 내포되어 있으니 순수한 감관 의미상의 시각적 효과가 아니라, 순결과 성결 등 기독교적 도덕과 정감의 의미를 내포한다. 그는 애의 이상과 미의 이상을 상당히 하나로 결합한 것이다. 시에서 구체적으로 보면, 애로 미를 올려 세우고 미로 애를 충실하게 하고 있으니 <사포에게(給薩福)>[17]시의 전반부를 보기로 한다.

아름답기 화원의 여시인들 같다
서로 열애하여, 곡창에 앉아서
입술로 다른 입술을 딴다

나는 청년 중에 때때로 전하는 말을 듣는다 : 사포

한 마리 떼를 잃은
열쇠 아래의 푸른 앵무새와
같은 이름. 덮었다
나의 술잔을

토스카의 아름다운 여인
초약과 여명의 여인
잔을 잡은 자의 여인

너 들꽃의 이름
마치 남색 얼음덩이 위의
옅은 남색 맑은 물이 흘러 넘치는 것 같다

사포 사포
붉은 색의 구름이 머리 위에 감돈다

---

17) 역자 주 : 사포 – 그리스 여류시인(6세기)

입술이 날지 못하는 새를 붉게 물들었다
너의 몸 향내를 뿌린
구두끈이 바람에 의해 끊어졌다[18)]
……

위의 시에서 "붉은 색의 구름이 머리 위에 감돈다"라 하여 용모가 아름다운 고대 희랍 여시인에게 "나를 한 번 가까이 해 주오(親我一下)"라는 뜨거운 간구를 제시하는데 사포는 여기서 애와 미의 이중적 화신이며 하이즈의 생명이상을 표현한다. 애와 미는 숭고한 정신가치이며 그의 개체생명의 행복가치의 중요한 내용이 된다.

2. 도망의 충동

하이즈가 애와 미의 이상에 대해 삶의 행복인 유토피아를 가설하였는데 잔혹한 현실이 그의 취약한 정신적 유토피아 보루에 침입하여 깊은 정신적 타격을 주곤 한다. 그는 삶의 행복을 추구하면서 오는 허망함을 의식하여,"행복은 등불이 아니다. / 행복은 대지를 밝게 비출 수 없다(幸福不是燈火 / 幸福不能照亮大地)"(<麥地或遙遠>)라고 한다. 이 이상과 현실의 충돌과 대립은 그에게 강렬한 도망충동을 일으켜 준다.

첫째 ; 도망충동은 현실생존에서 오는 불만, 부정, 내지는 도피적 의향은 현실에 대한 항의적 성격으로 최고의 정신적 가치로서

18) 美麗如同花園的女詩人們 / 相互熱愛, 坐在穀倉中 / 用一隻嘴脣的摘取另一隻嘴脣 / 我聽見青年中時時傳言道：薩福 / 一隻失群的 / 鑰匙下的綠鵝 / 一樣的名字. 盖住 / 我的杯子 / 托斯卡爾的美麗的女兒 / 草藥和黎明的女兒 / 執杯者的女兒 / 你野花 / 的名字 / 就像藍色的冰塊上 / 淡藍色水淸的溢出 / 薩福薩福 / 紅色的雲纏在頭上 / 嘴脣染紅了每一片飛過的鳥兒 / 你散着身體香味的 / 鞋帶被風吹斷 / 在泥土裏(138쪽)

애를 중시하면서 예외 없이 현실의 조롱과 타격을 받고 애가 결핍된 데서 오는 고독의 고통을 토로하고(<在昌平的孤獨>시의 경우), 정신적인 지음인 반 고호를 끌어내어 이해와 동정을 받으려 한다.(<阿爾的太陽>시의 경우) 이것은 하이즈의 인도주의적 이상을 표출한 것이다. 하이즈는 <나는 초원의 하늘을 두루 날아다닌다(我飛遍草原的天空)>시의 후반일단에서 사망과 죄악의 초원에 대해 격렬한 호소를 한다.

……
초원의 귀신을 용서할 수 없다
살인의 칼과 총을 용서할 수 없다
사람 묻는 돌을 용서할 수 없다
더욱 하늘을 용서할 수 없다

나는 대해에서 지는 해의 한 가운데에서
하늘을 두루 날며 잠시 머물 곳을 찾지 못 한다
오늘 양식이 있어서 굶주림이 없다
오늘의 양식이 하늘을 두루 날아다닌다

굶주리는 배를 찾지 못 한다
굶주림을 양식으로 돌본다
더욱 굶주려서, 숨이 넘어가 죽을 듯하다
초원의 하늘은 막을 수 없다

오늘 집이 있는 사람은 반드시 집으로 돌아가야 한다
오늘 책이 있는 사람은 반드시 독서를 해야 한다
오늘 칼이 있는 사람은 반드시 살인해야 한다
초원의 하늘은 막을 수 없다[19)]
1988. 8. 13 라사

둘째 ; 하이즈의 도망충동은 자연적이며 강렬한 내재적 수요로 나타난다. 낭만주의 시인은 모두 현실생존의 단조로움, 궁핍함에 불만을 품고 신비와 미지의 사물을 추구하여 정신적 풍성함을 구하려 한다. 하이즈는 "먼 곳의 충성스런 아들"과 "물질의 짧은 애인"(<祖國-或以夢爲馬>시)이 되어서 그가 자유와 희망, 행복, 그리고 정신적으로 무한 가능한 이상주의적 인생태도를 추구하려 한다. <홑날개새(單翅鳥)>, <들비둘기(野鴿子)>, <검은 날개 새(黑翅鳥)>, <백조(天鵝)> 등의 일련의 시에서 날개와 비상의 이미지를 표현하여 평소 현실생존상황에 대한 강렬한 불만심리를 토로한다. 그는 심지어 <여명-한 수의 작은 시(黎明-一首小詩)>에서 이 정신상의 강렬한 도망충동을 반영하고 있고, 그의 <일기(日記)>에서 말하기를,

> 나는 이처럼 흑암을 중시하여 나는 흑야를 시제로 삼는다. 이것은 진정 위대한 시, 위대한 시이어야 한다. 흑야에서 나는 날아가는 과거의 밤, 야행하는 화물차와 열차, 여정의 피로와 불안한 이동, 불안한 광야로의 치달림 같은 혼란한 마음을 회고하며, 밤의 집 없는 상태를 갈망한다.[20]

라고 한 것이다. 따라서 하이즈의 일련의 검은 밤(黑夜)을 표제로 하는 내용의 시에는 흑야가 가져오는 「黑暗, 荒凉, 空虛」 상태에서

---

19) 不可饒恕草原上的鬼魂 / 不可饒恕殺人的刀槍 / 不可饒恕埋人的石頭 / 更不可饒恕 天空 / 我從大海來到落日的正中央 / 飛遍了天空找不到一塊落脚之地 / 今日有糧食却沒有饑餓 / 今天的糧食飛遍了天空 / 找不到一隻饑餓的腹部 / 饑餓用糧食喂養 / 更加饑餓, 奄奄一息 / 草原的天空不可阻擋 / 今天有家的 必須回家 / 今天有書的 必須讀書 / 今天有刀的 必須殺人 / 草原的天空不可阻擋(407쪽)

20) ≪海子詩全編≫ p.884

전혀 질식감이 없고 오히려 이상한 위로와 행복을 느끼게 하는 것이다. 그의 흑야벽은 현실도피의 심리경향이며 현실생존의 의미가 결핍되는 데서 오는 하이즈의 심태의 굴곡과 상실감을 보여준다.

셋째 ; 하이즈의 도망충동은 하이즈 자신의 이성인식, 이해 그리고 선택태도를 언급해 준다. 인성은 수성(獸性)과 신성(神性)으로 양분되는데 수성은 인류생명의 육체욕망을 대표하며 신성은 인류생명의 정신적 갈망을 대표한다. 기독교문화정신을 영향을 깊이 받은 하이즈의 생명존재에 대한 욕망화 · 육체화 상황을 배척하고 생명의 승화와 정신생존에 대해서 긍정과 추구의 태도를 견지한 것이다. 그의 생명이상과 생명본능의 충동은 항상 모순적 충돌을 야기시켜서 심지어는 영육(靈肉)분리의 첨예한 대항상태에 이르러서 그로서는 영육충돌로 해서 생기는 절망적 정서를 느낀 것으로 <여명(黎明 之一)>에서 그 면을 생동하게 묘사하고 있다. 그러나 그는 인성의 타락을 용인하지 않고 의지의 힘으로 육체의 굴레를 벗어나서 인성과 정신의 이중승화에 도달한 것이다. <죽음의 시(死亡之詩 : 之二, 采摘葵花)>시는 영육분열을 해결하려는 자살우언시라 하겠다.

비 오는 밤에 소도둑이
나의 창문으로 기어 들어와서
나의 꿈꾸는 몸 위에서
해바라기를 딴다
나는 여전히 깊이 잠자고 있는데
나의 꿈꾸고 있는 몸 위에서
채색의 해바라기가 피었다

그 두 개의 따는 손은
여전히 해바라기 밭에 있는
아름다우면서 우둔한 오리 같다

비 오는 밤에 소도둑이
나를 인류의
몸으로부터 훔쳐간다
나는 여전히 깊이 잠자고 있다
나는 신체 밖으로 끌려간다
해바라기 밖. 나는 세상에
첫 번째 어미 소(죽음의 황후)이다
내가 느끼는 자신은 너무 예쁘다
나는 여전히 깊이 잠자고 있다

비 오는 밤에 소도둑이
이에 너무 좋아한다
스스로 또 다른 채색 어미 소로 변하였다
나의 신체에서
강렬하게 뛰어 달린다[21)]

이 자살과정의 묘사는 하이즈의 자아분열 시의 상상적인 해결방식을 반영하여 그의 고상한 생명이상을 보호하려는 의지를 보여준다.

---

21) 雨夜偸牛的人 / 爬進了我的窓戶 / 在我做夢的身子上 / 采摘葵花 / 我仍在沈睡 / 在我睡夢的身子上 / 開放了彩色的葵花 / 那雙采摘的手 / 仍像葵花田中 / 美麗笨拙的鴿子 / 雨夜偸牛的人 / 把我從人類 / 身體上偸走 / 我仍在沈睡 / 我被帶到身體之外 / 葵花之外, 我是世界上 / 第一頭母牛(死的皇后) / 我覺得自己很美 / 我仍在沈睡 / 雨夜偸牛的人 / 于是非常高興 / 自己變成了另外的彩色母牛 / 在我的身體中 / 興高彩烈地奔跑(134쪽)

3. 전원의 정서

하이즈의 애와 미의 이상은 현실생활에서 역경에 처하게 되고 도망충동으로 이어져서 심령의 피로로 축적되므로 영혼의 귀소를 찾기 어려운 것이다. 그렇다고 그 의지를 포기할 수 없으므로 그 귀착점이 전원(鄕村)이라는 귀의처로 결정된 것이다. 전원이란 향촌생활을 가리키며 전체 자연계를 가리킨다. 그래서 전원정서는 현대도시공업화 현상이 침투되지 않은 향촌정감과 자연정감을 가리킨다. 이것은 하이즈가 안휘 회녕현의 농가에서 15년 간 성장과정을 거치면서 형성된 농촌의 다양한 풍토가 각인되어 나타난 시적 의식이다. 그의 마음에는 향촌이 영혼과 정감의 기탁소가 되고 그의 정신적 고향이 된다. 그리고 도시는 그의 영혼의 냉혹한 추방지이며 타향이 된 것이다. 그가 러시아 시인 예세닝을 흠모한 것도 주어진 환경에 동반자적 동질성을 느꼈기 때문이겠다. 시추안(西川)이 하이즈의 전원정감을 말하기를,

> 하이즈는 농민의 아들로서 그는 진흙을 사랑하고 시대에 따라서 발전하고 사라지는 것에 대해서 자연히 마음에 아파한 것이다.
>
> (<死亡後記>)

라고 한 것이다. 하이즈는 보리밭(麥地)에서 심령의 교감과 영혼의 기탁을 찾았다. 보리밭은 우리 이 농경민족의 공동생명의 배경이지만 그에게는 보리밭에 실질적 물질(양식)이 있고 상징적 심령의 정신이 있는 것이다. 양식과 진실생존에 대한 중시는 하이즈로 하여금 보리밭에서 원수와 악수하며 화해하게 하고, 정신에 대한 무

한한 추구는 하이즈로 하여금 보리밭에서 여러 형제를 위해 중국 시사를 읊어주게 하는 것이다. 다음에 <5월의 보리밭(五月的麥地)>을 본다.

> 전 세계의 형제들
> 보리밭에서 포옹한다
> 동방, 남방, 북방과 서방
> 보리밭의 네 형제, 좋은 형제
> 옛날을 회고하고
> 각자의 시가를 외우며
> 보리밭에서 포옹한다
>
> 때론 나는 고독하게 혼자 앉아서
> 오월의 보리밭에서 여러 형제를 꿈에 생각한다
> 고향의 자갈이 강에 가득 굴러가는 걸 본다
> 황혼이 항상 활 모양의 하늘에 남아서
> 대지 위에 슬픈 마을을 가득 채우게 한다
> 때론 나는 고독하게 혼자 보리밭에 앉아서 여러 형제를 위해 중국시가를 외운다
> 눈이 없고 입술도 없다[22] (1987. 5)

여기서 보리밭과 시가는 지극히 성결하고 아름다운 정감을 상징한다. 하이즈는 정신의미상의 보리밭을 더 중시한다. 보리밭의 온난함과 미려함이 뿌려주는 정신적 빛은 그의 취약한 심령에 깊은 위로를 가져다주고 그로 하여금 대지의 모성의 온난함과 돌봄

---

22) 全世界的兄弟們 / 要在麥地裏擁抱 / 東方, 南方, 北方和西方 / 麥地裏的四兄弟, 好兄弟 / 有時我孤獨一人坐下 / 在五月的麥地　夢想衆兄弟 / 看到家鄉的卵石滾滿了河灘 / 黃昏常存弧形的天空 / 讓大地布滿哀傷的村莊 / 有時我孤獨一人坐在麥地爲衆兄弟背誦中國詩歌 / 沒有了眼睛也沒有了嘴脣(353쪽)

을 맛보게 하며 그의 현실생존의 고독과 고통의 처지를 잊게 한다. 하이즈에 있어서, 전원이 전통적으로 중국문인(시인)이 추구하고 숭상하는 안락과 우아한 향촌생활환경을 지칭하는 것이 아니라 풍부하고 정감어린 객체적 대상인 것이다. 하이즈의 전원은 가난과 황량, 정적이라는 특성을 보여주는데 이런 점은 질식할 정도로 결함이 큰 전원풍경이 되지만, 하이즈에 있어서는 오히려 열렬한 정감반응을 격발시키며 강렬한 이정(移情)작용을 통해서 그의 심령이 풍성하게 하고 행복과 위안을 맛보게 하는 것이다.

Ⅲ. 하이즈 시의 유토피아 의식

물질과 정신의 비극적 대항의 주제는 하이즈 시가생애를 시종 관통하고 있다. 하이즈 내심이 격렬하여 보통 속도를 넘어서 마을유토피아, 시가유토피아, 보리유토피아, 유토피아환멸 4개 심리시기로 들어갔다. 우리가 보건대 시인은 어떻게 이 4시기 중에 참으며 물러나서 이상을 내리고 마지막으로 돌연 폭발하여 철저하게 절망에 이르렀는지, 이것이 하이즈 시가의 제일 무거운 비극이다.

1. 마을(村莊) 유토피아

이것은 하이즈 시가의 제1심리시기이며 시인의 가장 완미한 경지이다. 이 경지에서 시인은 보리와 시가, 물질과 정신을 마을과 강물에 통일시키려고 시도한다 … 이것은 하이즈 시가의 제3류 의상이며 시가와 보리의 거주지이다. 공간과 시간개념을 내포하는 지칭물로 삼아서 그것들은 시인의 기대와 인내심을 보여주었다.

… 시인은 다시 마을에서 보리와 시가가 함께 조화를 이루기를 바랬다. <보리밭(麥地)>에서 시인은 "보리밭을 찬양할 때에 / 나는 달을 찬양하련다."라고 노래한다. 이제 그 시를 보기로 한다.

보리 먹고 자라서
달 아래에서 큰그릇을 내밀고 있다
그릇 안의 달
그리고 보리가
줄곧 소리가 없다

너희들과 다르게
보리밭을 찬양할 때에
나는 달을 찬양하련다

달 아래에
밤에도 보리 심는 아버지
몸이 움직이는 금 같다

달 아래에
열두 마리 새가 있어
보리밭에 날아다닌다
어떤 것은 한 톨 보리 알을 물고
어떤 것은 곧 바람을 맞으며 춤추고, 완강히 부인한다

보리를 볼 때 나는 땅에서 잔다
달이 나를 비추는데 마치 우물을 비추는 것 같이
고향의 바람
고향의 구름
날개를 거두어
나의 어깨에서 잔다

보리물결—
천당의 탁자
밭에 놓여 있다
한 덩이 보리밭

수확의 계절
보리물결과 달빛
예리한 낫을 씻고 있다

달은 나를 안다
때론 진흙보다 더 쌓인다
그리고 수줍어 머뭇대는 애인이
눈앞에 눈부시게 움직인다
보리짚

우리는 보리밭의 마음속 사람이다
보리 거두는 이날 나는 원수와
손잡고 말한다
우리는 함께 일을 끝낸다
눈을 감고, 숙명적인 일체를
이 때 우리는 마음에 만족하며 받아들인다

아내들은 흥분하여
쉬지 않고 흰 앞치마로
손을 닦는다

이 때 마침 달빛이 대지를 두루 비춘다
우리는 각자 거느린다
니뤄강, 바빌론 혹은 황하의
아이를 강물 양 언덕에서

벌떼가 날며 춤추는 섬이나 평원에서
손을 씻고
밥 먹을 준비한다

나로 이같이 너희들을 안고 오게 하라
나로 이렇게 말하게 한다
달은 결코 우울하지 않다
달 아래
모두 두 사람이 있다
가난한 사람과 부유한 사람
뉴욕과 예루살렘
또 내가 있다
우리 세 사람이
같이 시내 밖의 보리밭을 꿈꾼다
백양나무가 둘러싼
건강한 보리밭
건강한 보리는
나의 생명의 아내를 기른다[23] (1985. 6)

---

23) 吃麥子長大的 / 在月亮下端着大碗 / 碗內的月亮 / 和麥子 / 一直沒有聲響 / 和你倆不一樣 / 在歌頌麥地時 / 我要歌頌月亮 / 月亮下 / 連夜種麥的父親 / 身上像流動金子 / 月亮下 / 有十二隻鳥 / 飛過麥田 / 有的銜起一顆麥粒 / 有的則迎風起舞, 矢口否認 / 看麥子時我睡在地裏 / 月亮照我如照一口井 / 家鄉的風 / 家鄉的雲 / 收聚翅膀 / 睡在我的雙臂 / 麥浪一 / 天堂的卓子 / 擺在田野上 / 一塊麥地 / 收割季節 / 麥浪和月光 / 洗着快鎌刀 / 月亮知道我 / 有時比泥土還要累 / 而羞澁的情人 / 眼前晃動着 / 麥秸 / 我們是麥地的心上人 / 收麥這天我和仇人 / 握手言和 / 我們一起幹完活 / 合上眼睛, 命中注定的一切 / 此刻我們心滿意足地接受 / 妻子們興奮地 / 不停用白圍裙 / 擦手 / 這時正當月光普照大地 / 我們各自領着 / 尼羅河, 巴比倫或黃河 / 的孩子 在河流兩岸 / 在群蜂飛舞的島嶼或平原 / 洗了手 / 準備吃飯 / 就讓我這樣把你們包括進來吧 / 讓我這樣說 / 月亮并不憂傷 / 月亮下 / 一共有兩個人 / 窮人和富人 / 紐約和耶路撒冷 / 還有我 / 我們三個人 / 一同夢到了城市外面的麥地 / 白楊樹圍住的 / 健康的麥地 / 健康的麥子 / 養我性命的妻子!(100－102쪽).

시인이 여기서 전개하는 상상은 완전히 시가와 보리밭이 공존하는 화해(和諧)상태에 처한다. 보리 심고, 보리 보고, 보리 자르고, 보리 먹을 때의 과정이 모두 달빛이 비치는 아래에 놓이고 끝에는 달 아래에서 건강한 보리밭의 그림을 표현한다.

여기에서 시인은 세계가 보리와 시가의 동체공동의 전체 존재상태에 충분히 처할 수 있다고 확신하지만, 우울한 천성은 시인을 침통한 속으로 끌어들인다. 남을 성토하는데 천박하지 않는 무리라면 자기를 속이고 남을 속이는 낙관주의에 빠져서 절망에 들지 않을 것이다. 그는 시인의 선량, 단순과 집착으로 그의 경험상 부단한 이상을 충격 주는 상황 하에서, 그가 물질과 정신이 대항하는 것을 보는 상황 하에서 의연하고 완강하게 이상을 칭송하고 그의 마을 유토피아를 칭송하는데 다만 이 때에 경험의 현실이 시가에 들어가서 침중한 고통감을 가져오게 된 것이다. 이 고통감은 시인이 우리에게 보여주는 안정, 그리고 화해의 그림 속에 보이다가 돌연 불협화음이 나타나서 우리에게 완전히 상반된 시인의 내심에 깊은 곳의 정서와 정감을 암시한다. 사망의상이 통상 시가에 들어가서 글자 아래의 정서의 돌연한 중단과 종지부를 조성하고 강대한 장력을 형성한다. 사망이 창조하는 어경(語境)은 급히 안정과 화해의 진술을 압박하여 시가의 심층언어로 하여금 표층언어의 반향을 향해 빠른 상승을 함유한다. 이 사망은 시인의 정성으로 그린 화면을 뒤엎고 시인의 환상을 때려 부수었다. 시인은 여기서 유한하고 영원한 대항을 빌려 물질과 정신의 대항을 암시하고 이 대항 중에서 영원과 정신은 이미 적이 아니며 사망과 물질에 패배한 것이다.

2. 시가(詩歌) 유토피아

시인은 물질과 정신을 조화시킬 힘이 없어서 시인의 최고이상을 보여주고 있다 … 마을 유토피아의 환멸. 환멸의 근원은 물질적 존재의 시인에 대한 괴롭힘이다 ; 동시에 시인은 이미 시가를 생명으로 삼는 최고의의를 보고, 그는 시가를 버리지 못한다. 이에 그는 토지를 던지고 보리를 던져서, 물질과 정신이 대항하는 존재를 완전히 무시하고 오직 시가의 환상 속에 들어가서 그의 시가유토피아를 세우려는 것이다. 시인은 이미 보리 타작장으로 향하지 않고 햇빛이 보리밭에 두루 비추는 위에서 이미 "달빛이 달빛을 비추는" 것으로 변하고 "오늘밤 아름다운 달빛이 함께 어울려 흘러간다."여기서 <달빛(月光)>을 보면 시인은 마을 유토피아 시기에 이미 시작한 단순한 소망에서 아이러니로의 변화는 이미 그의 이상을 실현할 수 없는 사실에 대한 통찰을 암시한다.

오늘밤 아름다운 달빛 너는 보기에 좋겠구나!
달빛이 비춘다
물과 소금을 마시는 말과
소리

오늘밤 아름다운 달빛 너는 보기에 너무 아름답다
양떼 중에 생명과 사망의 고요한 소리를
나는 경청하고 있다!

이것은 대지와 물의 가요, 달빛!

말하지 말라 너는 등불 중의 등불 달빛!
마음속에 한 곳이 있다고 말하지 마라

그것은 내가 줄곧 감히 꿈에 못 보는 곳
묻지 마라 복숭아의 복사꽃에 대한 소중한 보존을
묻지 마라 보리밭타작 처녀 계수나무 꽃과 마을을
오늘밤 아름다운 달빛 너는 보기에 좋겠구나

사망의 촛불이 왜 기울어져야 하는지를 말하지 마라
생명은 여전히 우수의 강물에서 자란다
달빛은 달빛을 비추고 달빛은 두루 비춘다
오늘밤 아름다운 달빛이 하나 되어 흐른다[24)]
1986. 7 초고 1987. 5 고침

시인은 아이러니를 운용하여 그것으로 세계를 파악하고 세계를 표현하는 방식으로 삼는다. 그것은 시인 내심의 심각한 고통을 폭로하고 시인의 세계, 시가, 물질과 정신대항에 대한 기본관점을 폭로한다. 아이러니에서 보면, 한 편으로는, 시인이 인식의 본질이… 물질적 존재의 결핍 … 시종 시인을 괴롭혀서 완고하고 주동적으로 그의 시가 속에 들어가서 그로 하여금 시가가 홀로 존재할 수 없음을 보게 한다. <조국(祖國)>, 조시 <가을(秋)>에서 시인은 그의 시가에 대한 영원한 충정을 전달하고 또 다시 "가을이 벌써 왔다"라고 비탄하니, 시가의 이런 "멀리 먼 곳의 바람은 먼 곳보다 더 멀다"하면서 전하기 어려운 것이다. <가을(秋)>시를 본다.

24) 今夜美麗的月光 你看多好! / 照着月光 / 飮水和鹽的馬 / 和聲音 / 今夜美麗的月光 你看多美麗 / 羊群中 生命和死亡寧靜的聲音 / 我在傾聽! / 這是一隻大地和水的歌謠, 月光! / 不要說 你是燈中之燈 月光! / 不要說心中有一個地方 / 那是我一直不敢夢見的地方 / 不要問 桃子對桃花的珍藏 / 不要問 打麥大地 處女 桂花和村鎭 / 今夜美麗的月光 你看多好! / 不要說死亡的燭光何須傾倒 / 生命依然生長在憂愁的河水上 / 月光照着月光 月光普照 / 今夜美麗的月光合在一起流淌(339쪽)

가을이 깊은데, 신의 집에는 매가 모여 있다
신의 고향에 매가 말하고 있다
가을이 깊은데, 왕이 시 쓰고 있다
이 세계에 가을이 깊다
얻을 것은 아직 얻지 못하고
잃어야 할 것은 벌써 잃었다[25] (1987)

시인은 아울러 그의 고통이 곧 그의 시가와 진리에 대한 열애에 근원하고 있음을 의식한다 … 거문고는 나의 병상이다.(<琴>) 이것은 시인이 자신을 한 세속적인 사람으로서 존재하는 내재적 장애의 심각한 성찰과 인식을 형성한다. 이에 시인은 반주동적이고 반압박 받는 입장에서 다시 물러서서, 시가를 버리고, 물질적 생존을 선택한다.

3. 보리(麥子) 유토피아

이 시기에 들어서, 시인은 다시 이상적으로 큰 퇴보를 하고 시인은 가장 비참하고 가장 비장한 큰 퇴보를 한다. 그는 시인의 지위를 반드시 버려야 하기 때문에 단지 "속세에서 행복을 얻는다." (<面朝大海, 春暖花開>) 이 소위 행복은 고통과 인내의 눈물로 가득하다. 시인은 물 위에서 지혜를 버리고, 긴 하늘을 바라보는 것을 멈추도록 압박 받아서, 생존을 위해 굴욕의 눈물을 흘리고, 가서 고향의 고요한 과수원에 물을 준다. 시인은 보리밭의 척박함이 생명에 대한 피해임을 통감하여 그래서 그는 시가를 버리는 것으로 대가를 삼기를 바란다. <보리가 익었다(熟了麥子)>를 본다.

---

25) 秋天深了, 神的家中鷹在集合 / 神的故鄉鷹在言語. 秋天深了, / 王在寫詩 / 該得到的尙未得到 / 該喪失的早已喪失(374쪽)

그 해에
란조우(蘭州) 일대의 새보리가
익었다

수면 위에는
삼십 여 년을 함께 하신 아버지가
집으로 돌아온다

양가죽 뗏목에 앉아서
집으로 돌아왔다

누군가 양식을 메고서
밤에 문을 밀치고 들어온다

기름 등불 아래
셋째 숙부가 분명하다

형 둘
한밤에 말이 없다

단지 수연솥[26)]이 있을 따름이다
데굴데굴

누구의 심사도
반 자 두께의 황토
보리가 익었구나![27)] 1985. 1 20

---

26) 水烟鍋－ 물담뱃대로 피우는 살담배.
27) 那一年 / 蘭州一帶的新麥 / 熟了 / 在水面上 / 混了三十多年的父親 / 回家來 / 坐着羊皮筏子 / 有人背着糧食 / 夜裏推門進來 / 油燈下 / 認淸是三叔 / 老哥倆 / 一宵無言 / 只有水烟鍋 / 咕嚕咕嚕 / 誰的心思也是 / 半尺厚的黃土 / 熟了麥子呀! (68쪽)

심사와 지혜를 버린다. 만일 보리알을 가져올 수 없다면 성실한 대지에 대해 침묵을 지켜 주기 바란다. 이 때, 시인이 유일하게 지닌 자기기만과 남을 기만하는 것, 자아유랑과 자기 속죄의 안위는 오직 두 손으로 노동하여 심령을 위로하는 것으로 남는 것이 가련하다. 그래서 하이즈는 농촌의 황폐를 아쉬워한다. <고향을 다시 세운다(重建家國)>를 본다.

> 물 위에서 지혜를 버리고
> 멈춰서 긴 하늘을 쳐다본다
> 생존을 위해 너는 굴욕의 눈물을 흘리며
> 고향에 물을 준다
>
> 생존은 통찰이 필요 없다
> 대지는 스스로 드러낸다
> 행복을 써서, 또 고통을 써서
> 고향의 지붕을 다시 꾸린다
>
> 깊은 생각과 지혜를 버리고
> 보리알을 가져올 수 없다면
> 성실한 대지에 대해
> 침묵과 너의 그 그윽한 본성을 지켜다오
>
> 바람이 인가에 불면
> 과수원은 나의 몸 곁에서 조용히 외친다
> "두 손으로 일하라
> 심령을 위로하라"[28] (1987)

---

28) 在水上 放棄智慧 / 停止仰望長空 / 爲了生存你要流下屈辱的淚水 / 來澆灌家園 / 生存無須洞察 / 大地自己呈現 / 用幸福也用痛苦 / 來重建家鄉的屋頂 / 放棄沈思和智慧 / 如果不能帶來麥粒 / 請對誠實的大地 / 保持緘默　和你那幽暗的本性 / 風吹炊烟 / 果園就在我身旁靜靜叫喊 / 雙手勞動 / 慰籍心靈(358쪽)

이 퇴보는 시인의 생존곤경에 대한 강렬한 감지와 토지에 대한 애착을 보여주니, 왜냐하면 시가를 버림은 곧 이상을 버림을 의미하며 단지 세속적인 사람만이 세속적 행복 혹은 불행을 지지고 있기 때문이다. 그러나 시인은 최종으로 그가 이 점을 해내지 못함을 발견하니 즉 그는 시가가 없는 상황에서 개인이 존재할 수 없는 것이다. 이리하여, 그는 그의 최후의 심리시기로 들어갔다.

4. 유토피아의 환멸(幻滅)

유토피아 환멸은 이상주의자 하이즈에게는 분명히 치명적이다. 시인은 물질과 정신의 대항에서 시작하여 세 개 심리시기를 거쳐서, 이 대항을 조화하거나 도피하기를 시도하지만, 그는 최종적으로 이 대항의 기점으로 돌아왔다. 기점부터 시작하여 기점으로 돌아오면 시인은 이미 모든 가능한 길을 다해 버려서 그는 대항을 해제할 수 없고 시가에 숨어들거나 보리밭으로 숨어들어서 그는 단지 최후로 사망을 선택하는 것만 남는다. 다음 <나는 청구한다 : 비(我請求 : 雨)>에서 확인한다.

나는 불끄기를 바란다
무쇠의 빛, 애인의 빛과 햇빛
나는 비 오기를 바란다
나는 바란다
밤에 죽기를

나는 아침에 바란다
너는 우연히 만난다
나를 묻은 사람을

세월의 먼지는 끝이 없다
가을
나는 바란다 :
한 바탕 비가 와서
나의 뼈를 깨끗이 씻기를

나의 눈을 감는다
나는 바란다 :
비
비는 일생의 과오
비는 슬픔과 기쁨, 이별과 만남[29] 1985. 3

그는 이미 물질의 생존, 세속의 행복과 시가를 버리기로 결의한 것이다. 그는 한 면으론 얻었고, 한 면으론 잃었다. 불끄기의 바램은 이상 환멸의 고통에서 나오며 시인의 시가와 보리에 대한 사망 충정을 표명한다. 힘없는 시인은 단지 자책으로 그의 시가와 보리에 대한 감사로 삼을 수 있다.

29) 我請求熄滅 / 生鐵的光, 愛人的光和陽光 / 我請求下雨 / 我請求 / 在夜裏死去 / 我請求在早上 / 你碰見 / 埋我的人 / 歲月的塵埃無邊 / 秋天 / 我請求 : / 下一場雨 / 洗淸我的骨頭 / 我的眼睛合上 / 我請求 : 雨 / 雨是一生過錯 / 雨是悲歡離合(72쪽)

Ⅵ. 하이즈 시의 시어 이미지

1. 보리밭(麥地)

본문에서 지칭하는 보리밭 의상(麥地意象)은 그 구성원소가 보리밭에서 나오는 일연의 단어-「麥子, 土地, 黃土地, 原野」 등을 포함한다. 그것들은 이처럼 평범하나, 天, 地, 人 삼자의 정수를 농축하였으니 하이즈의 시가에서 이런 시어를 손쉽게 얻는다. 하이즈의 보리밭에 대한 체험은 복잡하다 ; 「우리는 보리밭을 사랑하는 사람이다」<麥地>) 그리고 보리는 「건강한 보리 / 나의 생명을 길러주는 보리」이다.(<麥地>) 달빛 아래의 보리밭은 편안하다 ; 「보리 먹고 자란 / 달빛 아래에서 큰그릇을 단정히 든다 / 그릇 안의 달 / 보리와 함께 / 줄곧 소리가 없다」(상동) 「보리밭은 황량한 것이니, / 풍성한 수확 후에 황량한 대지는 / 사람들은 일년의 수확을 취하러 간다」(<黑夜的獻詩- 獻給黑夜的女兒>) 하이즈는 보리밭에 감사하며 보리밭을 노래하는(麥地) 동시에 그도 덮을 수 없는 첨예한 충돌을 느껴서, 「시인, 너는 상환할 힘이 없다 / 보리밭과 빛의 인정과 의리를」(<訊問>)라 한다. 그 중에 우연히 조각난 환락의 정서가 있다 ; 「전세계의 형제들 / 보리밭에서 껴안는다」이런 낙관은 왕왕 초연적이다 ; 「만일 내가 이 보리 다발에 앉아서 돌아갈 수 없다면 / 나의 어지러운 뼈를 정리해 주오 / 붉은 작은 나무 상자에 담아서 집으로 가져다 주오 / 너희들 부유한 혼수품을 가지고 돌아가듯이」(<莫扎特在安魂曲中說>) 그러나 그것의 본질에는 우울한 의미가 있다 ; 「풍성한 수확 후에 황량한 대지는 / 흑야가 너의 내부로부터 상승한다」 고독한 묵상은 신속히 이 환락을 잠기운다 ; 「대지에 슬픈 마을로 가득하게 한다 / 때론 나 고독한 한 사람이 보리밭에 앉아서 여러 형제를 위해 중국시가를 외운다」(<五月的麥地>) 보리밭은 하이즈 사상의 케리어이며 보리는 하이즈 사상의 칼끝이다. … 「금색의 보리가 잘린다 해도 보리싹은 날카롭다.」 자신의 애정을 쓰는데 있어, 하이즈도 그의 보리밭과 보리를 떠나지 않는다 ; 「네 자매가 한 그루 껴안는다 / 이 공기 속의 보리 / 어제의 큰 눈을 안고, 오늘의 빗물 / 내일의 양식과 재 / 이것은 절망의 보리 / 네 자매에게 말해 주오 ; 이것은 절망의 보리이다.」 (四姐妹) 보리밭 의상의 뜻은 복잡하니 하이즈 생명본체의 모순과 충돌이 그렇게 한다.

1.1. 향촌의 낙인과 대사(大師)의 계시

하이즈 시가의 보리밭 의상의 탄생과 성숙은 결코 우연이 아니니, 그것은 하이즈의 생활경로와 심적과정의 이중적 작용의 결과이다. 하이즈는 안휘성 회녕현 시골에서 태어나서 그는 시골에서 15년 생활하며 그의 어린 시절과 소년 시절을 맨발로 넓은 보리밭을 건너다녀서 보리밭에 어느새 몸이 배어 수많은 기억이 깊게 그의 뇌리에 각인된 것이다. 이런 잠재기억은 그의 천재적인 문학능력의 가공과 승화를 거쳐서 점점 신기루 같은 시골유토피아 … 생명의 기탁과 정신적 고향으로 부각된 것이다. 한 편, 하이즈는 보리밭에 대한 활기차고 이름다운 추억을 지니고 있어서 자신이 철저하게 깨끗한 검은 흙덩이라고 보고, 다른 면으로는 하이즈는 보리밭을 이해하기를, 위대한 봉헌자이며 담당자의 질박, 인내, 관용 및 저층의 고난, 상처로 본 것이다. 그의 고향과의 관계는 루펀

(蘆焚)이 말한 대로 "나는 나의 고향을 좋아하지 않는다, 그러나 그 넓은 들을 생각한다."그의 자칭대로 그는 전형적인 향촌지식분자이다. 그는 시골인물과 환경의 시의와 순박한 서정으로써 시골지식분자의 사명을 완성한 것이다. 하이즈는 15세 이후 베이징에서의 공부와 일에 있어 직접 도시생활을 묘사한 시가 거의 없다. 반대로, 그의 애와 미의 이상은 현실생활에서 거의 곤란한 상황에 처해 있었기에 그를 정신적으로 도망충돌을 일으키게 하였으나 정신적 도망은 심령의 무한한 피곤을 가져오고 영혼의 귀소를 찾을 수 없었다. 이리하여 도시에 사는 하이즈는 눈을 전원으로 돌릴 때 짙은 전원정감이 억제할 수 없이 싹튼 것이다.

뤄이허는 생각하기를, 하이즈는 세계의 안광을 지닌 시인이라는 것이다. 하이즈 시가와 창작관념에서 보면, 그의 중국에 대한 전복과 반발을 진행하고 더구나 해외 문예이론을 받아들이는 경향이 있다. 그의 세계안광은 휠더린, 반 고호, 니이체, 하이데거 등의 창작이론을 지닌 것인데 앞의 두 사람은 그의 가장 사랑하는 시인과 예술가이다. 1988년 하이즈는 논문<내가 열애하는 시인- 휠더린(我熱愛的詩人- 荷爾德林)>에서 그의 가장 중요한 시학관념을 제시하였다 ; 1) 서정시인을 두 분류한다 ; 하나는 그가 생명을 열애하나, 그가 열애하는 것은 생명중의 자아이며 그는 생각하기를 생명은 다만 자아의 관능의 경련과 내분비이다. 다른 하나는 풍경을 열애하나, 그가 풍경을 묘당으로 삼아 대우주신비의 일부분으로 열애한다. 2) 풍경을 열애하는 사람은 풍경에서 원소의 생명성질을 발견하고 원소의 호흡과 언어를 찾는다. 하이즈는 풍경을 열애하는 시인에 속하며 보리는 그가 열애하는 풍경중 신성의 빛이 번

찍이는 독특한 식물이고 보리에서 그가 발굴한 것은 단순한 경색 뿐 아니라 보리밭의 담겨진 내용과 민족정신, 생명과 자연의 연관이 있다는 것이다.

반 고호는 특수한 기질의 예술가로서 전기문학가 오엔 스톤은 그의 명작≪반 고호전≫에서 세계에서 가장 고독한 사람이라 하였다. 생전에 고독한 반 고호는 20세기 80년대 중국시단에 한 진지하게 집착한 자 … 하이즈를 가지고 있었다. 하이즈는 반 고호를 열애하여 그를 마른 형이라 칭하였다. 두 사람 간에 행위는 물론이고 정신면에서도 놀랄만하게 비슷하다 ; 그들은 백양좌(白羊座)에 속한다. 모두 고독하고 어눌하고, 멍하고 사회에 적응 못하였다 ; 반 고호는 초라하여 생전에 남에게 받아들여지지 못하고 미친 화가라 칭해졌다. 하이즈는 편파적이고 억세고 단순하여 그가 살아가는 자리 하나도 찾을 행복한 곳이 없었다. 둘 다 정신분열증이 있었다. 반 고호는 자신의 귀를 잘라서 기녀에게 선물로 주었고 하이즈는 기공에 빠져 불에 들고 마귀에 들었다. 모두 자살방식으로 생명을 마쳤다. 반 고호는 주기적인 정신병을 앓은 후에 총을 늑골에 대고 자살하고 하이즈는 산해관 철도에 누워 자살한 것이다. 반 고호의 정신세계와 예술행위의 독특한 기질은 모두 하이즈 시가 창작에 지대한 영감과 원동력을 주었다.

반 고호는 식물에서 생명의 신비한 빛의 전형을 찾았는데 해바라기가 반 고호가 가장 사랑하는 신비한 식물이다. 해바라기는 예술가들이 고통연소의 인생과 치열한 예술이상에 대한 이해와 심리취향을 밝혀 준다. 천재 하이즈는 벗 뤄이허와 함께 반 고호의 예술사유형식을 본받아 중국의 해바라기 … 보리를 창조했고, 이

의상은 많이 깨달은 청년시인의 고심을 통하여 찾다가 하이즈와 뤄이허에 의해 먼저 찾아서 말하게 된 것이다. 보리, 보리밭, 호미, 마을, 땀의 자연적인 연결은 하이즈 시가의 보리밭의상을 형성시킨 것이다.

하이즈의 보리밭의상은 거의 중화민족본질의 역사여정과 현재의 심리정감을 포괄한다. 보리는 우리 농경민족 공동의 생명배경이며 그것은 우리 생명의 과정에서 보리밭 같은 고통을 드러내고 시가에 들어간 후에 우리 생명정감을 쏘아주는 섬광의 처소가 되고 빈궁하고 숭고한 생존자의 생명사실이 된다.

1.2. 신성체험과 생명이념

보리밭은 형상된 대지의 은유이며 노동이며 창조와 생존의 통일로서 그건 인류에 대해 다중적 속성이 있다. 대지는 인류의 영원한 거주지이며 짧은 인생을 위해 생명의 유동감을 준다. 하이즈는 보리밭에 대해 감정이 깊어서 보리밭이 그에 대해 일반적인 거주지만이 아니라 정신적으로 버리기 어려운 고향이고 보리밭의 호흡과 사상을 느낀다. 보리밭은 온화하고 친절한 것, 그리고 위기와 초조가 넘치는 것이다. 횔더린의 계시를 받아서 하이즈의 대지는 횔더린 처럼 신성의 대지이며 아울러 신성으로 대지의 내재척도를 삼는다.

신성체험은 사람과 자연, 사람과 세계에 대한 본질관계의 회복과 환원이다. 하이즈의 보리밭 의상은 시인이 고통 받고 환락을 서술하는 가장 민감하고 세밀한 신경세포이다. 중국농촌은 가난한데 거기서 나서 자란 하이즈로서는 보리는 안위와 동화가 아니고 양심에 대한 추구와 시험이다. 가난한 토지와 부유한 격정이 하이즈 보리밭 정감의 두 근본 확장력을 구성한다.

하이즈의 보리밭 서정시는 1985년－1988년 간에 쓰여졌다. 그 당시는 경제·공업·문화 등의 여러 분야에 변화가 일어서 제3세대는 거의 농촌향토의 시는 쓰지 않았다. 그러나 하이즈와 뤄이허는 보리밭을 소재로 한 창작에 몰두하여 보리와 민족정신의 본질의식과 시가, 영혼, 생명의 내재관계를 탐구하여 하이즈는 보리밭의 갓난아이 신분으로 보리밭의 신성에 대한 경외와 대자연의 신성한 원소에 대한 귀의와 감동을 노래한 것이다. 하이즈의 보리밭 의상이 화면에 솟아오름은 개인의 은일적 혈통이 아니고 생명이 훼멸하는 중에 생장하고 연소하는 원소이다.

1.3. 보리밭 창작의 중지와 연속

하이즈가 자살한 후 상당수 평론가는 보리밭시가의 종지부로 여겼다. 그러나 그 중지는 일시적이고 잠시 중단이지 다시 새로운 시작의 서막이다. 시추안(西川)은 <회념(懷念)>30)에서 말하기를 ; 「이번 고향행은 그에게 커다란 황량감을 가져다 주었다. 네가 익숙한 것은 찾지 못하였다. 너는 고향에서 완전히 낯선 사람으로 변해 있었다.」 이 자백은 대단히 비통한 것으로 고향에 대한 생소감은 하이즈가 고심하며 세우려던 향촌 유토피아에 대한 환멸을 일으켰고 시인은 사회와 고향에 의해 이중으로 추방당하는 사람이 된 것이다. 사회에 의해 추방당한 것이 몸의 유랑이라면, 고향에

30) ≪海子詩全編≫ 6쪽(상동)

의한 것은 마음의 의탁할 곳이 없다는 의미가 된다. <대해를 마주하고, 봄이 따뜻하고 꽃이 핀다(面朝大海, 春暖花開)> 시는 가장 널리 유행하는 시이다.

내일부터, 행복한 사람이 된다
말을 기르고, 땔나무를 쪼개고, 세계를 두루 노닌다
내일부터, 양식과 채소에 관심을 둔다
나는 집 한 채를 가지고 있는데, 대해를 마주 보니, 봄이 따뜻하고
꽃이 핀다

내일부터, 다정한 사람과 통신한다
그들에게 나의 행복을 말해준다
그 행복의 번개가 나에게 말해주는 것을
나는 매 사람에게 말해 주려 한다

모든 강과 산에게 따뜻한 이름을 지어 준다
낯선 사람, 나도 너를 위해 축복한다
네가 찬란한 앞길이 있기를 바란다
네가 사랑하는 사람이 있어 평생 가족이 되기를 바란다
네가 속세에서 행복을 얻기 바란다
나는 오직 대해를 대하고, 봄이 따뜻하고 꽃이 피기를 바란다[31]
(1989. 1. 13)

31) 從明天起, 做一個幸福的人 / 喂馬, 劈柴, 周游世界 / 從明天起, 關心糧食和蔬菜 / 我有一所房子, 面朝大海, 春暖花開 / 從明天起, 和每一個親人通信 / 告訴他們我的幸福 / 那幸福的閃電告訴我的 / 我將告訴每一個人 / 給每一條河每一座山取一個溫暖的名字 / 陌生人, 我也爲你祝福 / 願你有一個燦爛的前程 / 願你有情人終成眷屬 / 願你在塵世獲得幸福 / 我只願面朝大海, 春暖花開(436쪽)

이 시는 그의 자살 한 달 전에 쓴 것인데 이것은 시인의 깊은 내심의 독백이다. 하이즈는 정신유랑과 탐험을 거친 후에 평범한 속세생활로 돌아가길 바랬으나 이것은 시의 지혜를 버리고 영혼의 초탈과 구속을 버리는 것을 의미하는데 시를 생명으로 삼는 히이즈로서는 불가능한 선택이다. 속세의 행복한 생활과 위대한 시가이상 사이에서 그는 양난의 경지에 빠지고 최후에 그는 시가제단으로 나가서 뤄이허가 말한 대로 “시가열사”가 된 것이다.

하이즈의 보리밭창작은 당대시단에 관망이나 자아구속(自我救贖)의 최후영지를 제공했다. 보리밭의상의 독창성은 모방할 수 없는 것으로 꺼마이(戈麥), 시추안(西川) 및 양식 있는 시인에 이어져서 시가시대의 상징이 되었다. 하이즈는 진지하게 생명으로 보리의 빛을 바꾸었으니 생명은 즉 시요, 시는 즉 생명이라는 이 독특한 현상은 지금 시단에 보이지 않는다. 이런 생명은 하이즈의 보리밭 시가로 하여금 입체감과 중후감을 갖게 하였다.

2. 태양(太陽)

물(水)과 흙(土)은 생명의 어머니이고, 불(火)과 빛(光)은 생명의 아버지이다. 사계절은 불이 흙에 생존하고 호흡하고 혈액이 순환하고, 생식하여 재와 재생의 절주가 된다. 불은 생명의 내용과 형식이며 그는 만물을 비추는 햇빛(陽光)에 대해서 경외와 감은을 표현하였다. 햇빛의 시구는 우리에게 햇빛에 대해 고초와 감격의 정을 불러일으킨다. <햇빛(日光)>을 보면,

배꽃
토담 위에 미끄러진다
소 방울 소리
숙모가 두 어린 사촌동생을 끌고
나의 면전에 서 있다
마치 두 토막 검은 연탄처럼
햇빛이 정말 너무 강하다
일종의 만물이 자라는 채찍과 피![32]

일광의 채찍은 모든 야생의 건강한 혈맥이다. 그리고 다음 <여름의 태양(夏天的太陽)>을 보면,

여름
만일 이 길에 제화공이 없다면

나는 맨발로 걸면서
태양 아래 서서 태양을 본다

나는 대낮에 태어난 아이를 생각한다
반드시 일부러 하는 것이다

네가 세상에 한 번 오면
너는 태양을 보게 된다

너의 마음에 있는 사람과
함께 길에서 간다

그녀를 이해하고
또 태양을 이해한다

---

32) 梨花 / 在土墻上滑動 / 牛鐸聲聲 / 大嬸拉過兩位小堂弟 / 站在我面前 / 像兩截黑炭 / 日光其實很强 / 一種萬物生長的鞭子和血!(61쪽)

(한 무리의 건강한 일꾼이 정오에 담배를 피우고 있다)

여름의 태양
태양

그 해에 그리스도가 세상에 와서
이 햇빛아래에서 자랐다[33] 1985. 1

태양신 숭배는 자아의 숭배이다. 하이즈는 자신이 태양에 대한 제사에서 최후의 승리자이기를 희망한다. 태양의 분신은 최종적으로 태양의 화신이 된다. <太陽. 詩劇>은 태양을 향한 장시다. 시극의 시간은 오늘이며 혹 오천 년 전이나 오천 년 후의 고통의 날이다. 이것은 전에 고인을 보지 않고 후에 올 사람을 보지 않는 영원이다. 장소는 적도이며 태양신에 막을 알리는 사람- 눈먼 시인으로 충당하는 사회자가 있다. 이들 형상은 하이즈 형상의 화신이며 그 자신 분열의 다른 형상이고 자아정신의 변화이다. 눈먼 시인은 인류 가장자리 낭떠러지에서 신의 계시 같은 소리를 듣는다. 일체는 모두 애정에서 근원한다. 애정은 생활을 죽게 한다. 진리는 생활을 죽게 한다. 차라리 죽는 것이 사는 것 보다 낫다. 하이즈의 애정은 그에게 치명적인 재난을 주지만, 그는 사망의 화염과 재 속에서 다시 살기를 바란다.

---

33) 夏天 / 如果這條街沒有鞋匠 / 我就打赤脚 / 站到太陽下看太陽 / 我想到在白天出生赤孩子 / 一定是出于故意 / 你來人間一趟 / 你要看看太陽 / 和你的心上人 / 一起走在街上 / 了解她 / 也要了解太陽 / (一組健康的工人 / 正午抽着紙烟) / 夏天的太陽 / 太陽 / 當年基督入世 / 也在這陽光下長大(53쪽)

3. 밤빛(夜色)의 세 단계 의미

3.1. 대자연의 야색

<밤빛(夜色)>시는 1988년 2월 28일에 제2차 티베트로 가는 도중에 쓴 것이다. 이것은 하이즈의 시인 자신에 대한 제1차 자아인식, 자아증명, 자아표현이다. 시인은 3차 수난과 3종 행복을 겪었다 : 수난－유랑, 애정, 생존 행복－시가, 왕좌, 태양 시구가 간단하고 직설적이며 수식과 조탁이 전혀 없다. 시를 본다.

> 밤빛 속에
> 나는 세 번의 수난이 있다 : 유랑, 애정, 생존
> 나는 세 번의 행복이 있다 : 시가, 왕위, 태양[34] 1988. 2. 28 밤

이 시 말미에 2월 28일 밤이라 밝히고 있다. 밤빛은 대자연의 밤빛이며 이 시를 쓸 때 몸이 밤빛에 처해 있다. 시의 뒤 두 구는 이런 기본적인 정경과 분위기－ 밤빛에 맞추고 있다. 야색(夜色)은 흑야(黑夜), 밤(夜晩), 흑암(黑暗)과 연결되어 돌출적이며 예민한 감수성과 낭만주의 기질에서 시인의 공통성을 지닌다. 왜 시인에게 이러한 점이 나타나는지 다음 <죽음의 시(死亡之詩)>의 1, 2의 일부를 인용하면서 밤을 살피고자 한다.

> 칠 흙의 밤에 웃음소리 있어 나의 무덤의 목판을 웃으며 끊는다
> 너는 알 수 있다. 이것은 한 조각 호랑이를 묻은 토지이다(1)[35]

---

34) 在夜色中 / 我有三次受難 : 流浪, 愛情, 生存 / 我有三種幸福 : 詩歌, 王位, 太陽
35) 漆黑的夜裏有一種笑聲笑斷我墳墓的木板 / 你可知道, 這是一片埋葬老虎的土地 (133쪽)

비 오는 밤에 소도둑이
나의 창문으로 기어 들어와서
나의 꿈꾸는 몸 위에서
해바라기를 딴다(2)[36]

하이즈를 낭만주의 시인이라고 하는데 극히 부분적일 뿐 그의 시가의 진실된 위상을 가리고 있다. 추구해 보면 하이즈는 반낭만파적이며 낭만파의 강렬한 주관 내지는 병적 기질을 반대한다. 흑야에 대한 감수성에 있어, 하이즈와 낭만파시인은 질적으로 다르다. 이것은 하이즈 특유의 공헌이다. 하이즈 조기시중 가장 저명한 시 <아시아의 동(亞洲銅)>의 일단을 본다.

아시아의 동, 아시아의 동
북을 친 후에, 우리는 어둠에서 춤추는 심장을 달이라 부른다
이 달은 주로 너로 인해 구성된다[37]

여기서 춤추는 심장은 흑야와 흑암을 통하여 영사하여 천상의 달이 된다. 영사는 하이데거가 사물에서 사용한 스필렌(Spielen ; 映射)의 의미이다. 스필렌은 세계(Welt) 중 天, 地, 人, 神 사방의 상호영사를 지칭하고, 상호영사 중에 사방 중 어느 한 곳이 나머지 세 곳의 현신 본질을 영사한다. 이 사방이 상호 영사하면서 유희하여 순일한 세계를 형성한다. 하이즈의 이 시에서 상호영사하는 것은 심장과 달이고 이 둘의 상호영사와 유희는 흑야를 통하여 진행

---

36) 雨夜偷牛的人 / 爬進了我的窗戶 / 在我做夢的身子上 / 采摘葵花(134쪽)
37) 亞洲銅, 亞洲銅 / 擊鼓之後, 我們把在黑暗中跳舞的心臟叫做月亮 / 這月亮主要由你構成(3쪽)

되며 이 삼자 즉 심장, 달, 흑야는 그윽하고 깊은 의경을 구성한다.

중요한 것은 춤추는 심장이다. 이 심장은 단순히 서정 주체의 심장으로 이해할 수 없고, 시구에서 '我們'이 지칭하는 것은 '인민의 마음'이다. 그래서 시추안(西川)은 「인민의 마음이 유일한 시인이다(人民的心是唯一的詩人)」라고 한 것이다. 이 점에서 하이즈와 낭만파를 구별한다. 하이즈 시가에서 추구하는 위치는 자기 하나와 주체에 있지 아니하고 보다 더 근본적이며 원시적인 곳에 있다. 달과 심장은 하이즈 조기시가의 두 가지 특유한 시어로서 이 둘은 흑야를 통해서 연결되는 것이다. 흑야에 시인의 심장을 춤출 수 있다. 이 춤추는 심장은 영사하여 달이 될 수 있다. 심장은 무엇인가? 심장 의 시어적 본질은 '춤'의 심장이며 '격동'의 심장이다. 춤과 격동의 심장은 '血液'과 직접 연계된다. 다음 하이즈의 <민간주제(民間主題)>의 일단을 본다.

> 새로운 혈액은 일찍 우리를 부를 수 있다. 종자와 강물은 이런 큰바람을 필요로 한다. 이 바람은 아마도 밤에 올 것이니 혈액이 밤에 오는 것처럼. 이것은 잉태 중 비밀의 과정이다. 어머니는 미소지으며 신생자의 힘을 감수한다. 이것은 휘황찬란한 순간이다. 나와 나의 짝들이 지키고 있다. 어떤 구는 긍정적으로 우리 사이에 존재하고 ; 어떤 것은 막 고통하며 탄생한다 … 그들은 가슴에서 이 피같이 붉은 것을 토해 낸다 ; 또 어떤 것은 한 조각 내일에 남겨주는 공백일 뿐이다. 그 친구들에게 주는 노래는 이미 이렇게 부른다 : 「달은 밤에 쌓여야 한다 달은 동방에 쌓여야 한다」 혈액에 대해 말하면, 격동과 청정은 동일한 과정인가?[38)]

혈액은 밤에서 나오는 혈액이다. 혈액은 또 신생자의 혈액이다.

---

38) ≪海子詩全編≫ 民間主題(≪傳說≫原序) 874쪽

이 신생자는 무엇인가? 구는 …시가의 시구이다. 시가의 시구는 혈액에서 탄생하고 혈액은 또 밤에 나온다. 시가의 시구의 탄생은 가벼운 멋대로의 일이 아니라 그것은 태와 태교를 필요로 하고 고통을 필요로 하니 그의 탄생은 휘황찬란한 순간이다. 달은 무엇인가?

달은 본래 지구 위성으로서의 달이 아니며 우주인이 우주선을 타고 낙하하는 달이 아니고 그건 본래 인민 생존 속의 달 … 대자연 속의 달이다. 백주에 태양의 강한 빛과 다르니 밤의 달은 항상 유한하게 사물을 비추고 동시에 몽롱과 비밀을 지킨다. 이런 몽롱과 비밀은 태교와 탄생에 적용된다. 하이즈의 시어에서 달은 시가 언어의 탄생과 함께 연관된다. 1986년 8월의 일기에서 하이즈는 분명히 이 점을 지적한다 :

> 그렇다, 중국 지금의 시는 대개 실험단계에 처해 있고, 기본적으로 아직 언어에 들어서지 않았다. 나는 생각한다, 지금 중국현대시가의 의상에 대한 관심은 그 언어요구를 덜고 위태롭게 했다. 밤의 하늘은 너무 높고 달은 아직 떠오르지 않았다. 달의 의상은 자신과 외물과 관련된 상징물이거나 문자상의 아름다운 표현이어서 시가에서 읊는 자체를 대표할 수 없다. 그것은 오직 문자의 언덕에 살아서 흐르는 언어의 작은 냇물에 장애가 된다. 그러나 구언어 구시가의 평평하고 기복 있는 절주와 가창은 거의 이미 죽었다. 시체는 땅에서 나오지 못하니 문제는 무덤 위의 꽃가지와 푸른 풀에 있다. 새로운 미학과 새 언어 신시의 탄생은 감성의 재창조에서 얻어질 뿐 아니라 의상과 노래의 합일에서 얻는다. 의상의 평민은 반드시 노래하는 귀족 위로 높이 올라가야 한다. 언어의 친척은 이 푸른 달의 밤에 즉, 사람들이 언어 자체를 주시하고 살펴야 하고, 그 보석, 물 속의 왕, 유일한 사람, 로라 로라[39]

---

39) ≪海子詩全編≫ 880쪽(상동)

위에서 생각할 것은 심장, 혈액, 달, 언어 등의 사어가 서로 연결되면서 대자연의 밤을 통하여 통일된다. 이 관련과 통일의 비결은 여러 변화의 형식으로 하이즈 후기 시에서 출현한다. <하이즈 소야곡(海子小夜曲)>의 일단을 보면,

> 이전의 밤에 우리는 조용히 앉아 있다
> 우리는 두 무릎이 나무 같다
> 우리는 귀를 세웠다
> 우리는 평원 위의 물과 시가를 듣는다
> 이것은 우리 자신의 평원, 밤과 시가이다40)

이 시에서 어둠 속에 춤추는 심장이 뛰고 있는데 이 심장은 달의 영사로 인해 평원과 평원의 물과 시가로 변한다. 이 시에서 나무 같은 두 무릎과 세운 귀는 밤의 고요함을 더욱 짙게 전달해 준다. 이 밤이 밤 되는 응집력은 심장인데 그건 자아의 심장이 아니라 우리의 심장이다. 무엇이 밤인가? 무엇이 밤이 밤 되는 것인가? 다음 소야곡의 일단을 본다.

> 이 비 오는 밤에
> 지금 다만 나 하나만 남아서
> 너를 위해 시가를 쓰고 있다
> 이것은 우리 공동의 평원과 물이고
> 이것은 우리 공동의 밤과 시가이다41)

---

40) 以前的夜裏我們靜靜地坐着 / 我們雙膝如木 / 我們支起了耳朵 / 我們聽得見平原上的水和詩歌 / 這是我們自己的平原, 夜晚和詩歌(157쪽)

41) 在這個下雨的夜晚 / 如今只剩下我一個 / 爲你寫着詩歌 / 這是我們共同的平原和水 / 這是我們共同的夜晚和詩歌

너와 나의 애정의 밤은 시인 한 사람의 노래하는 밤으로 변한다. 이 시에서 중요한 것은 밤, 평원, 물 이런 자연 사물의 관련을 지적하는 것이 아니라, 하이즈가 이 자연 사물과 시가 사이의 연관을 독창적으로 지적하고 있는 것이다. 물은 평원의 물이요 시가 속의 물이다. 똑같이 평원과 밤은 그것 자체이며 시가 속의 평원과 밤이기도 하다. 이상 시구에서 우리가 볼 수 있는 것은 밤과 시가의 상호귀속 관계이다. 왜 이 둘은 상호 귀속하는가? 하이즈는 말하기를 ;「이 밤낮의 윤회는 내가 신봉하는 철학이다.(這日夜的輪回是我信奉的哲學)」[42] 하이즈의 검은 밤에 대한 긍정은 철학의 경지에 올라 있다. 하이즈는 말한다 :

> 시가의 생존하는 극치는 자연 혹은 어머니, 혹은 검은 밤이다.[43]

이 말의 비밀은 자연, 어머니, 검은 밤 삼자간의 심오한 연관성에 두어야 한다.

3.2. 어둠(黑暗)의 밤빛(夜色)

하이즈의 밤(黑夜, 黑暗을 포함)에 대한 미련과 감수는 생명고통의 가열과 창작속도의 제고에 따라서, 외계경색인 밤의 서정으로부터 내심의 깊은 연못인 흑암으로 향하는 통찰력을 더하게 된다. 하이즈는 '연소(燃燒)'에 대해 말하기를,

42) ≪海子詩全編≫＜太陽. 斷頭篇＞ 517쪽
43) ≪海子詩全編≫＜詩學＞ 朝霞 902쪽

> 그 화염의 큰 새 : 연소 – 이 시가의 어사, …… 나의 연소는 맹목적인 것 같고, 연소는 마음 속 청춘의 제전 같다. 연소는 일체를 지향하고, 일체를 포옹하며, 일체를 포기하며, 일체를 겁탈한다. 생활도 갈수록 겁탈하고 전투하니, 맹렬(烈) 같다. 생명의 불, 청춘의 불이 탈수록 왕성해짐에 따라 내재하는 생명이 갈수록 왕성해지고 맹목적으로 된다. 따라서 연소도 흑암이다 – 심지어 흑암의 중심이며 지옥의 중심이다.44)

이 말은 1987년 11월 14일의 일기로서 하이즈는 이미 장시 <土地>를 완성한다. 하이즈는 연소를 시가의 어사라 한 바, 하이즈의 다른 하나의 중요한 시어인 것을 알 수 있다. 그러면 무엇이 화염의 연소인가? 하이데거는 독일의 상징시인 게오르그 트라클의 시를 말하기를, 「정신이 화염이고 화염만 되면 정신은 가벼운 물건이다. 트라클은 정신을 성령으로 이해하고 심지(心智)로 이해하며 그리고 그걸 화염으로 이해하여 그것이 활활 연소하여 위로 오르고 끊임없이 움직이며 쉬지 않고 변화한다. 화염은 치열한 섬광이다. 연소가 자신을 떠나서 밝게 비추고 번쩍 빛을 내지만 동시에 부단히 일체를 삼켜 백색의 재로 만든다.」(≪언어를 향한 길≫ 「시가 중의 언어」)라고 하였다.

연소는 정신적 연소이다. 정신만 있으면 연소할 수 있다. 그래서 정신이 화염으로 이해되면 정신의 연소는 자아보존하지 못하고 자신으로부터 떨어져 나간다. 나의 마른 형 고호에게 주는 시 <아얼의 태양(阿爾的太陽)>을 보면,

44) ≪海子詩全編≫ <日記> 883쪽

너의 혈액에는 연인과 봄이 없고
달이 없다
빵조차 부족하고
친구는 더욱 적다
오직 한 무리의 고통스런 이 아들만이,
일체를 삼킨다
메마른 형 반. 고흐, 반. 고흐
지하에서 세차게 뿜어 나오는
화산처럼 뒷일을 생각치 않는 것은
실삼나무와 보리밭
그리고 너 자신
남은 생명을 뿜어내는 시간
사실, 너의 한 눈동자는 세계를 맑게 비출 수 있다
그러나 당신은 다시 제3의 눈을 쓰려 하오, 아얼의 태양[45)]
……

여기서 하이즈는 연소를 분출로 생각하여 하이데거의 말처럼 "과도한 용솟음"이니 시인은 과도한 용솟음으로 나와서 존재의 뿌리와 중심으로 들어간다. 이런 연소, 이런 분출, 그리고 과도한 용솟음이 조화되어 나타난다. 그래서 하이즈는 「연소도 흑암이다 – 심지어 흑암의 중심이며 지옥의 중심이다.(燃燒也就是黑暗 … 甚至是黑暗的中心, 地獄的中心.)」(日記 1987年 11月 14日)라고 한 것이다. 하이즈가 말하는 새(鳥)는 화염의 새이며 정신이다. 그의 시어에는 새가 정령(精靈)이니, 새는 정신과 정령인 점을 그의 문론

45) 你的血液裏沒有情人和春天 / 沒有月亮 / 面包甚至都不夠 / 朋友更少 / 只有一群苦痛的孩子, 吞噬一切 / 瘦哥哥凡・高, 凡・高啊 / 從地下强勁噴出的 / 火山一樣不計後果的 / 是絲杉和麥田 / 還是你自己 / 噴出多餘的活命的時間 / 其實, 你的一隻眼睛就可以照亮世界 / 但你還要使用第三隻眼, 阿爾的太陽 …… (4쪽)

<수원과 새(源頭和鳥)>의 일단에서 보게 된다.

> 마지막으로 나는 새를 말한다. 영성이 충만한다. 나는 것은 초월할 수 없다. 비행은 체력과 지력으로 해결할 수 없는 것이다. 그것은 일차의 기적이다. 새의 행렬을 넘어 들어가면 너는 적막을 느낄 수 있다. 너의 심장이 따뜻한 털에서 신축하고 있다. 너의 심장은 방범을 위한 것이 아니라 비행을 위해 생긴 것이다. 지상의 총구가 너를 쉽게 조준한다. 그 푸른 상심의 천막에서 너는 날고 있고, 가슴에는 삼킨 종자를 달고, 날며, 적막하며, 시큼하며, 심지어 속된 것에 대한 원한을 띠고 있다.46)

정령이 된 새는 날아도 넘을 수 없고 기적이며, 그 직접상대자는 범속(凡俗)이다. 범속은 생활 속에서 찾는다. 범속만이 생활의 안정을 보증한다. 그러나 정신(새, 화염)이 비행하고 연소하면 오히려 범속을 원수로 보고 그로 인해 적막, 고독, 심지어 상처를 입는다. 하이즈의 <백조(天鵝)>에서 이 점을 확인한다.

> 밤에, 나는 먼 곳에서 백조가 다리로 날아가는 소리를 듣는다
> 내 몸의 강물이
> 그녀들에 호응하고 있다
>
> 그녀들이 생일의 진흙과, 황혼의 진흙을 날아가는데
> 백조 한 마리가 다쳤다
> 사실 단지 아름답게 불어대는 바람만이 알고 있다
> 그녀는 이미 다쳤다. 그녀는 여전히 날아간다
>
> 그리고 내 몸의 강물은 오히려 너무 무겁다
> 방위에 걸려있는 문짝처럼 무겁다

---

46) ≪海子詩全編≫<源頭和鳥>(≪河流≫ 原代後記) 871쪽

그녀들이 먼 곳의 다리로 날아간다
나는 아름다운 비행으로 그녀들에 호응한다

그녀들은 큰 눈이 묘지를 날듯이
대설 속에 오히려 나의 방문으로 향한 통로가 없다
—몸은 문이 없다— 단지 손가락만이 있다
묘지에 선다, 열 개 동상한 양초처럼

나의 진흙 위에
생일의 진흙 위에
한 마리 백조가 다쳤다
마침 민요가수가 노래하는 것처럼47)

여기서 새는 백조로 전화(轉化)한다. 백조의 비행도 정신(靈性)의 비행이다. 나는 정신(白鳥)가 아니니, 그런고로 본질적으로 나는 날 수 없다. 그러나 한 편, 나도 날기를 갈망하고 나 자신의 비행으로 정신의 비행에 호응하기를 갈망한다. 그래서 나의 비행은 단지 호응을 위한 비행일 뿐 정신 자체와는 다르다. 나의 이 비행은 곧 시가창작이다. 창작만이 시인을 비행 상태로 들게 한다. 그래서 창작은 본질적으로 일종의 비행이며 그것은 정신에 호응하는 비행이다. 창작은 비행이며 호응이다. 하이즈는 정신(새, 백조)으로 시가의 본질을 생각한다. 시가의 본질은 정신적인 것이다. 시

47) 夜裏, 我聽見遠處天鵝飛越橋梁的聲音 / 我身體裏的河水 / 呼應着她們 / 當她們飛越生日的泥土, 黃昏的泥土 / 有一隻天鵝受傷 / 其實只有美麗吹動的風才知道 / 她已受傷. 她仍在飛行 / 而我身體裏的河水却很沈重 / 就像房屋上挂着的門扇一樣沈重 / 當她們飛過一座遠方的橋梁 / 我不能用優美的飛行來呼應她們 / 當她們像大雪飛過墓地 / 大雪中却沒有路通向我的房門 / 一身體沒有門—只有手指 / 竪在墓地, 如同十根凍傷的蠟燭 / 在我的泥土上 / 在生日的泥土上 / 有一隻天鵝受傷 / 正如民歌手所唱(150쪽)

학문장 <나의 열애하는 시인－횔더린(我所熱愛的詩人－荷爾德林)>에서 시가의 본질을 정신적인 것으로 보고 있다.

> 시가는 시각이 아니다. 심지어 언어가 아니다. 그녀는 정신적 안정이며 신비의 중심이다. 그녀는 수사 속에서 둥지를 짓지 않는다. 그녀는 고요한 본질일 뿐이며, 속인이 그녀를 어지럽히기를 원치 않는다. 그녀는 단순하며 자신의 영토와 왕좌가 있다. 그녀는 고요하고, 그녀 자신의 호흡이 있다.48)

그리고 하이즈는 시가창작을 한 바탕의 뜨거운 불길(烈火)로 생각해서 위의 글에서 서술했다 ;

> 횔더린으로부터 나는 배우니, 시가는 한 바탕의 뜨거운 불길이며 수사의 훈련은 아니다.49)

시가창작은 한 바탕의 열화인가? 우리는 창작을 정신에 호응하는 비행이라고 생각하지 않는가? 분명한 것은, 시가창작은 정신에 호응하는 비행이며 그리고 한 바탕의 열화이다. 그러면, 이 두 설법의 차이는 어떻게 협조하는가? 여기에 두 개의 주요한 시학용어를 언급하자면 곧 정신과 영혼이다. 위의 백조 시에서 우리가 주의할 것은, 정신(즉 백조)에 호응하는 비행이라는 것은, 시인의 작시 활동은 아니다. 시인은 분명히 말한다 : "나는 아름다운 비행으로 그녀들에 호응한다." 진정으로 정신에 호응하는 비행은 "내 몸 안의 강물"이다.

우리는 앞에서 이미 분석했듯이, 정신의 본질을 새(백조)이며,

48) ≪海子詩全編≫ 917쪽
49) 상동

새가 되면, 정신이 비로소 그 유연하고 향상하는 본질을 얻으니, 이것이 곧 비행하는 본질이다. 강물의 본질은 무겁고, 중력법칙 하에 강물은 대지에서 흘러간다 : "내 몸 안의 강물은 오히려 너무 무겁다 / 마치 집 위에 걸린 문짝처럼 무겁다(而我身體裏的河水却很沈重 / 就像房屋上挂着的門扇一樣沈重)" 그러면, 하이즈가 사용한 강물(河水)이란 시어는 무엇을 가리키는가? 만일 비행이 정신적이라면, 정신의 유연한 본질에 속하고, 그러면 강물(河水)의 무거움은 영혼에 속하는 것이다. 강물은 영혼이다. 정신과 영혼에 관해서 이 둘의 관계는 하이데거의 <시가 중의 언어-트라클 시에 대한 탐토> 글을 보기로 한다.

> 정신의 본질이 연소하기 때문에 정신은 길을 열고 이 길을 밝게 비추며, 이 길을 밟는다. 화염이 되면 정신은 곧 하늘로 솟구치고 하나님의 광풍을 쫓는다
>
> 영혼은 정신의 선물이다. 정신은 영혼의 수여자다. 그러나 영혼이 돌아와서 정신을 보호한다 : 이것이 근본적인 것이니 만일 영혼이 없으면 정신은 아마도 영원히 그 정신이 될 수 없다. 영혼은 정신을 기른다. 어떻게 기르는가? 영혼이 그 본질이 지닌 화염을 정신에 주어 지배하면 어떠한가? 이 화염은 곧 우울의 출발이며 고독한 영혼의 온후함인 것이다.[50)]

여기서 결론적으로 말하면, 영혼이 없으면 정신은 결코 참된 정신을 지키기 어려우므로 영혼이 정신을 보호하고 기르는 요소가 된다. 영혼 속에 매개체인 화염이 있으니 원래 화염은 본질적으로 영혼에 속하는 것이다. 영혼과 정신의 역학관계로 보아 정신의 본

---

50) 하이데거 ≪언어를 향한 길≫ 「시가중의 언어」付軍龍 : 「歌唱生命的痛苦-海子詩歌的精神世界」에서 재인용(≪文藝評論≫ 2003. 6)

질은 연소하고 있으며 정신은 영혼의 화염에 의해서만 연소할 수 있다는 것이다. 이 영혼의 화염은 무엇인가? 이것은 하이데거의 말에 의하면 "우울의 출발(憂鬱之進發)"이다. 영혼은 영원히 우울한 영혼이고 고독한 영혼이며, 거처를 찾지 못하는 대지의 영혼이다. 하이즈 백조시의 말구에서 이 고독한 영혼의 우울을 본다 ;

그녀들은 큰 눈이 묘지를 날듯이
대설 속에 오히려 나의 방문으로 향한 통로가 없다
—몸은 문이 없다— 단지 손가락만이 있다
묘지에 선다, 열 개 동상한 양초처럼

고독한 영혼은 자유로이 노니는 영혼이며, "그 내심의 열정이 반드시 무거운 운명을 지고 자유로이 노닐어야 한다 … 영혼을 정신으로 향하게 한다."

고독한 영혼이 자유로이 노닐다가 자신의 본질로 깊이 들어가서, 영혼의 우울이 치열하게 연소한다. 연소 중에 영혼은 결코 전혀 눈먼 상태가 아니라, 연소하고 있는 관찰을 진행한다. <아얼의 태양(阿爾的太陽)>의 말구를 다시 보면,

사실, 너의 한 눈동자는 세계를 맑게 비출 수 있다
그러나 당신은 다시 제3의 눈을 쓰려 하오,

연소하는 관찰은 고통이며, 고통과 연소하는 관찰은 영혼의 위대함을 결정하고 영혼의 위대함을 저울질하는 척도는 어떻게 연소하는 관찰을 진행시킬 수 있는가 인데 … 영혼은 이 관찰에 의해 고통 중에 아름답게 변화한다. 영혼의 고통과 연소하는 관찰을

통해서만 정신의 화염의 섬광이 비로소 발생할 수 있다. 이런 연소하는 관찰은 창작의 본질이다. 창작의 본질을 정신에 호응하는 비행으로 여긴 것은 다시 한바탕의 열화이다. 이 둘이 연소하는 관찰 중에 통일되기 시작한다. 대지에서 노니는 영혼이 정신에 호응하는 비행은 정신의 의해 쫓기고 인도되어, 더욱 그 노니는 본질의 광대한 범위 속으로 깊이 들어간다. 영혼은 고독과 우울로 인해 더욱 치열하게 연소하여 마침내 한 바탕의 큰불로 변한다. 시가창작은 가장 청백하여 사악하지 않는 일이지만 한편 가장 위험한 활동이기도 하다. 시인은 신명(神明)의 번개 속에 폭로한다. … 지나친 밝음은 시인을 흑암으로 몰고 간다.

3.3. 대지의 밤빛(夜色)

1987년 11월 14일의 일기에서 하이즈는 기록하기를,

> 나는 이처럼 흑암을 중시하여 검은 밤(黑夜)로 시제를 삼으려 한다. 이것은 진정 위대한 시, 위대한 서정시이어야 한다.[51]

하이즈는 죽기 몇 달 전에 일연의 흑야에게 바치는 헌시를 썼다 : <최후의 한 밤과 첫째 날의 헌시>, <헌시>, <흑야의 헌시> 등. 흑야는 외계경색이며, 내심경색, 그리고 대지경색이다. 다음 두 시를 보면, 먼저 <검은 밤의 헌시(黑夜的獻詩)>의 일단을 보면,

---

51) ≪海子詩全編≫ 883쪽

검은 밤이 대지로부터 올라온다
광명한 하늘을 덮는다
풍성한 수확 후에 황량한 대지
검은 밤이 너의 내부로부터 올라온다52)

라 하고, 다음 <헌시(獻詩)>를 보면,

검은 밤이 내려오고, 불이 일만 년 전의 불로 돌아간다
비밀에서 전해주는 불 그는 또 하얗게 타고 있다
불이 불로 돌아온다 검은 밤이 검은 밤으로 돌아간다 영원은 영원으로 돌아간다
검은 밤이 대지로부터 상승하여 하늘을 막았다53) 1989

라고 한 데, 위의 두 시에서 하늘(天空)과 대지는 하이즈의 중요한 시어이다. 하늘(天空) … 대지의 기본대립은 천지간의 공간적 의미를 내포한다. 하이즈는 말하기를,

> 시인은 반드시 자신을 자아로부터 구해내는 힘이 있어야 한다, 백성의 생존과 하늘, 땅은 노래의 원천이며 유일한 참된 시이기 때문이다. 백성의 마음이 유일한 시인이다.54)

백성의 생존은 하늘과 땅 즉 천지간에 있다. 시인 즉 백성의 마음도 이 사이에 있다. 시가가 진정한 시가로 되려면, 반드시 이 사이에서 나와야 한다. 그 사이란 천지가 공간이다. 이 공간은 인류

---

52) 黑夜從大地上昇起 / 遮住了光明的天空 / 豐收後荒凉的大地 / 黑夜從你內部上昇(477쪽)

53) 黑夜降臨, 火回到一萬年前的火 / 來日秘密傳遞的火 他又是在白白地燃燒 / 火回到火 黑夜回到黑夜 永恒回到永恒 / 黑夜從大地上昇起 遮住了天空(476쪽)

54) 상동 詩學 904쪽

가 여기에서 생존하는데 이 공간은 하나의 비밀인 것이다. 하이즈는 말하기를,

> 인류의 비밀을 열애하는 시인이 된다. 이 비밀은 이미 사람과 짐승간의 비밀을 포함하고, 인신과 천지간의 비밀을 포함한다. 너는 반드시 시간을 열애하는 비밀에 응답해야 한다.[55]

천지간은 비밀이다. 천지간의 비밀과 인수(人獸)간의 비밀이 일체에 속해야 이해가 가능하다. 하이데거는 생각하기를, 사람이 대지에 서서 하늘을 향해 쳐다보고(仰望) 천지간을 꿰뚫어 보는데(貫通) 천지는 이로부터 열려서 사람이 사는 곳으로 된다. 이런 관통은 사람에 있어 우연이 아니고 이 관통에 의해 사람이 비로소 근본적으로 사람이 된다. 이 앙망, 이 관통이 곧 측량인 것이다. 사람은 무엇으로 자신을 측량하는가? 하이데거는 말하기를,

> 신성은 사람이 대지 위와 하늘 아래에 있는 거처를 측량하는 척도이다. 사람은 이 방식으로 그의 거처를 측량하므로써 그는 비로소 그 본질에 의해 존재할 수 있다.[56]

사람은 반드시 신성으로 자신을 측량해야 한다. 사람이 천지간에 거하는데 이 삼자만으로는 부족하다. 사람이 사람되고 사람의 거처가 대지 위와 하늘 아래의 거처로 되는 데는 반드시 신성의 참여가 있어야 한다. 천지와 인신(人神)이 일체가 되는 세계가 되어야 완전한 세계가 될 수 있다. 거처를 잃은 대지의 인류는 하늘에의 앙망을 잃고 신도 도피한다. 이것이 하이데거가 말하는 세계

55) 상동
56) 주(51)과 같음

의 몰락시대인 것이다. 하이데거는 말하기를,

> 지구상에서 지구를 감싸면서 마침 세계의 몰락이 발생하고 있다. 이 세계몰락의 본질은 여러 신의 도피, 지구의 파멸, 인류의 대중화, 평범한 무리의 우월지위이다.57)

대지의 상실과 제신의 도피가 하이즈에게는 휠더린, 하이데거처럼 심령과 사상면에 경험으로 다가온 것이다. 하이즈는 <시학 ; 대강(詩學 : 提綱)>에서 말하기를,

> 신화는 시간의 형식이다. 생활은 시간의 육체와 내용이다. 나는 곡창문 앞에 앉아서 내가
> 토론하려는 것은 시간과 생활 속에서 신에 대한 약탈이 가능한 것인가?58)

대지의 상실은 어두움을 동반하고 허무를 가져온다. 대지에서 검은 밤이 주는 이미지는 고독과 두려움, 그리고 수확 후의 황량이다. <검은 밤의 헌시>의 일단을 다시 보면,

> 검은 밤이 대지로부터 올라온다
> 광명한 하늘을 가린다
> 풍성한 수확 후에 황량한 대지
> 검은 밤이 너의 내부로부터 올라온다

여기서 핵심어는 풍성한 수확(豊收)이다. 그래서 검은 밤이 대지로부터 올라오면, 풍성한 수확 이후에 대지는 너무 황량하다. <검

57) 상동
58) ≪海子詩全編≫ 890쪽

은 밤의 헌시>의 끝 부분을 보면,

> 곡창 속은 너무 어둡고, 너무 조용하며, 너무 풍성하다
> 또 너무 황량하여, 나는 풍성한 수확 중에 염라대왕의 눈을 보았다[59]

풍성한 수확은 무슨 의미인가? 풍성한 수확은 대지의 풍성한 수확이고 풍성한 수확 후에 대지는 황량한 대지가 된다. 너무 풍성한 수확으로 인해 너무 어둡고, 고요하고, 너무 황량하니 이것은 죽음의 곡창이다.

---

59) 穀倉中太黑暗, 太寂靜, 太豐收 / 也太荒凉, 我在豐收中看到了閻王的眼睛(477쪽)

타이완(臺灣) 시단의 5인방과 그 시의 독자성

21세기를 맞이하면서 우리에게는 지리와 역사, 그리고 문화의 관계로 보아서, 「中國」이 주는 이미지는 과거 그 어느 때보다 강렬한 것이다. 따라서 문학연구에 있어서 중국의 현대문학에 대한 연구비중이 국내외에 점차 커지고, 또 그 연구가치도 높이 평가되고 있다. 이런 중에 중국의 또 하나의 독자적인 현대문학세계를 형성한 「타이완문학」에 대한 관심과 고찰도 어느 면에서는 중국이라는 큰 울타리 안에서만 다루지 말고, 그에 대한 전문연구가를 필요로 하는 시점에 와 있다고 본다.

필자는 중국현대문학에 관한 주된 연구가도 아니며, 더구나 타이완문학에 대한 견식은 더욱 부족한 입장에 있다. 그럼에도 본문을 준비하는 이유는 중국 현대시와 고전시를 총괄해서 사조(思潮)적인 각도에서 시대적으로 집필하는 과정에 있기 때문이다.[1] 그래서 타이완의 현대시단에 관한 개괄적인 글들을 단편적으로 발표하게 되었고,[2] 이번에 다시 그 바탕 위에서 재구성한 본문을 쓰게 된 것이다. 편협한 지식과 한정된 자료이지만, 타이완의 현존하는 40대 시인 5인의 시들을 감상적인 위치에서 소개하고 그 사조를 부연함으로써 타이완 시단의 미래를 예견할 수 있는 계기로 삼고자 한다.

이와 같이 타이완 시단에서 왕성한 시작활동을 하는 40대 시인들을 살펴보면서, 동시에 지금까지의 타이완 시단의 시기별 시 사

---

1) 필자는 1991년부터 ≪唐代詩史≫를 집필하기 시작하여 그 초고를 완료하고 출간을 기다리고 있으며, 현재는 중국시사 전체와 그와 관련된 현대시의 맥락을 정리하고 있음.

2) 필자는 타이완의 현대시에 관한 글을 발표한 바, <60년대 臺灣의 신시와 소설 개관> (1985. 외대 ≪中國硏究≫ 9집) · <70년대 臺灣新詩 思潮考>(1988. ≪외대논문집≫ 21집) · <1980年代臺灣新詩考>(1997. ≪외대논문집≫ 30집) 등이 있다.

조를 개관하는 과정이 필요하다고 보아서 그 간의 「타이완 시단의 연대별(年代別) 사조」부분을 먼저 기술하려고 한다. 그 까닭은 타이완의 신시(新詩)가 중국 현대시에서 차지하는 비중이 아직은 미약한 것이 사실이고, 그 문학적인 가치 역시 높게 평가되어 있지 않기 때문으로서, 후에 재정리의 기회를 갖게 되기를 바라는 바이다.

그리고 소위 「타이완 문단의 40대 시인 5인」의 선정은 필자 나름의 다음과 같은 기준에 의거하여 선정하였다. 첫째는 연령상 1950년대에 출생한 시인들을 대상으로 하였다. 현시점에서 볼 때, 그 이전 출생자는 대개 왕성한 창작활동과 그 성향이 이미 21세기에 기대하기에는 고착화(固着化)되었고, 한편 1960년대 이후에 출생한 시인은 아직 그 완성도와 객관적인 평가면에서 부족하다고 보았다. 둘째는 시단에의 데뷔가 정당성을 지니고 있으며 사조상으로 중국문학의 기본소양을 바탕으로 하여 서양의 이론을 긍정적으로 보고 있는 자를 선정하였다. 그리고 셋째는 시풍이 이전 세대와 차별되어 개성이 강하고 1980년대와 1990년대에도 부단한 작가활동을 지속해 온 자들을 선정한 것이다. 그래서 그 선정한 5인을 보건대, 쑤시아오리엔(蘇紹連, 1950~)·찌엔정지언(簡政珍, 1950~)·시앙이앙(向陽, 1955~)·쿠링(苦苓, 1955~)·리우커낭(劉克襄, 1957~) 등이 되겠다. 서술방법은 이들 시인의 시풍격을 개관하고 그 대표작들을 거론하겠으며 주된 참고문집으로는 ≪臺灣新世代詩人大系≫ 上下本(書林出版公司·1990)과 쑤시아오리엔의 ≪驚心散文詩≫(1990)·≪河悲≫(1990), 찌엔정찌언의 ≪季節過後≫(1988)·≪歷史的騷味≫(1990), 시앙이앙의 ≪四季≫(1986)·≪心事≫(1987), 쿠링의 ≪不悔≫(1988), 리우커낭의 ≪小鼯鼠的看法≫(1990) 등이다.

Ⅰ. 타이완 시단(詩壇)의 연대별 사조(思潮)

타이완의 현대문학 시기를 크게 양분한다면 지앙지에스(蔣介石)의 국민당 정부가 1949년에 타이완으로 건너온 시기를 기점으로 하여, 그 이전 시기는 1895년부터 일본의 지배와 소위 1945년부터 광복의 과정이었다면[3], 그 이후 시기는 곧 주체적인 타이완문학의 기틀과 발전, 그리고 토착화(土着化)의 단계를 밟아온 역정이었다고 할 수 있다. 타이완의 문학운동사적 배경이 넓게는 중국현대문학에서 거론되지만, 좁게는 타이완 자체의 독자성을 인식하고 또 인정해야 하는 현시점에 서있는 것을 부인할 수 없다.

타이완 문학사에서 신시사(新詩史)를 놓고 본다면, 찌앙우어쥔(張我軍)이 1925년 12월 28일에 펴낸 최초의 시집인 ≪亂都之戀≫에서부터 서술되어져야 할 것이다.[4] 그리고 이앙호아(楊華, 1906~1936)는 1930년대에 가장 성공하고 영향을 준 시인이었다.[5] 이앙호아의 시는 그 시대의 생활상을 짧은 구절과 간결한 언어를 구사하여 함축(含蓄)적이면서 은유(隱喩)적으로 묘사하였다. 그의 시집 ≪黑潮集≫ 중의 <빛바랜 종이 창문(褪黃的紙窗)>을 보면,

---

3) 빠오헝신(包恒新)≪臺灣現代文學簡述≫ p.3(上海社會科學院出版社. 1988)에는 타이완 현대문학의 역정을 다음 5분기로 분류하고 있다. 動員期(1919~1925), 推進期(1926~1930), 高潮期(1931~1936), 衰落期(1937~1945), 光復期(1945~ 1949)
4) 빠오헝신의 상게서 p.33~34 참조.
5) 빠오헝신의 상게서 p.110~113 참조.

누런 종이 창문에
가을의 마음이 싸늘하게 투시된다.
그대가 보다시피
이 하나 하나의 작은 틈새에서,
가을은 전율하고 있고
바람은 가녀린 신음을 하고 있다. 6)

세심한 관찰력을 통하여 큰 뜻(小中見大)을 표현하고자 한 것이다. 시인의 내심에 맺힌 분만(憤懣)과 항일(抗日)의 강렬한 저항적인 울분을 담고 있다. 시라는 매체를 통하여 애국정신과 민족의식을 고취시킬 수 있다는 점을 택할 수밖에 없었기 때문이다[7].

1949년 이후부터 대륙에서 건너온 일단의 문인과 학자들이 주도한 타이완의 신시단에는 1950년대에 이르러서야 허무(虛無)와 관조(觀照)적인 의식이 주류를 이루었고, 일본의 식민지체재를 완전히 탈피한 중국 속의 타이완 시단의 소위 맹아기(萌芽期)인 전기(前期)시대에로 진입한 것이다[8]. 그러니까 타이완 시단이 본궤도에 올라서 나름의 독자적인 사조를 창출한 시기는 아무래도 1960년대부터라고 보는 것이 타당할 것이다. 따라서 21세기를 맞는 현 시점까지의 시 흐름을 단계별로 개관하면서, 나아가서 이 시대의 타이완 시단의 40대 시인 5인방을 살펴봄이 온당하리라 본다.

---

6) 褪黃的紙窗, 凉透了秋心. 你看, 這一個一個的微隙, 秋在戰慄, 風在低吟.

7) 이에스타오(葉石濤)≪臺灣鄕土作家論集≫ p.32 :「漢詩和詩社在日據時代培養了本省人民的愛國精神維持了民族意識, 其功永垂,應該値得大書特書.」(臺灣遠景出版社. 1979)

8) 찌앙지엔(張健) ≪中國現代詩≫「自由中國時期」에서 前期(1949~1958), 中期(1959~1970), 後期(1971~1983) 등으로 분류.(五南圖書公司, 1984)

1. 1960년대의 초현실의식(超現實意識)

1960년대의 문학사조는 구미에서 유입된 영향과 깊은 관계가 있다. 이 시기는 자기생활의 본체를 중시하여 자아에 대한 낙심, 분노, 그리고 초조 등이 작가의 심령에 주제로 등장하였다. 이러한 내적 갈등의 이론적 설정이 가능토록 한 사조가 프로이드의 정신분석학설과 초현실주의인 것이다. 프로이드의 학설은 문학의 내재의의(內在意義)면에서 타이완의 문단에 영향을 주었으니, 짱모(張默)는 다음과 같이 그 관계를 기술하고 있다.

> 현대시에 표현된 것이 추상적인 개념은 아니지만 순수함을 힘써 구하고 주관적인 의상경험의 재현을 추구하면서 줄곧 하나의 내재적인 무성, 무색, 무형, 꿈같은 몽롱의 심리변화과정을 표현해 왔으며, 시인은 왕왕 이런 신비로운 감각세계에서 헤매면서 방향을 잃곤 하였다.9)

라고 하여 관념화된 작품의 출현을 인지하였으며 일상의 어구에서 벗어나는 추상적인 의식세계에서의 즉흥적인 언어구사를 추구하는 기풍을 보이기도 하였다. 예컨대, 팡신(方莘, 1939~)의 <달이 뜨고(月升)>(≪現代文學≫ 1963년)를 보면,

> 황혼의 하늘, 크고 오묘한 보조개
> 홍작새 같은 개구쟁이가 뛰노는 지붕 위에
> 발에 치어 나온 달은
> 방금 다 먹은 파인애풀 깡통
> 쨍그랑 소리를 낸다.10)

---

9) 現代詩所表現的雖不是抽象的概念, 但在力求純粹以及實現主觀意象經驗的重現中, 却一直在表達出一個內在的無聲, 無色, 無形, 朦朧如夢的心理變化過程, 詩人往往在這種玄秘的感覺世界中迷戀忘返.(≪六十年代詩選≫緒言)

시인의 의상세계를 사물의 의인화(擬人化)를 통해서 인간적인 안계(眼界)에서 찾으려 하였다. 그리고 초현실주의와의 관계를 보면, 이 사조는 언어의 조어(造語)에 있어서 논리적인 어법을 탈피하고 비논리적이지만 자연스러이 우러나는 소위 자동어언(自動語言)의 표현에 비중을 두고서, 인간의 잠재의식세계와 함께 현실과 유리된 몽환(夢幻)세계를 배제하지 않으면서 문학의 기교를 강조하는 방향으로 유도하였다. 60년대의 타이완 문단에서의 이 사조와의 관계에 대해서 루어푸(洛夫)는 그의 <시인의 거울(詩人之鏡)> 이란 글에서 다음과 같이 기술하고 있다.

> 초현실주의의 시에 대한 가장 큰 공헌은 곧 심상의 범위를 넓히고, 의상의 강도를 농축하였다는데 있으며, 은유·상징·암시·여운·다의 등 중요한 시의 표현기교를 극대화시켰다.[11)]

이런 논조로 상친(商禽, 1930~)의 시<비둘기(鴿子)>(≪創世記≫ 제24기, 1966년 4월)를 보기로 한다.

> 지금 나는 왼 손으로 가벼이 어루만지며 떨고 있다. 더구나 그녀의 상첩받은 짝을 서러워하는 것같이. 아! 한 마리 상심한 새야. 여기에 나는 또 오른 손으로 가벼이 왼 손을 어루만지고 있다 …… 하늘에 나는 것은 혹시 독수리인가, 혈기 잃은 하늘에는 참새 한 마리도 없다. 서로 의지하여 떨고 있고 일하고 또 일하며 죽이면 끝내 죽임당하는 것, 무고한 손으로 지금, 나는 너희들을 높이 들어, 나는 참으로 다친 참새 놓아주듯이 너희들을 나의 양팔에서 풀어주고 싶다.[12)]

---

10) 黃昏的天空, 龐大莫名的笑魘阿. 在奔跑着紅髮雀班頑童的屋頂上, 被踢起來的月亮, 是一隻剛吃光的鳳梨罐頭, 鏗然作響.

11) 超現實主義對詩最大的貢獻乃在擴展了心象的範圍, 濃縮了意象的强度, 而使得隱喩, 象徵, 暗示, 餘弦, 岐義等重要詩的表現技巧能發揮最大的效果. (≪創世記≫, 1964년 12월)

이 시는 산문시의 형식으로 비둘기라는 한 미물이 비천하고 보호받지 못하는 신세를 동정하면서 현실에서의 일탈을 엿보게 하는 것이다.

2. 1970년대의 용족정신(龍族精神)

1970년대에 들면서 정치적으로 타이완은 의외의 사건들이 연발하여 1970년 11월의 띠아오위타이(釣魚臺)사건, 1971년 10월25일의 유우엔에서의 탈퇴, 1972년 2월 닉슨의 중공방문, 동년 9월의 중일(中日) 외교단절, 1972년 타이완 경제 5개년 계획수립 등 굵직한 변화가 일어났다. 이에 따라 서서히 타이완 자체의 주체의식이 일기 시작하였다. 1971년 3월에 「용족시사」가 나타났으니, 그 창간선언에서 이르기를,

> 우리는 우리 자신의 징을 두드리며 우리 자신의 북을 치며, 우리 자신의 용춤을 춘다.[13)]

라고 하여 중국전통으로 회귀하려는 시적인 반향을 보이기 시작하였다. 1970년대 초 3년간에 있었던 자성(自省)의 소리는 이른바 「용족정신」이라고 할 수 있으니 ≪용족시선≫을 보면,

---

12) 現在, 我用左手輕輕的愛撫着在顫抖着, 就更是像在悲憫着她受了傷的伴侶的. 啊, 一隻傷心的鳥. 于是, 我復用右手去輕輕地愛撫着左手, ……在天空中翱翔的說不定是鷹鷲. 在失血的天空中, 一隻雀鳥也沒有, 相互倚着而顫抖的, 工作過仍要工作, 殺戮過終也要被殺戮的, 無辜的手啊, 現在, 我將你們高擧, 我是多麼想一如同放掉(對傷癒的雀鳥一樣)將你們從我雙臂釋放啊.

13) 「我們敲我們自己的鑼打我們自己的鼓舞我們自己的龍.」이 詩刊에 참여한 주요 동인은 林佛兒, 林煥彰, 辛牧, 陳芳明, 蕭蕭 등이다.

> 용족정신은 개방의 정신이요, 수용과 함축의 정신이다. 그러나 용족 시간은 이미 일정한 풍격이 없으며, 또 당대의 각종 주의나 유파를 제창하지도 않는다. 그 추구하는 방향은 무엇인가? 그 이상은 또 무엇인가? 첫째 용족의 동인은 긍정적으로 이 때 이곳의 중국 풍격을 파악할 수 있을 것. 둘째, 성실하게 중국문자로 자기의 사상을 표달할 것, 셋째, 시는 진실되게 이 사회를 비판할 것, 그러나 또한 흉금을 열어 이 사회로 하여금 우리의 시를 비판토록 할 것 등이다.[14)]

이러한 변혁을 외치는 새로운 정신은 후퇴가 아닌 시단의 새 지표를 의미하며 또 하나의 발전의 단계를 제시한 것이다. 시아오시아오(蕭蕭, 1947~)의 <왕유와 선을 논함(與王維論禪)>(시집 ≪擧目≫)을 보면,

> 우리는 긴 눈썹을 드리우고 마주 앉으니, 솔숲에는
> 오로지 맑은 샘이 졸졸졸
> 나풀나풀 회백의 머리카락이 바람맞아 흩어지네.
> 한 권의 망천집을 아직도 펴지 않았는데
> 두세 조각 꽃떨기 어느새 옷깃을 따라
> 가벼이 흩날리누나.
> 나, 정말 말을 하고자 한다.[15)]

이 시는 왕유(王維, 701-761)의 만년에 송지문(宋之問)의 별장이던 망천장(輞川莊)에서 배적(裴迪)과 화창(和唱)하던 20수의 오언

---

14) 「龍族精神, 也就是開放的精神, 兼容竝蓄的精神, 然而, 龍族詩刊旣沒有一定的風格, 又不提倡當代的各種主義流派, 那麽, 它所追求的方向是甚麽呢? 它的現想又是甚麽呢? ...... 第一, 龍族同仁能夠肯定地把握住此時此地的中國風格, 第二, 誠誠懇懇地運用中國文字表達自己的思想, 第三, 詩固然要批判這個社會, 但是, 也要敞開胸懷讓這個社會來批判我們的詩.」≪現代詩導讀≫(林白出版社. 1973)

15) 我們垂着長眉對坐, 松林裏 只有淸泉細細 裊裊, 灰白的髮絲迎風披散 一本輞川集尙未翻開三兩片花瓣先已順着衣襟 飄落 我, 正待開口.(1979. 11)

절구와 그에 담긴 왕유의 시적인 선경(禪境)을 이 시의 작자 심상(心象)에 비유하여 그린 것이다.[16] 이 비유는 「시의 의취가 표현된 시어 보다 더 깊이 담기어 있음(意在言外)」[17]한 것이지만 의념(意念)이 분명하고 혼돈이 없다. 작자 심태의 청정(淸淨)한 상태를 왕유의 시세계에서 잠시 빌려 본 것이다. 그러나 뿌리를 자신의 것에 두고자 하였다.

3. 1980년대의 현실위주(現實爲主)

세대가 바뀌면서 그 추구하는 목적은 어느 면에서는 가시적인 현실세계에서의 성취에 있을 것이다. 이 시기는 전세대가 지녔던 귀소(歸巢)의식을 현지(現地)의 향토(鄕土)의식으로 이해하고 융화시켜나가는 과정을 거쳐 온 것이다. 이 시기는 일종의 정반합(正反合)의 과정처럼 이상의 가(家)와 현실의 가(家)가 상호 교차되는 의식세계에서 시인들은 현실세계의 가(家)를 선택하지 않을 수 없었으니, 이것은 가시적(可視的)인 현실세계와 불가시적(不可視的)인 심계(心界)에서의 기로에서 결국은 가시적인 것으로 방향을 잡은 것이다. 그들은 어떤 면에서 대륙 속의 타이완이라는 처해 있는 현실을 인정하는 포괄적인 안목을 추구한 것이다. ≪草根≫ 복간(復刊)의 <초근선언 제2호(草根宣言第二號 : 專靜與秩序)>에서 강조하기를,[18]

---

16) 졸저 ≪王維詩比較硏究≫ 제5장 참고(北京京華出版社, 1999).

17) 嚴羽 ≪滄浪詩話≫ 詩辨 참고.

18) ≪草根≫ 復刊(1985년 2월 1일).

> 시의 제재에 있어서 소아와 대아 그리고 타이완과 대륙 모두가 중요하다. 과거를 탐색하여 현재를 반영하고 미래를 전망할 때에 응당히 타이완과 대륙을 같은 측면에서 심각하게 고려해야 하는 것이다.[19]

라고 선언하였다. 이것은 가시적인 것과 불가시적인 세계를 관념상 동일시하려는 의식이다. 즉 대륙과 타이완, 구세대와 신세대의 차이에도 불구하고 동일근(同一根)의 의미에서 볼 때 그들의 현실위주는 역시 타이완을 위주로 하지만 근원상 대륙을 배제하지 않는 것이다. 이것이 곧 「민족시풍을 다시 일으키고 현실생활에 마음을 두자(重建民族詩風, 關懷現實生活.)」의 구호인 것이다.[20] 민족시풍(民族詩風)이란 「中華民族」이란 개념을 바탕으로 한 것이기 때문에 지역적 구분을 초월하고 있다. 그러나 전세대가 사향(思鄉)의 경험을 작품 속에 혼융(混融)시켰다면 이 세대에 있어서는 그러한 사향의식이 투명하지 않고, 단지 문자나 형식상의 자각(自覺)에 주안점을 둔다는 것이다. 즉 시의 제재(題材)에 의하지 않고 표현방식에서 중국인이 중국의 문자로 중국의 현실 자체를 중국의 시율과 의상(意象)에 따라 묘사한다는 것이다. 따라서 전통적 관념을 재조명하거나 추구한다기보다는 그 안에서 현실에 있는 모습을 독자적으로 표현해야 한다는 전세대와의 이질화(異質化)현상의 추구이며, 그리하여 현실은 시의 제재를 더욱 풍부하게 할 수 있다는 것이다. 쑤시아오리엔(蘇紹連, 1950~)의 <봄을 바래며(春望)>(≪臺灣新世代詩人大系≫ p.25)를 보면,

---

19) 在詩的題材上, 要小我・大我・臺灣・大陸竝重. 在探索過去, 反映現在, 展望未來時, 應把臺灣與大陸放在同一層面來探刻的思考.

20) 向陽「七〇年代現代詩風潮試論」(≪文訊≫ 第十二期, 1984년 6월)

산 산 강 강은 나라가 되어
있고,
풀 풀 나무 나무는 성이 되어
깊다.
시들어 떨어지는 꽃병 병 병 병 병 병 병 병
거기에 꽃이 피고
날아가는 조롱 롱 롱 롱 롱 롱 롱 롱
거기에 새가 운다.

봉홧불에는 하루 하루 하루 하루의 시간만이 남아있고,
집의 편지에는 한 장 한 장 한 장 한 장의 우표만이 남아있다.
성근 머리카락의 흰 머리
긁으면 피 피 피 피 피 피 피
피가 나오니,
실라락
실가락 같은
붉은
붉은
피가 맺힌 머리카락 카락 카락 카락 카락 카락 카락 카락.[21]

이 시는 두보(711~770)의 <春望>[22]을 바탕으로 해서 타이완의 타향에서 대륙에의 귀향을 희원(希願)하는 절규를 담고 있다. 신세대의 시인들은 예리한 영감으로 인간사의 부허(浮虛)함을 꿰뚫고 있으며 평면이 아니라 입체적인 시를 구사하여 시의(詩意)를 구체화시키고 있다.

---

21) 山山河河爲國 在, 草草木木爲城 深, 凋落的瓶瓶瓶瓶瓶瓶瓶瓶 是那陣花開, 飛起的籠籠籠籠籠籠籠 是那聲鳥叫. 烽火只剩一天一天一天一天的時間, 家書只剩一張一張一張一張的郵票. 尋髮的 白頭 搔出血血血血血血血血 絲 絲 紅 紅 血流成的髮髮髮髮髮髮髮髮

22) 두보의 원시는 仇兆鰲의 ≪杜詩詳注≫ 권7을 참고.

4. 1990년대의 자아발현(自我發現)

시인의 「我」에 대한 운용방식은 시의 성패(成敗)를 좌우할 만큼 중요하다. 왜냐하면 자아에서 타인으로의 정립은 서정에서 지성이라는 등식과 통하기 때문이다. 자아에서만 머문다면 그 시는 객관성이 결여될 것이며 만인의 시가 되기 어려울 것이다. 미묘한 관계이지만 자아를 극복해야 완전한 의미의 자아형성과 자아발현이 가능할 것이다. 이것은 주어진 자아를 시라는 예술에서 승화시켜 사인(私人)(personal)으로서의 자아가 아니라 인류의 공유적 개념으로서의 자아(individual)이어야 하는 것이다. 이 세대는 이것을 위해 부단한 실험과 고심을 한 것이다. 그들은 이를 위해 표현되는 언어를 매개체로 도입하였다. 그러므로 언어의 생명은 시인의 생명인양 되는 것이다. 곧 자아를 언어상의「我」의 위에 놓기 위해서는 「他人」의 개념을 도입하게 된다. 그러다 보니 언어의 중성화(中性化)를 낳게 되었다. 나름대로의 색채나 개성이 없이 피동적인 단순한 표의자(表意者)의 역할이란 말이 나올 수 있는 것이다. 시인이 나름대로의 개성을 토로할 수 있느냐의 여부(與否)는 문학자체의 본령(本領)을 망각하느냐의 질문과도 같은 것이다. 이것의 부작용은 이 세대가 사려 깊은 의식이 부족한 상태에서 금기(禁忌)나 구속으로부터 벗어나서 현실에 집착하다가 내심의 진정을 놓칠 위험성이라는 것이다. 그래서 언어의 유희와 희극성이 자연히 시의 산문화(散文化)를 추구하는 경향을 낳았으니 리우커낭(劉克襄 1957~)의 <연서를 쓰는 사람이 잠들었다(寫情書的人睡著了)> (시집 ≪在測天島≫)를 예로 들어 본다.

오늘 저녁, 사랑의 편지 쓰는 사람이 졸고 있다
사랑의 편지 기다리는 사람만이 깨어있다
하나의 빈 우편함, 나는
달빛 아래 광야에 있어
아무도 눈을 감고 있지 않다
또 아무도 나에게 숲으로 왁짝지껄 내달리지 못하게 한다
과거를 생각해 보며 나는 마음에 미소짓는다
한편으로 아내의 짙은 코고는 소리 듣고 있다
벌써 알고 있다. 우리는 아마 영원히 사랑할거다
눈과 높은 산의 만날 약속 같이
사계절의 차례가 뚜렷한 것 같이

결혼은 우리의 유일한 착오이다
그래서 전 세계의 남자 같이
오늘 밤, 몰래 일어나 한 통의 편지를 써서
죽은 지 오래된 애인에게 부친다
그녀는 우리가 예전에 놀던 곳마다에 누워있다
허허 — 편지에 우표를 붙일 수 없다
아야, 저 빈 우편함에 던질 수밖에 없구나.[23)]

이 시는 독백이며 넋두리이다. 이 시인의 시들이 이러한 산문시의 틀을 지니고 있다. 그러나 심령의 정밀(靜謐)속에서 시를 쓰고 있다. 이것도 하나의 언어를 통한 자아의 공유화(共有化)의 추구인 것이다. 외침이 침묵 속에 묻히었으나 시의 본질은 엄존하고 예술

23) 今晚, 寫情書的人睡著了 只有等情書的人醒著 一個空信箱, 我 在月光下, 在曠野裏 沒有人來矇住眼睛了 也沒有人讓我哄騙到森林 想到過去, 我在心裏微笑 一邊聽著妻子的濃鼾 早知道, 我們或許可以永遠相戀 像雪和高山的約會 有著四季的節序 結婚是我們唯一的錯誤 所以, 像全世界的男人 今晚, 偷偷起床寫一封信 寄給死去很久的愛人 她躺在我們往昔嬉戲的每個地方 噓 — 不能貼郵的這封信 唉, 也只能投到那空信箱裏

성은 더욱 짙게 표출되어진다. 이 세대는 1990년대에 더욱 왕성한 자아발현을 추진해 나갔으며 비록 시의 산문화 현상이 보인다하여도 의상사유(意象思惟)로서의 시 본질은 강하게 내연(內燃)되어 있는 것이다. 이 세대의 시 형식은 그들 자신의 의지에 따라 다양하였으며 시어의 구사는 그들 의식에 의해 시공(時空)의 한계를 넘나들며 한결 자유롭고 광대해져 간 것이다. 자아의 발현은 그 시인과 그 시기에 따라 수다한 시행착오적인 모순을 드러내면서 지속되고 진전되는 것이기 때문이다. 그 모순의 함정이 오히려 그 시대의 진정한 소리를 듣게 하며 침묵의 회응(回應)이 있을 수 있는 것이다. 21세기에는 침묵의 소리(시와 그 속의 뜻)의 메아리가 끊이지 않아서 새로운 소리로 발전될 수 있기를 타이완 시단에게 기대를 걸고 있는 것이다.

Ⅱ. 타이완의 5인방과 그 시의 세계

2앞의 서두에서 이미 40대 시인 5인을 선정한 기준을 밝힌 바와 같이 이 선정은 필자의 주관적인 관점과 평가에 의한 것이므로, 본문의 내용 전개는 그 만큼 시도적인 서술이 될 것임을 양지하기 바란다.

1. 쑤시아오리엔(蘇紹連) 시의「고시(古詩)의 현대시화(現代詩化)」

필명은 쑤사오리엔(蘇少憐)으로 타이완 타이중(臺中)인이며「龍族詩社」·「後浪詩社」·「詩人季刊社」의 창립인으로 참여하였고 시집은 ≪茫茫集≫(1978)·≪童話遊行≫(1990)·≪驚心散文詩≫(1990)·≪河悲≫(1990) 등이 있다. 근래의 문학대중화 입장에서 보면, 그의 시는 직서적(直敍的)인 자연미를 추구하면서 개혁적인 시풍을 보여준다. 1987년에 나온 ≪茫茫集≫은 현대시의 발전사에 중요한 의미를 주는 시집이다. 그는 현실현상을 초현실화로, 고전의 소재를 현대화시키는 시도를 하고 있기 때문이다. 전자의 예로 <희미한 미립자(茫的微粒) 2>(시집 ≪驚心散文詩≫)를 보면,

> 아득히 단절된 방 그 곳에 서서
> 환상의 호화와 형제들의 유물에 빠져있다
> 우리가 돌아오니, 열 창문이 없다
> 물어 볼 길이 없는데, 너희들 발자국은 늑대 뱃속에 들어갔는지
>
> 황사는 흉악하게 우리의 주야로 달리는 얼굴에 흩날린다
> 얼굴빛은 지는 햇빛 속에 어두어가고 사라져 간다
> 우리의 드러난 것 금세의 표정이나 내세의 표정이 보이지 않는다
>
> 정말 엄숙하고 정말 비장하다
> 온통 찾아보자, 누가 고향을 위해
> 눈물을 흘렸는가
> 또 누가 형제를 위해 달게 머리를 홀랑 깎아
> 칼끝이 점점 사막에서 빛나고 있다
> 해가 떠오른다. 아침 인사도 없는
> 우리에게 성지는 뭐며 지옥은 무엇인가

방향은 방향을 조여 가는데
우리는 칼은 굽은 면으로 푸른색의 지평선을 절단한다
상처 난 곳에서 한 가닥 외줄기 연기가 피어오른다

형제여! 고향을 잃은 이유를 말해다오
우리는 너희를 향해 달려간다 하나의 이정표에서 또 하나의 이정표로
마을을 불러댈 사람이 없다, 대지의 이름을 불러댈 사람도 없다
한 번에 측백나무 쓸어 뜨린
동시에 유전성을 강림시킨 시간 속에서
우리는 우리의 생명과 잠자고 있다.
깨었을 때, 우리의 얼굴은 유일하게 남아있는 유물[24)]

이 시는 시속의 인물이 「나」와 「그」의 적대관계를 동등한 운명으로 받아들이고 있으며, 현실의 삶의 상처를 독자 내심(內心)의 고통으로 흡수시켜서 감동을 준다. 이 시가 추구하는 삶은 부정적인 의식으로 부각되고, 허무와 초탈의 너울을 쓰게 한다. 우리가 돌아오니 열 창문이 없다. 물을 길이 없으니 그대들은 늑대 뱃속에 발을 들여놓은 건가! 이렇게 깊은 늪으로 독자를 유도한다. 칼끝은 점점 사막의 들판에서 빛난다. 해가 뜬다. 아침인사도 없는 우리는 어떤 성지로 가는가, 지옥으로 가는가. 방향이 방향을 붙잡고 있

24) 茫然的站在房屋被折除的地方 流連着虛幻的豪華和兄弟們的遺物 我們回來, 沒窓可開 沒路可問, 你們的脚印是否已步入狼肚裏　黃沙兇惡地漫揚在我們日夜奔馳的臉上 臉色自落日中昏暗, 熄滅 看不見我們露出的是今世的表情或來世的表情 一定嚴肅一定悲壯 總可猜出, 誰已爲家園流淚 或誰已爲兄弟們自甘燃亮頭髮刀芒逐漸在漠野中燦起 日出, 沒有早安的我們能朝向甚麼聖地甚麼獄門 方向擠着方向 我們用刀的彎度切斷青色的地平線 傷口處, 一縷孤煙直直冒升 兄弟啊, 請指示失去家園的原因 我們向着你們奔去, 從一塊路標到一另塊路標 沒人能叫出一個村莊, 或叫出大地的名字 在一次顛倒了柏樹的 同時降臨了遺傳性的時間裏 我們跟着我們的生命睡去 醒時, 我們的臉是唯一所剩的遺物

다. 우리는 칼의 굽은 면으로 청색의 지평선을 절단한다. 상처 난 곳에서 한 가닥 외줄기 연기가 곧게 올라간다. 이 부분은 방향을 잃은 우리의 삶이 꿈의 지평선마저 막혀서 방황하는데 방향이 방향을 잡는다란 갈 곳을 잃은 자가당착의 표출이다. 상처받은 삶의 고뇌를 가느다란 연기 자락에 기대며 초현실의 탈출을 희구하고 있다. 그렇지만, 우리는 현실적 상황을 인정하지 않으면 안 되기에 말구에서「깨었을 때 우리의 얼굴은 유일하게 남아 있는 유물」과 같이 보이는 자화상을 되새길 수밖에 없는 인간으로서의 엄숙한 자신을 직시해 볼 것을 일깨워준다.

이 시인의 다른 하나의 특징은 앞에서 거론하였듯이 고시의 현대시화 작업을 들 수 있다. 즉 고시의 「重寫」(다시 묘사)[25]인 것이다. 「重寫」는 일종의 재창조인 것이니, 당대(唐代) 유종원(柳宗元)의 오언절구 <江雪>[26]을 가지고 쑤시아오리엔은 제 1구에서 「千鳥慢慢地慢慢地展 翅逗引低飛的山」(해석은 뒤에 있음)이라고 하여 유종원의 「千山」을 「千鳥」라 바꾸고, 제 2구의 「萬徑」을 「萬人」이라고 바꾸어서 주체와 객체의 치환점(置換点)을 시취(詩趣)에 넣으려 하였다. 단지 말구에서 유종원의「홀로 추운 강의 눈을 낚시질하네(獨釣寒江雪)」를 「江血孤走, 獨弔而死」(해석은 뒤에 있음)라 한 것은 자연산수의 정적감(靜寂感)을 강열한 현실투쟁의식으로 전환시켰다고 할 것이다. 이제 <비익조(比翼鳥)>(시집 ≪河悲≫)를 보기로 한다.

---

25) ≪新世代詩人大系≫ p.19 :「≪茫茫集≫ 第四輯裡的詩大都是古詩的『重寫』, 如春望・江雪・月亮的民謠 等…」.

26) 柳宗元「江雪」(≪全唐詩≫ 7函5冊) :「千山鳥飛絶, 萬徑人踪滅. 孤舟簑笠翁, 獨釣寒江雪.」

≪이아≫ : 「남쪽의 비익조가 있는데,
암수 같이 아니하면 날지 않는다.」

눈물
흘리는
새는
모두
날아간다

눈물
흘리지
않는
것
또한
날아간다

모두 동남쪽으로 날아간다, 동남쪽에서 검은 구름 만난다, 검은 하늘 따라간다
모두 서북쪽으로 날아간다, 서북쪽에서 밝은 구름 만난다, 밝은 하늘 따라간다

모두 날아서 타이완에서 공중으로 모두 날아간다
모두 날아서 채색 구름 되어 모두 날아간다
어둡다
어둡다
밝다
밝다
곧장 하늘에서도 눈물 방울 떨군다27)

27) ≪爾雅≫ : 「南方有比翼鳥, 不比不飛.」落 淚 的 鳥 都 不 落 淚 的 也 飛 齊飛東南, 在東南遇雲暗, 隨後天暗 齊飛西北, 在西北遇雲亮, 隨後天亮 齊飛而都自臺灣升空齊飛 齊飛而都化作雲彩齊飛 暗 暗 亮 亮 直到天也滴淚

이 시는 암수의 사이가 좋은 상징적인 새를 이미지로 하여 고사를 작품화하였다. 글자 하나에 의미를 부여하여 시의 시각적인 효과를 동시에 주고 있다. 이 시는 타이완에서 성장하였으나 대륙에 고향을 둔 시인의 망향심(望鄕心)이 후반에 짙게 스며드는 것이다.

그리고 이 시인의 시에 나타나는 구도상의 유의할 점이 보이는데, 그 하나가 실지(實地)명사와 추상(抽象)명사의 융합인 것이다. 실지에서 추상으로의 전이(轉移)는 실(實)에서 허(虛)로의 심적인 갈등과 번영의 실경(實景)에서 공허의 추상개념으로의 변화를 암시해 준다. 그 예로 <땅위의 서리(地上霜)>(시집≪河悲≫)의 앞부분을 들 수 있다.

> 빙 날아도는 한 장의 유리종이가 처마 끝을 감싸 돌아 박쥐를 불러내어 문틀을 감돌게 하고 흰개미를 불러내어 그대 몸을 감돌게 하고, 두 다리를 불러내어 침상 앞을 감싸게 하고 결국 쓰러져 땅의 서리가 되었구나.
>
> 저기 울며 돌아가는 달빛. 너는 피의 난간에 의지하여, 『별의 숲이 쓸쓸함을 삼키는 것과 돌의 누각이 공허함을 삼키는 것과 칼의 노래가 요원함을 삼키는 것을 보아라.』 누가 돌아가지 않느냐? 나는 돌아가지 않는다, 나는 그대의 과거이다.
>
> 그대는 앞을 보아라, 달이 저 끝에 있고 그대는 이미 누렇게 된 잿덩이.[28]

위에서 괄호(주석의 원문의 밑줄 부분을 참고) 친 구절이 「실지명사+동사+추상명사」의 형식을 강구하고 있다. 이러한 구사법은 대

---

28) 飛旋的一張單光玻璃紙, 繞過簷角, 叫出蝙蝠, 繞過門框, 叫出白蟻, 繞過你身, 叫出雙脚, 繞過床前, 意跌成一地的霜. 那是哭着要回去的月光. 你依着血欄, 看星的森林呑蕭條, 石的樓房呑空洞, 刀的歌聲呑遙遠. 誰不回去? 我是你的過去. 你向前看, 月在極前, 你已是黃了的灰燼.

비법적(對比法的)인 시의(詩意)를 표달하여「시인의 성정과 자연의 경물이 서로 융화됨(情景交融)」의 추상화를 시도한 것이다. 그리고 그의 시에서 다른 하나는 시어배열에 있어서 주객체(主客體)의 전도(顚倒)구사인 것이다. 이것은 초현실적인 세계를 시어활용이라는 가시적인 방법으로 시도한 것이다. 예컨대, <넋(魂)> (≪驚心散文詩≫)의 앞부분을 보면,

> 나의 피가 신발 속에 내려가 있다. 내려가는 길에 나무와 집이 하늘 가득히 솟아있다. 올라가는 성좌에 나의 머리카락은 사망의 검은 고양이일수 없다. 무슨 일이 밤차에 있는가. 어느 강으로 배가 가는가. 웬 근심이 등불에 스며드는가. 산마루에서 어떤 정이 드는 가. 어느 땅에 그 나무가 있는가. 거문고에는 어떤 마음을 담는가.[29)]

위의 시에서 원문(주29)의 제 6구 이하의 구절에 대해서 찌엔정찌언(簡政珍)은「夜車來了有甚麽事, 船隻渡甚麽水…」(밤차가 와서 무슨 일이 있고, 배가 어느 강을 건넜으며...)라고 묘사해야 하는 것을 도치법으로 활용했다는 것이다.[30)]

2. 찌엔정찌언(簡政珍) 시의「평담(平淡) 속의 기취(奇趣)」

1950년에 출생한 시인이 펴낸 ≪季節過後≫·≪紙上風雲≫·≪爆竹翻臉≫ 그리고 ≪歷史的騷味≫ 등 시집은 모두 1988년 이후에 나왔으며 다른 시인에 비해 서양문학이론을 직접 접촉하고 박사학

---

29) 我的血降在鞋裏. 就降下的路, 樹與房屋不得不升得滿天. 就升起的星座, 我的髮不得是窩死亡的黑猫. 甚麽事是夜車. 甚麽水是船隻. 甚麽愁是燈火. 甚麽愛是山嶺. 甚麽土是樹木. 甚麽心是琴棋.

30) 簡政珍의「蘇紹連論」(≪新世代詩人大系≫)

위까지 취득한 지식인인데, 그는 의외로 담백한 시를 쓰고 있어서 외적으로는 소박하지만 시 내면에는 기취(奇趣)를 담고 있다고 하여 「평담한 가운데 기이함을 보임(淡中見奇)」[31]라고 평가할 수 있다. 이것은 찰나적인 감흥을 응축된 언어로 표출시킬 수 있음을 의미하는 것이다. 그 예로 <참모습(眞象)> (시집 ≪季節過後≫)을 들어 보기로 한다.

① 情緒怎能佈局	정서를 어떻게 펼 수 있을까
② 冷氣機有時也難以	냉장고는 때때로 급변하는
③ 應付驟變的溫度	온도에 대처하기 어렵다
④ 體內反芻的香味	체내의 되새김질하는 향기론 맛
⑤ 在口中殘留部分的苦澀	입안에 좀 씁쓰름이 남아 있다
⑥ 言語在習俗的眼光中	언어는 습관의 안광 속에
⑦ 躱躱藏藏, 直到	숨어서 있다가 곧장
⑧ 我們俯視	우리를 내려다 본다
⑨ 地下室這一口井, 所有	지하실의 이 우물에는
⑩ 累積的眞象	수많이 쌓인 진상들이
⑪ 盪漾開來, 被理性	출렁이며 헤치고 나오며
⑫ 禁錮的眞言	이성으로 갇혔던 참된 말이
⑬ 扳開漸漸軟化的嘴角	점점 부드러운 입술을 열고서
⑭ 在急促的呼吸中	급작스런 호흡속에
⑮ 揭發自我的面目	자아의 진면목을 들추어낸다

이 시는 묘사가 평담하지만 의취(意趣)는 입체감을 주어 色·聲·態·光이 조화되어 나타나고 있다. ①~⑤의 부분을 보면, ①은 설명식의 서술을 하여 정서의 변화를 예고해 주고 ②·③에서 냉장고와 온실의 관계를 직접 비유하면서 아래에 이어지는 ④·

31) 鄭明娳 「簡政珍論」(≪臺灣新世代詩人大系≫ p.59)

⑤의 구에 연상작용의 역할을 해주고 있다. 몸 안의 향미(香味)와 입안의 「씁쓰름」이 대조되어 묘사되면서 차 마시는 생리적인 감응이 재치 있게 냉장고의 물리(物理)적인 감응과 대조적 효과를 일으킨다. 이러한 논리상의 두 양상이 ①구의 서두를 되새기게 해주는 흥취를 일으킨다. 이것이 「담백한 가운데 기이함을 본다(淡中見奇)」적 묘사법이 될 것이다. 이 시는 ⑥~⑬구 사이에서 그 성조가 돌변하는 것을 보게 된다. 언어는 세속성을 지니고 있기에 세속성을 포장하기도 하지만 아울러 포장되어지기도 한다. 지하실의 한 우물에서 물이 솟아나듯 진상이 은유적으로 언어의 내면에 숨겨 있다. 이것을 이성이라는 구속 속에 더욱 감추고 함축적으로 불태우고 있는 것이다. 그러니까 ⑮·⑯에서 그 진상이 「자아」라는 얼굴로 급격히 표출시켜진다. 인간의 일반적인 의식을 직유(直喩)와 은유(隱喩)의 묘사법으로 전개시키고 있다. 「奇」는 개성이며 독자성인 동시에 시인의 심적 갈등과 불만이기도 한 것이다. 이제 <나무(樹)>(시집 ≪歷史的騷味≫)를 보면,

어째서 전혀 안 믿는가
저 나무가 나이를 속이다가
그 몸이 벼락으로 쓰러져서야 드러났네
나무좀벌레는 둥글게 파먹어도 나이테를 못 찾는다
바짝 마른 껍질에서

족보를 잃은 나무가
꺾이어 끊어지는 찰나에
눈 깜짝할 사이에
발아래 펼쳐지는
변화무쌍한 뭉게뭉게 흰 구름[32]

여기서 시인은 벼락 맞아 쓰러지고 부러진 한 그루의 나무를 통하여 인간의 숨겨진 나상(裸像)과 담겨진 고뇌(苦惱)를 허무적으로 묘사하였다. 시인의 시는 겉은 쉽게, 속은 깊게 표출하려는 인고(忍苦)와 의지를 짙게 보여주고 있는 것이다.

3. 시앙이앙(向陽) 시의 「십행체(十行體)의 자유시」

시앙이앙(1955~)은 본명이 린치이앙(林淇瀁)으로 타이완 난토우인(南投人)이다. 시집으로는 ≪銀杏的仰望≫(1977)·≪種籽≫(1978)·≪十行集≫(1984)·≪土地的歌≫(1985)·≪四季≫(1986)·≪心事≫(1987) 등이 있다. 지금까지 사실시(寫實詩)를 다작하여 전통 시가의 유아(幽雅)한 풍격에서 벗어나고자 하는 반면, 한편으로는 고전시가의 운율과 사조(詞藻)에 얽매여 현대감각을 상실한 면도 있었다. 시인의 「民族詩風」은 이른바 형식에 대한 자성(自省)이며 고전시 격율에 대한 반추(反芻)이기도 한 것이다. 그 좋은 예가 바로 십행체시인 것이다. 시의 흥취를 십행 속에 담아야 한다. 그러나 행마다 이 운각(韻脚)이 있는 것이 아니며 현대적 의식도 뚜렷이 표현되어 있다. 그러니까 자유백화시인 것이다. 제재와 형식이 고전에서 완전 이탈하지 않으면서 의상이 치밀하게 묘사되어 있는 것이다. 그의 <손금(掌紋)>(시집 ≪十行集≫)을 보기로 한다.

32) 怎麽都不相信 那棵樹虛報年歲 身分被雷電 擊倒時才暴露 蚜蟲一圈圈找不到年輪 乾燥的皮膚 遺失家譜的樹 切斷的一刹那 仍瞥一眼 脚下的白雲蒼拘

산천을 이해하기 시작하고부터
세월은 등나무 키 닿는 속에
찼다가 기울도다. 우연히 누에 실을 뽑아내면서
언제나 의심이 간다
어느 베틀에서
집으로 가는 길로 실을 짜는 것인지를
이미 떠돌다 지친 별자리
바람 속에 낙엽 진 자취를 찾아서
밭이랑을 이리저리 헤매고
지도는 얼키설키 놓여있고
필시 손을 펴서 뒤집을라치면
언제나 쭉 뻗친 경치 속에
더풀대는 주막집 깃발과
맞부딪친다.[33]

여기서 시는 제약된 행수에서 시흥을 표출시키고 시인의 의식이 완전히 표현되도록 하는 묘미를 추구하고 있다. 제한된 낭만에서 현실의 문제를 찾아야 하기도 한다. 시인의 시는 서정성에서 현실성을 추구한다는 의도를 전제로 해서 십행시를 채택하고 있는 것 같다. 우선 이 시의 운율은 고시의 거성(去聲) 치운(寘韻)을 취하고 있다. 기계식의 압운(押韻)이 아니라, 가능한 부분에 가하는 운율을 말한다.[34] 이 시의 「絲」·「途」·「跡」·「置」·「旗」가 그것이다. 자구와 압운의 곳이 자유롭다. 그러나 시의는 정제(整齊)하

33) 自從開始了解山河 歲月就在籮箕的廝磨中 盈缺, 偶爾剝繭抽絲 總會懷疑, 哪種機杼 紡得出回家的路途 已倦於流竄的星宿 在風中找我尋葉落的軌跡 阡陌縱橫, 輿地錯置 想必放手一翻, 總會並上 奔逐的景色裡殞棲的酒旗

34) 簡政珍「向陽論」(上同 p.405) :「十行集裡的七十二數詩仍是白話的自由詩. 現代詩捨棄機械式的押韻, 而力求詩行中可塑的韻律. 形式因此和內容融爲一體, 而非詩所攀附的框架. 向陽的十行集大抵保持這樣的風貌.」

다. 손금의 형태와 삶의 기복을 낭만과 현실이란 관점에 연계시키고 있다. 대조의 상(像)(盈缺 · 縱橫)과 7구 이하의 격동하는 감정의 표출은 이 시가 지닌 내연성(內燃性)을 보여주는 것이다. 이제 그의 <심사(心事)>(시집 ≪心事≫)를 보기로 한다.

> 뜬구름이 먼지가 뿌연 얼굴로
> 푸른 나무와 창공을 비쳐주는
> 작은 호수에 파고든다
> 작은 호수도 동글동글 동그스름한
> 주름들을 바람 따라서
> 놀고 있는 물고기에게 보내준다
> 이른 바 이 내 마음은
> 수양버들이 작은 호수를
> 감싸고 배회하는 것
> 지나간 어젯밤에 곧 올 내일을 못 오게 했지만
> 낙엽은 안개 노을 속에 흩어져 날라 떨어지니
> 비애와 희락은 영원히 이처럼 침묵을 지키며 호수 위 다리에
> 거꾸로 비치어 걸려서 물고기가 낙엽을 보며 놀라워한다[35]

이 시는 가을에 수양버들이 서 있는 작은 호수를 대상으로 시인의 내심의 일단을 묘사하고 있다. 그의 심사는 갈등의 연속이다. 그래서 시인은 낙엽 진 소슬함에서 호수에 드리워진 자화상을 보고 놀라는 것이다. 호수 같은 마음이 거꾸로 그림자 진 물 속의 광경처럼 울렁이고 있는 현실적 번뇌가 역력하다는 것이다. 소호(小

35) 浮雲把陰霾的顔面埋入 廻映碧樹蒼空的小湖 小湖又把圈圈圈不住的皺紋 隨風交給流魚去處理了 所謂心事是楊柳繞著少湖徘徊 逝去的昨夜挽留著將來的明天 落葉則在霧靄裡翩翩飄墜 而悲哀與喜樂永遠如此沈默 只敎湖上橋的倒影攔下 倒影裡魚和葉相見的驚訝

湖)에서 내심(內心)을 드러내 보이는 경물에서의 낭만과 현실의 삶과의 괴리감이 노출되어 있는 것이다.

한편, 이 시인은 현재의 시공(時空) 관점에서 과거의 시공 사건을 관조하며 시공을 초월한 인간의 존엄성을 강조하려 하려고 하였다.[36] 그래서 이 같은 의식이 정치와 사회에 대한 관조적인 비판 의식을 강하게 그의 시에서 표현하고 있으니, <의원 나리 몸을 가만 두지 않고(議員仙仔無在厝)> (시집 ≪四季≫)의 일단을 보면,

의원 나리 몸을 가만 두지 않고
한 달 전에 마을 사람의 이익을 위해서
그는 집 문을 나서 현읍 내에 가서 힘써서
길을 넓힌 후에 교통이 편리해졌고
공장을 한 칸씩 일구어서
모두들 크게 돈을 벌었다
………
그러나 의원 나리 몸을 가만두지 않고
새로 일군 한 칸의 공장이 폐수를 방류하여
논의 벼가 모조리 죽어 버렸으니 애석하다
의원 나리 한 달 전에 밖에 나가 싸워서
길 넓히고 공장 일구어 모두 큰 돈 벌게
되었건만 애석하다[37]

---

36) 向陽「歲月後記」:「透過現在的時空觀點, 來關照過去的時空事件, 而試圖鋪陳出我對於超越時空界域的人間尊嚴的肯定.」(≪歲月≫ 大地出版社 · 1985)

37) 議員仙仔無在厝 一個月前爲著村民的利益 他就出門去縣城努力 道路拓寬以後交通便利 工廠一間一間起大家大賺錢 …… 可惜議員仙仔無在厝 新起的一間工廠放廢水 田裡的稻仔攏總死死掉 可惜議員仙仔一個月前就出門去 爭取道路拓寬工廠起好大家大賺錢

이것은 정치에 대한 풍자이며 예리한 현실 사회에 대한 우려를 내보여 주고 있는 것이다.

4. 쿠링(苦苓) 시의 「산문시(散文詩)와 극시(劇詩)」

쿠링(1955~)의 본명은 왕위런(王裕仁)이며 러허(熱河)인이다. 타이완 대학 중문과를 졸업한 정통 문학도로서 ≪兩岸詩叢刊≫의 창립인이다. 시집으로는 ≪李白的夢魘≫(1975)·≪緊偎著淋淋的兩意≫(1981)·≪臥在地上看星的人≫(1983)·≪每一句不滿都是愛≫(1986)·≪不悔≫(1988) 등이 있다.

쿠링은 서정적인 심회를 가지고 현실 환경에 대한 탐색을 주도한 시인으로 풍자와 기교가 넘치는 정치 사회의 상황들을 시작화하고 있다. 러허가 원래 고향이나 타이완에서 생장했기에 대륙과 타이완의 두 지역에 대한 불만과 제도적인 정치 상황에 대해 반항심(反抗心)이 적지 않았다. 왜 두 개의 중국이 존재하며 상호간에 대치하여 사상적으로 민족적인 갈등을 겪어야 하는지에 대해 냉혹한 비판 의식이 잠재해 있었다. 그의 산문시 <땅에 누워 별 보는 사람(臥在地上看星的人)>(시집 ≪臥在地上看星的人≫)의 일단을 보기로 한다.

> 나는 별 하나가 급속히 떨어지듯이
> 마침내 모국의 따뜻한 가슴에 파묻히었다
> 차거운 바닷바람은 나를 일깨웠으니
> 여기는 대지의 모서리로 백만 년 전에 분리되었다. 내가 흑암 속에서
> 어머니의 배꼽 띠를 떠난 것처럼
> 마침내 자신의 험난한 인생을 걷게 된 것이다

나의 오른손에는 한 조각 침묵의
고구마 밭의 고구마, 이것은 삼십 년 전의 사람들의 주식으로
오늘은 있어도 되고, 없어도 되는 음식—
한 가닥 고구마가 땅바닥에서 그의 삼십 년의 신세를 생각한다. 줄기와 잎이 바람 속에 고함을 지른다. 마치 나의 죽음에 대해 전혀 무관심한 듯이.38)

이 시는 쿠링 자신의 개성 있는 문체와 주제가 강렬하게 이중적(雙重的)인 조화를 이루어, 타이완 계엄령 하에서의 정치 금지와 박해, 그리고 양안(兩岸) 문제 등에 대해 사실적으로 묘사하고 그에 대한 대담한 도전 의식을 표출해 내고 있다. 그리고 <충렬사대화록(忠烈祠對話錄)>(시집 ≪每一句不滿都是愛≫)은 4명의 열사가 독백 형식으로 자신의 위상을 무너뜨리고 자괴(自乖)의 상(像)을 보여준다. 여기서의 견책 대상은 열사의 비애와 골계적(滑稽的)인 자태에 있기보다는 「烈士」라는 이름의 허황된 역사성에 문제점을 부여하려 하였다.

열사갑 : 「그들이 오는 회수가 훨씬 적어졌다
가을만은 산 가득히 피처럼 붉은
잎들이 하나의 전쟁의 기억을 불러일으킨다
평화에 대한 감격을 표시한다
평화를 위하여 그 해에
나는 열 여덟 대의 적기를 섬멸시켰다

38) 當我像一顆星星急速下墜, 終於落入母國溫暖的懷抱, 冷冽的海風提醒我這裡是大地的邊緣, 分離於百萬年前；有如我在暗黑中離開母親的臍帶, 終於步上自己坎坷的一生. 我的右手邊是一片沈默的蕃薯田—蕃薯又名地瓜, 是三十年前人間的主食, 今日可有可無的餐點—條蕃薯在地底思考他三十年的身世, 莖葉在風中喧呶, 似乎對我的死竝不關心.

서둘러서 역사 속으로 들어갔다
영광에 먼지가 가득 쌓인 후에
그 해에 한 대를 가격한 두 사람을 보니 가슴 가득히 훈장을 달고서
나를 제사지내고 있다
나를 더욱 후회케 하는구나
진작 알긴 했어도, 좀 더 오래 살 것을……」

열사을 : 「열 네 살 때에 집을 떠나 장사하느라고
인생의 가장 먼 길을 걸었다
나는 오래도록 부대의 뒷 켠에서 따라갔다
다리가 짧아서 영웅의 발걸음을 쫓아갈 수 없었다
그들이 모두 쓰러진 후에
나 홀로 발이 삐어 시체 옆에서
흐느끼고 있었다
나보다 큰 보병총을 받쳐들었는데
문 앞의 저 의장대 같진 않아도
위풍이 늠름하다, 적을 본 적이 없어도
원정 가서 적을 토벌했으니 장렬하게
희생했느리란 말은 하지 말라
근년에 가장 생각나는 것은
내가 아직 아내가 없음이라……」

열사병 : 「여러 번 출진을 했으나
매 번 서로 다른 위치에 있었다
여기도 다른 사내와 같이
갈수록 답답해진다
위대한 전투 업적이 부족한데
병들어 죽고 사고 낸 사람 모두 나온다
아닌게 아니라 누구가 나를 나가라
하고 내 입장이 모호하다고 나무란다

사실, 남몰래 말하지만
본래 그들과 함께 전쟁에 따라다니지 않고
여기에서 단지
노인네 · 아이들 · 위문금이나 맡아 왔지만……」

열사정 : 「내가 무슨 혁명인지 알았겠는가
할아버지가 편안히 몸조심이나 하라 하셨고 나 때에 따라 양식이나
갖추고 세금내고
노역 나가면 힘써 일했다
밖에는 평평평평 요란한 총소리 날 때에도
용춤을 추는 것을 생각했다
결과적으로 그들은 길에서 쫓고 쫓기었고
나는 처마 아래 누워서
손으로 달걀 광주리를 들고 있었다
이렇게 목숨을 잃고
또 이 음산한 곳으로 보내어졌다
그대는 말하겠지 내가 원망하느냐고」[39)]

---

39) 烈士甲 : 「他們來的次數更少了 除非秋天, 滿山似血的紅葉 才喚起一點戰爭的記憶 來表示對和平的感激 爲了和平, 相當年 我力殲十八架敵機 急急忙忙走入了歷史 光榮堆滿了灰塵之後 看當年合打一架的兩人 戴了滿胸的勳章 來祭祀我, 令我懊悔 早知道, 活久一點……」

烈士乙 : 「十四歲出門賣菜 就走上一生最遠的路 我永遠是追在隊伍後面 因爲腿短, 跟不上英雄 脚步 他們都倒下後, 我只能 蹲在屍體旁哭泣 學著扛起比我高的步槍 不像門前那些儀隊 威風 凜, 沒見過敵人 更別說是長征剿匪, 壯烈犧牲 這些年, 最想見的遠是 我沒過門的媳婦……」

烈士丙 : 「出出進進好幾回了 每次都在不同的位置 這裡也和外面的城市一樣 愈來愈除了 缺乏偉大的戰役 連病死 · 失事的都進來 難怪老有人要我出去 有人責怪我立場不淸 其實, 偷偷告訴你 本來就不跟他們一夥 賴在這裡只不過爲了 老婆 · 孩子 · 撫血金……」

烈士丁 : 「我那裡懂甚麼革命 祖父說要安分守己做人 我按時完糧 · 納稅 服勞役也很出力 外面乒乒乓乓響起來時 還以爲是舞龍哩 結果他們在街上追來追去 我躲在簷下, 手提著 買鷄蛋的藍子 就這樣送了命, 又被 送到這陰森森的地方來 你說, 我冤不冤一」

「열사갑」은 힘써 열 여덟 대의 적기를 섬멸한 진짜 영웅이지만, 가득히 가슴에 단 훈장을 보면서 쓸쓸히 위패만이 모셔진 자신의 사후의 모습을 개탄하고 있으며, 「열사을」은 가짜 열사의 독백으로 위풍당당하지만 적을 본 적이 없는 열 네 살의 장사꾼이 쓰러진 영웅 옆에서 울다가 죽어서 열사가 된 열사 아닌 열사임을 고백하고 있다.「열사병」은 여러 번 출정하여 항일 투쟁한 타이완의 열사이지만 과연 공비인지 열사인지 분간하지 못하겠음을 독백하고 있으며,「열사정」에서는 어떤 전쟁인지는 몰라도 그가 처마 아래 엎드려서 달걀 광주리를 손에 쥐고 있다가 죽음을 당해서 음침한 곳으로 보내진 신세를 독백하고 있다. 이들의 독백은 진위(眞僞) 여부를 떠나서 인간의 허구적인 군상(群像)이 드러나 있다. 황당한 독백에서 진짜란 하나도 없는 도덕성의 부재를 지탄하는 시극(詩劇) 형식의 이 시는 정치 폭력과 역사 비극이 초래한 일종의 정명(正名)에 반(反)하는 양상을 폭로하는 고발시인 것이다.

5. 리우커낭(劉克襄) 시의 「리얼리즘」

리우커낭(1957~)은 필명이 리우쯔쿠이(劉資愧)·리이엔삥(李鹽冰)이며 타이완 타이쭝(臺中)人이다. 중국문화대학 신방과를 졸업하고 시집으로는≪河下游≫(1978)·≪松鼠班比曹≫(1983)·≪漂鳥的故鄉≫ (1984)·≪在測天島≫(1985)·≪小鼯鼠的看法≫(1988) 등이 있다. 리우커낭은 「寫實」이란 말에 가장 부합한 시를 쓰고 있다. 여기서의 「寫實」은 처리한 제재뿐 아니라, 풍격까지 포함되는 것이다. 그러길래, 그의 시는 산문 같고 평범하기까지 하다. 어떻게 보면 시어가 결핍된 듯하여, 소품문(小品文) 같은 천이(淺易)함마저 보인다. 그러나 그것이 그 사실적인 백묘법(白描法)이며 진실성의 상징인 것이다.

제재상으로 볼 때, 시의 소재 자체가 매우 현실감이 넘친다. 사회 비판을 소재로 한 <여공의 죽음(女工之死)>(시집 松鼠班比曹≫)을 보면,

> 밤 자정, 작업원 천위호아가 서둘러 일을 끝내고
> 공장 문 입구에서 두 남자를 우연히 만났다
> 새벽에 그녀는 능욕을 당한 후
> 셋방에 돌아왔다
> 전화를 가족에 걸고 욕실로 들어가 토해냈다
> 집안 사람이 급히 와서 사건 신고를 못하게 하고
> 그녀는 왜 이렇게 늦게 귀가했냐고 나무랐다
> 그녀의 남자 친구는 쉬지 않고 머리를 감싸고 자신의 운명을 탄식하고 있었다
> 공장 안에서 말소리가 들렸다
> 누군가 과일과 신선한 꽃을 보내왔다
> 이미 침상에 누운 채로 예배드렸다
> 남자 친구는 그녀의 두문불출과 결근을 원망하였다
> 그의 시도와 그의 열의를 그녀는 거절하였다
> 끝에 가선 받아들였다
> 남자 친구는 일종의 허탈하고 성난 눈으로 다가서려 하였다가
> 그가 간 후에 그녀는 거울 앞에 서서
> 얼굴을 쥐어 잡고, 한참을, 실성하여 소리쳤다[40)]

40) 午夜, 作業員陳玉花趕完工作 在工廠門口, 遭到兩名男子挾持 淸晨, 她受淩辱後回租屋 掛電話給家人, 走進浴室嘔吐 家裏的人趕來不准她報案 責怪她爲何這麼晚才回家 她的男友不停地抱頭 感嘆著自己的命運 廠裏聽說了 遣人送來水果與鮮花 已經一個禮拜臥床上 男友埋怨她不出門不上班 試圖和他親熱, 她拒絶了最後還是接受 男友以一種無奈又憤然的眼神接觸著 他走後, 她站立鏡前 捂著臉, 許久, 失聲吶喊

여공인 천위호아(陳玉花)가 한밤에 일 마치고 귀가하는 길에 두 남자에게 능욕을 당하지만, 그것은 사회의 도덕성과 기강이 문란한 데에 원인을 돌리지 않고 그녀 자신의 불찰과 귀가 시간의 늦음에 두고자하는 체념적인 인심, 나약하고 패배적인 의식과 무기력, 그리고 정의감의 상실 등을 이 시에서 고발하고 있다. 그리고 <작은 여관 902호실(小旅館 902房)> ≪在測天島≫)을 보면,

창구는 자취가 없고
문만 남았다. 잠겨져 있다
어느 콜걸이 왔었다
그것은 삼일 전이다
그녀는 항구로 가서
침상에 늘어져 빠이판 천사가 된다

한밤에서 새벽까지
그녀는 어머니요, 아내요
또 첫사랑의 애인이 된다
그런 후에는 온통 신음하는 장안이며
온통 미치광이 세계이다
그런 후에는 이 집은 한없이 넓어지고 넓어졌다
창구는 자취가 없다
문만 남아 있다. 잠겨져 있다

마침내 누가 와서 문을 열었다
나의 넓적다리가 바람 따라 흔들거린다[41]

---

41) 窓口失踪了 乘下門. 鎖著 有個應召女郎來過 那是三天前 她來自下港 慵睡在床上呑食白板 從午夜到淸晨 先是母親是妻子 是初戀的情人 然後是整個呻吟的城市 整個瘋狂的世界 然後, 這房子無限地擴大 擴大. 窓口失踪了 剩下門. 鎖著 終於有人來開門 我的腿隨風擺盪

이 시는 닫혀진 여관의 창구를 통하여 자유의 갈구를 표출하고 있다. 닫혀진 사회 구조와 타이완의 정치 상황을 연계시켜서 볼 때, 이 시에서 신음하는 도시에는 미치광이의 세계와 같은 구속과 억압이 짓눌린 정상인의 군상이 아니라는 것이다. 그러 길래 방을 넓히고 닫힌 창구를 열어서 바람이 통하도록 하자는 열망(熱望)이 스며 있다. 그리고 <성인동화(成人童話)>(시집 ≪小鼬鼠的看法≫)를 보기로 한다.

> 그녀는 시내에서 작은 방 한 칸을 세 얻었다
> 그것은 월급의 반이다
> 가구란 침상과 자신뿐이다
> 그녀는 기꺼이 이처럼 수시로 옮긴다
> 마음을 호젓이 가다듬고
> 머리를 파묻고 글을 쓴다
> 한 편의 성인 동화의 극본을 완성할 준비를 한다
> 우리가 항상 가는 술집에서
> 그녀가 아는 사람은 매우 많은데
> 그녀를 아는 사람은 하나도 없다
> 남들은 모두 우리가 매우 닮았다고 말한다
> 이것은 아마도 우리가 서로 흡인하는 이유일거다
> 우리는 단지 하나의 예배를 할 뿐이다
> 왜 헤어지느냐하는
> 이 문제는 너무도 무료하다
> 또한 그녀는 대학강사이다
> 나와 남자 친구는 강의를 들은 적이 있다[42]

---

42) 她在城裏租了間小套房 那是薪水的一半 家具只有床和自己 她喜歡這樣隨時可以離開 心情簡單的感受 竝且埋首寫作 準備完成一篇成人童話的劇本 我們常去的酒館裏 她認識的人很多 認識著的人一個也沒有 別人都說我們長得很像 這或許是我們彼此吸引的原因 我們只好過一個禮拜 爲甚麽分手 這問題很無聊 還有,

이 시는 해학성이 짙게 배어 있다. 제 2, 3구는 경제 여건이 여의치 않음을 대변해 주는 예구가 된다. 시제(詩題) 자체가 해학적이어서 동화 같은 세계에서 볼 수 있는 논리에 맞지 않는 사회의식 구조에 대해 비판적 표현의 용어인 것이다. 현실 세계에서 이해될 수 없는 현실의 모습들이 극본동화(劇本童話)에서나 표현해 볼 수 있다는 것이다.

근래 50년간 문학풍토의 자리 매김이 있었기에 타이완 문학은 대륙과는 별개의 또 다른 하나의 문학세계로 독자적인 설정이 가능하다고 볼 수 있다. 1987년에 38년간이란 긴 계엄령의 시대가 끝나고, 민의(民意)의 자유로운 토로가 가능하여지면서 타이완의 문학 풍토도 다양한 풍모를 보이게 되고 문학의 사회 참여와 르뽀의식이 문학의 사상성과 예술성을 높여주고 문학이 사회를 유익하게 하기 위해서는 어떻게 해야 하나를 고민하게 되었다. 1980년대의 문학조류가 다음에 기술된 바와 같이 정치적으로 민주화를 주장할 수 있게 되고 그것이 문학작품에서 소재가 되면서 문학사상과 예술성의 다양화가 가능하게 되었다.

80년대의 타이완 정치문학의 발흥은 어떤 측면에서는 타이완 인민의 정치 민주화에 대한 강렬한 요구를 표현한 것이다. 그 출현은 다년간의 작가창작의 금지구역을 열어 놓았고 타이완 문학으로 하여금 보다 더 다양한 모습을 드러내게 하였다. 수다한 정치문학 작품 중에서 사상성과 예술성이 더 잘 결합하게 되었다.[43)]

她是大學講師 我和男友聽過課 他也是劇本裏的人物 嗯? 警察先生, 您怎麼了

43) 80年代臺灣政治文學的勃興, 從一個側面表現臺灣人民對政治民主化的强烈要

이와 같은 1980년대의 문학풍토가 1990년대에 와서 그 문학세계도 타이완의 정치와 사회의 자주성과 독립성을 주창하는 소위 「타이완 독립」정신과 연결된다. 그리하여 1949년 이래로 50년 간 타이완을 통치해 온 국민당 정부는 퇴조하고 새로운 총통에 천수이삐엔(陳水扁)이 당선되는 시점에 이르게 되었다. 그러니까 21세기를 맞고 있는 오늘에서 볼 때, 당분간은 타이완 문학의 자주적이고 독창적인 성격을 강하게 부각시키는 창작활동이 전개될 것이며, 신시도 그 노선에서 맥락을 같이하는 풍격을 띄게 되리라 예견된다. 따라서 위에 열거한 5인방 시인들의 주도적인 역할을 기대하게 되며 그들의 활동 여하에 따라서 21세기 초 타이완 시단의 조류가 좌우될 수 있다고 본다.

求. 它的出現打開了多年來作家創作中的一個禁區, 促使臺灣文學呈現出更爲多姿多彩的風貌. 在衆多的文學作品中, 有些思想性藝術性結合得較好.≪臺灣新文學概論≫「第十一章八十年代文學潮流」 p.594

찾아보기

찾아보기

저 자 : 류성준 (柳晟俊)
1943년 서울 출생
서울대학교 중문과 졸업
서울대학교 대학원 중문과 문학석사
國立臺灣師範大學 國文硏究所 문학박사
공군사관학교 교수부 조교수
계명대학교 중국학연구소 소장
한국외국어대학교 언어연구소 소장
미국 Harvard 대학교 교환교수
한국중어중문학회 회장
한국외국어대학교 동양학대학 학장
한국외국어대학교 중국연구소 소장
北京大學 객좌교수
한국외국어대학교 대학원 원장

현재 : 한국외국어대학교 중국어과 교수, 동방시화학회 회장

논저 : ≪淸詩話硏究≫, ≪王維詩比較硏究≫, ≪唐詩論考≫, ≪中國詩歌硏究≫,
≪중국 현대시의 이해≫, ≪初唐詩와 盛唐詩 硏究≫,
≪韓國漢詩와 唐詩의 比較≫, ≪中國 詩話의 이해≫,
≪중국 시가론의 전개≫, ≪당시의 작가론적 이해≫ 등 다수

중국 현대시와 시인

1판 1쇄 찍음 • 2007년 10월 5일
1판 1쇄 펴냄 • 2007년 10월 15일

저 자 • 류 성 준
발행인 • 정 현 걸
발 행 • 신 아 사
인 쇄 • 예지인쇄

출판등록 • 1956년 1월 5일 (제9-52호)
서울특별시 은평구 녹번동 28-36 2F
전화 (02)382-6411 • 팩스 (02)382-6401
홈페이지 • www.shinasa.co.kr
E-mail • shinasa@chol.com

ISBN 978-89-8396-581-3

정가 ***10,000*** 원